U0909673

功夫在庭外

——南宁法院读书、思考与生活

GONGFU ZAI TINGWAI
nanning fayuan
dushu sikao yu shenghuo

周腾 主编

法律出版社
LAW PRESS·CHINA

编辑委员会

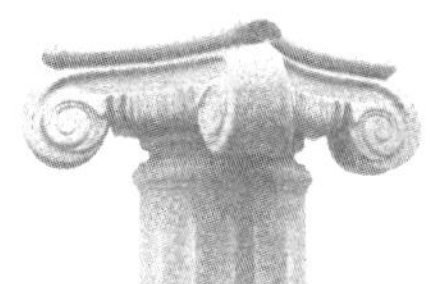

在法治中国大道上的思考者与探索者（代序）

子曰："可与共学，未可与适道；可与适道，未可与立；可与立，未可与权。"

——《论语·子罕》

不久前的一天，我从重庆参加完西南政法大学俞荣根教授主持的杨景凡先生百年冥诞座谈会回来，专程去拜会南宁市中级人民法院院长周腾先生，给他带来母校师生的问候，其时他正在电脑上紧张地忙碌着，我问他在做什么，他告诉我说，他正在编辑一部南宁市中级人民法院干警撰写的文集，已经到了最后的审校阶段，也算是他从2010年任职以来在南宁法院反复强调读书与思考的一个阶段性总结，这时，他突然对我说，到时你给集子写一个序，给集子增添一些光彩怎么样？当看着这位我心中十分敬重的老兄长的脸上，今天依然流溢着当年非常熟悉的孩童般的微笑，我爽快地答应了，在我看来，能为当年的老兄长、老领导的新著写点什么，那才真是我自己的荣幸呢。

南宁的朋友们都习惯于称呼周腾先生为周院长，可是我却一直为怎么称呼他犯难，我想，这也许与一个人最初在自己头脑中的定格有关。当朋友们称呼他周院长的时候，我却在心里认定这位兄长为周检。2008年10月，因缘际合，当我从大学校园来到右江边的百色市人民检察院挂任副检察长的时候，周腾先生正好担任检察长之职。百色检察院内人人呼周检，我自然也从众称呼周检，于是周检就这样在我心目中定格了下来。到百色检察院不久后我得知，从西南政法大学来此挂职一年的马方博士刚刚离开，我实际上是来接替马方博士的。期间我心中难免有些讶异，何以周腾检察长这么期待学者在他所任的百色市人民检察院挂职？在百色一年多的时间里，我常常追随他左右，他时不时叮咛我，要我睁大眼睛仔细观察司法机关运作的诸方面，当今中国的司法活动尤其是基层司法活动是否真像时下一些学者及社会人士所批判的那样不堪。另外,他多次非常真诚地对我说,他对文化的喜欢是出自于内心的。这时,我恍然明白了,我眼前这位周腾检察长,他并不是一般意义上的领导,他对法治中国之道的关怀与其说是一种制度意义上的关怀,毋宁说更是一种文化意义上的关怀,同时他对学者也有更高的期许,他期待于学者的,是他们能将自己的眼睛放在滋养中华民族的这一方水土之上,而不能仅仅自得于想当然的对现实进行无端的批判与教训。

今天,百色已成为我人生路途之中最为宝贵的历史记忆,而我的百色记忆是与周腾检察长紧密联系在一起的。在百色时,我将自己每日行程都详细记录在笔记本中,一年多后离开百色时,不曾想已记有满满的十三大本,其中就有许多我与周检在百色与南宁来往的路上周检讲给我听的他的从检故事。其中有的故事我回家讲给我当时还在读初中的女儿听了,她感动得无以复加,甚至在多年以后,她还问我周检故事中一些误陷法网的善良人的命运结局。在我心目中,周检就是法治中国之大道上一位重要的思考者与探索者。

在周腾先生从百色市人民检察院检察长转任南宁市中级人民法院院长的这六年多时间里,虽然我们之间联系极少,但我一直关注着这位好兄长和他的法院。当年我在百检时,时常听闻年轻干警对我说起自从周检来了之后,他们才感到有了奔头,这些年在不同场合遇见南宁法院系统的法官,也常听他们说到周院长将南宁法院治理得井井有条。于是我深深感到,一个单位的主官决定了一个单位的气质甚至风格。尤其令我感动的是,这位好兄长不改初心,一如既往地关心文化,在南宁法院系统倡导争创学习型法院、争当智慧型法官的读书与思考活动,成效卓著,许多年轻法官因此而脱颖而出。所以当他告诉我即将编辑出版的这部著作是这一活动的阶段性总结甚至是他履职南宁中院五年来的工作总结的时候,我自然是极渴望看到老兄长、老领导的这部著作的。

终于十多天前,南宁市中级人民法院研究室宋桂芬主任给我传来了这部著作的电子版。可以说,周腾先生主编的这部新著是南宁法院系统一大批卓越法官群体的心志写照。这十多天来,我几乎每天都要读上几篇,我感动于法官们工作的艰辛,我感动于法官们不渝的追求,我更感动于法官们在读书中所体悟到的自身身位与担当,如刘丹法官在文中引用了日本刑法学家西原春夫的话:“在法学部的学习值得你用青春去拼搏,人们对法学部出身者期望的是:对于社会生活中到处都会发生的争执,说得范围再广些是对于那些对立的见解,能指出一条正确理解的途径,能够成为最懂得正确解决方法的足智多谋者。而这些足智多谋者,并不是那些只记住了一些零零碎碎的法律知识的人,而是能代替神、佛作出判断的人,即他的判断就等于神、佛的判断。这样的人,才是我所说的足智多谋者。”

作为读书活动的倡导者与推动者,周腾先生更是对法官这一职业有着清醒的定位,对法官的活动有着更自觉的考量。一方面,他将法官定位为社会精英,他指出:“在常态社会和民主法治的现代国家里,法官应当是社会精英的一份子。所谓‘精英’体现何在?我想最重要的不仅是对法律专业知识的掌握及职业技能的专精程度,最重要也最核心的还是文化及其所代表的价值。作为一名法官,如果文化内涵丰富、价值高,代表着社会发展的先进方向,那才具有了被称为社会精英的资格。”另一方面,他又将法官的行为看成是一个远远超越于法匠之上的对人生与社会之大道的寻绎过程,如他所说的,“如果仅仅定位于追求一个安稳体面的职业,人生注定是不完美的。事业比职业要高尚得多,对个体素质的要求更高。一个没有追问过人生的终极价值,没有对法官职业、审判执行事业的真谛予以认真思考的法官,不过是‘以其昏昏,使人昭昭’,充其量只能成为一个法匠,停留在‘技’的层面,永远无法触及‘道’的核心”。读到这里,我非常感慨,当中国法学学术界正为所谓法教义学与社科法学争论得如火如荼之际,一位深谙世事的法院院长却正带领着他的基层法官们思考着如何从法之技进入法之道。这怎么能使我不想起自己多年前在百色检察系统一次学术讨论会上的发言,我当时说道,法学学术的前沿不在学者们的笔下,而在司法者包括检察官的脚下!今天我越发坚信这一点!作为一位普通的学者,面对这位资深的司法者和他的伙伴们,我能说什么好呢?心中唯有祝福而已!幸好有一位董金法官在文中这样写道:“虽说你若盛开,清风自来,但是我要说,清风不来,何不盛开?”我想,正是这样的自主精神,中国的法治之道虽然曲折多舛,却是有着极其广阔的前景。

人生易逝,我从湖北迁居广西忽忽十七载矣,回思如许岁月,最感到安慰与幸运的是遇到了周腾先生。这些年，我常常想到《论语》所记孔子的话，“可与共学，未可与适道；可与适道，未可与立；可与立，未可与权”。我深深感到，周腾先生是一位可与共学、可与适道、可与立、可与权的好兄长。他既有法律立场的持守，亦有情理的考量，他能将原则性与灵活性完美地结合起来。法治中国大道所需要与期许的正是一大批周腾先生这样的人。几天前周腾先生来信告诉我说他不久后将从南宁市中级人民法院院长转任广西壮族自治区高级人民法院专职审委，我觉得这也许是一个非常好的新的契机，在未来的时日里，周腾先生可以从繁复的具体事务中摆脱出来，更从容地思考法治中国的大道，而这也是我所期许于周腾先生这位昔日的好兄长与老领导的。

是为序。

魏敦友*

匆草于南宁广西大学法学院法理教研室

2016 年 7 月 12 日

---

* 魏敦友，湖北省仙桃市人，男，1965 年生，哲学博士，广西大学法学院教授，曾任山东大学“泰山学者”特聘教授（谢晖教授主持的理论法学聘任的学术骨干）、百色市人民检察院副检察长。

目 录

含英咀华

温暖的生命体验

幸福的生活方式

诗意的生存状态

含英咀华

坚定信念　开阔视野　以书交友

南宁市中级人民法院　周　腾

又见每年一度的“世界读书日”。

三年前的今天，中院倡议首府法官开展“读书与思考”活动，几年过去了，我也想通过这次座谈会了解一下这个活动的成果。为推动活动健康开展，有同志曾经提出要成立读书小组，这是个好主意，我说过可以以“民办官助”的形式，由院里提供一定的物质保障，可惜后来也不见有什么动静了。读书应当成为我们的一种生活方式与生活习惯，开展好读书活动，重要的是同志们要有自觉性，如果总是要领导提要求让大家读书，这样就不是一种自觉的行为了。所以我很想了解现在的情况。

前两天我应邀回母校参加一个活动，我是很乐意回学校重温学生生活的。因为每一次回到学校，都感觉到自己的心态又年轻了很多。因为放眼一看周围全都是年轻人，又回到了以前熟悉的环境，到图书馆看到很多很多的书，一种向上的激情就会油然而生。在座各位离开学校的时间都不长，校园氛围有助于养成好的读书习惯，如果离校后中断了就很可惜。从党的十六大把建设学习型社会作为建设小康社会的重要目标和任务之一，提出“形成全民学习、终身学习的学习型社会，促进人的全面发展”，到现在党的十八大大力倡导社会主义文化大发展、大繁荣，具体到每一个人尤其是作为法律工作者来说，学习就应当伴随我们的一生，成为一种文化自觉和生活方式。如果你从小就养成人文活动的好习惯，不管你是在校园还是在社会上，都会感受到文化的熏陶，前进就会有动力，生活就不会枯燥。

说到读书体会，过去我这一代人在物质上和现在是没法比，但在精神生活上的确还是很充实、幸福的。因为当年的成长环境很单纯，没有受到很多外界不良的影响。我中小学阶段正是无书可读的时期。而对未成年的孩子来说这样挺愉快的，没有升学的压力，课余也没有多少作业，可以尽情嬉戏玩要。中小学时学习没有压力,并不是说我不看书。那个时候我们获取知识的手段与途径很少,就是看书,当然因为“文革”十年浩劫,可读的书很有限。1978年改革开放以后有一大批世界名著出来了,才有了很多看书的机会。当然以前那种通宵达旦地排队买书、托关系买书的情形现在是不会有了,以后可能也不会有了。当时读书没有考虑什么功利性的东西,就是凭兴趣。不像现在想干什么事了就找什么书、读什么书,当时没有这种想法。这样就有几个好处,首先读书是自觉自愿的,没人逼你读书,自己就会入迷有兴趣,还会独立去思考;其次就是读书的种类会很杂。除了严肃的文史类图书外,人物传记、佛学的、神学的、随笔题跋之类,也有兴趣了解。现在可以通过电视、网络、手机等渠道,不需要专门阅读也能获取知识和信息。手段丰富了,读书的形式也会发生很大的变化,现在不少电视节目做得很好,看后效果和读书一样。比如说中央电视台这两年热播的《大国崛起》《货币》《超级工程》等涉及政治、经济、科技的纪录片都非常好。所以说读书不在乎它的形式,更重要的是一种习惯,有没有一种永远想要获取新知识的习惯。

当然到了逐步形成人生观、价值观的成长阶段,主要是上大学以后,我读书还是有一定目的的。上大学以后周围都是知识青年,还有老师引导,在这个环境中不知不觉就会受到影响。读书不是不可以带目的,我的体会是有四点很重要,大家要清醒的认识。第一,必须坚定自己的理想信念和人生价值取向。这个理想信念不仅仅是我们现在常说的核心价值观。作为一个人,首先要有信仰,共产主义也是一种信仰,与此同时还有其他很朴实的信仰,如我们优秀的中华传统文化。我们学习党的十八大精神强调要坚定道路自信、制度自信和理论自信。最近我在读冯象教授的《信与忘》这本书,作者在云南插过队,后取得了北大英美文学硕士、哈佛中古文学博士和耶鲁法律博士等多个学位,许多文章写得非常朴实。他曾给学法律的读者推荐《人民法院案例选》。这本书中都是非常真实的案例,冯教授很推崇最高法院杨洪逵法官在编撰这本书时的析法说理的深厚功底。就这么一位社会阅历丰富、学贯中西、既对西方法治非常熟悉同时对中国国情也非常了解的学者都如此肯定我国的司法实践,清楚地表明了中国的法治建设并非某些学者说得那样一塌糊涂。冯象还有一篇《诉前调解好》,是他在北京市房山区法院的调研成果。

他研究切入点风格有点像朱苏力教授。大家都知道朱写过《秋菊打官司》一文。我发现很多大学者写的都是很“土”的东西,反而是半桶水的人写的一些论文标题都非常的“深奥”,让人看不懂。“诉前调解”在很多唯“欧美法治”是瞻的学者眼里是乱来,不是司法,法官就应当高高在上坐堂审案,不应搞什么“诉前调解”。但是冯象认为,中国和美国的国情不一样,美国法治可以借鉴,但不能成为评判我们法治好坏的标准。“诉前调解”有很多合理的地方,不仅仅是“马锡五审判方式的回归”,它有历史的必然性,也有法理上的依据。当然冯象教授的一些观点,如似乎弱化“程序正义价值”倾向我不完全同意,但无论如何,包括冯象、朱苏力这样法学大家都能对当代中国的司法理论、司法实践、司法成果、司法经验理性分析,不轻易否认。把他们的认识与正统理论对照学习领会,这就让我对走中国特色法治道路充满信心,从而坚定了对社会主义道路的信心、信念。

第二,读书能增长知识开阔视野。常言道:“读万卷书、行万里路。”现在我们网上冲浪其实就是“行万里路”了,没有到过那个地方,已经可以了解那里的地形地貌、风土人情。但是读书这种方式有它自身的魅力。这几年很多公用经费压缩了,但党组始终重视学习,给大家买书的经费我们一直没有削减。遗憾的是有些同志并不领情,认为发购书卡不实惠,这就辜负党组的一片苦心了。书籍是精神食粮,对提高人的思想境界有他物不可替代的功效。只要愿意去找,与自己兴趣或工作、生活有关的问题都可以从书上找到答案。像法国历史学家托克维尔写的《旧制度与大革命》——这是近期热门书,我看到的就有商务印书馆、科学技术出版社、光明日报出版社等至少四个版本。我们当前处于中国历史上思想解放最好的时代,真正是知识无国界、思想无禁锢、以人为本尊重人的自由发展,等等,这在图书出版方面得到充分体现。我们应当珍惜这个难得的时代机遇,自觉养成阅读的好习惯,既能增长知识开阔视野,也会获得一种精神享受,升华自我。

第三,读书可以交朋友。所谓“以书交友”、“以书会友”是有道理的。因为读书这一共同爱好结交的朋友往往都是友谊牢固的朋友。交到益友是一个人成长的巨大财富。近年来频频传出大学生伤害同窗的新闻,比如复旦大学最近出的那个毒死室友的事情,在我们那个年代根本不可能发生。同学几年都很有感情，个人志趣、爱好也都相近，以读书碰撞思想、探讨人生、钻研学问就是同学友谊的重要纽带。记得毕业后不久，我还给一个同学寄去他很想要但总没有找到的《傅雷家书》（商务印书馆），至今他还常常提起。所以那时同学之间不会做很出格的事情。现在学生在校里互相之间缺少人文交流，心理不健康才会出现这种事。

第四，读书对工作有很大的帮助。大概在十年前，我的读书兴趣主要在钻研司法业务，到书店买书都是到专业的书柜去买一些论文集、学者著作等刑事专业方面的书，这段时间的学习确实对工作的帮助很大，还获得首届全国检察业务专家称号。但后来我也反思了一下，如果把读书的兴趣仅仅放在工作上业务范围还是不行，还要适当地拓展，特别是司法工作者，尤其是做法官的，工作要求掌握或者说了解的知识范围没有边际，因此阅读范围可以适当的扩展，不一定要局限于工作。阅读多了，就会把读书变成一种习惯，变成一种自觉。

我院党组高度重视文化建设，把读书与调研成果作为我们文化建设重要的品牌推广，也会给大家创造很好的条件。文化建设对挖掘人的潜力而言，在法院关键是为法官特别是年轻人成才创造条件，使他们走专业化、精英化成才之路。今年院里将有意识、有计划地引导大家走审判业务专家这条路，花力气在首府法院培养一批知名法官。比如你们在审判实践、审判钻研方面有了科研成果，院里可以给大家经费出版著作，以帮助大家提高知名度与职业声望。在读书与提高学历层次上，我们会尽量创造条件，使大家在这方面有突破。如果大家都把心思放在这方面，思想上、专业上和心理上有足够储备，就一定能厚积薄发、愉快胜任组织上交给的任务，事业也会有所成就。归根结底，一定要保持好学向上的心态和习惯，解决了这个问题，相信你的精神生活与幸福感会显著地增强。

（作者在2013年4月23日南宁法院读书活动座谈会上的发言）

品读杨绛

南宁市中级人民法院　宋桂芬

2016 年 5 月 25 日,微信朋友圈被一则消息疯狂刷屏——著名作家杨绛先生于当日凌晨仙逝,享年 105 岁。在确认这则消息的真实性后,我的心却出奇的平静,没有忧伤,没有不舍。此刻,窗外一枚紫荆在风中优雅地飘落,融入她深爱的土地。是啊,她终于走到了人生边上,而此时她早已清扫好了战场,细心地为她的灵魂清点了行囊,让这颗灵魂带着全部最宝贵的收获平静地上路了,一切是那么的从容、优雅、静好,不留一丝遗憾……

关于爱情。读杨绛先生的作品,最令我动容的就是她和钱钟书绝美的爱情故事,质朴、执着、热烈。钱钟书给爱妻评价是"最贤的妻,最才的女",我想再加上"最慈的母"也是不为过的。1932 年年初,清华初见,双方一见钟情,开启了他们一个甲子的旷世奇缘。"他放假就回家了,我难受了好多时,冷静下来,觉得不好,这是 fall in love 了。"情窦初开的少女情怀一览无遗。杨绛一向知道自己需要什么,该怎样做,理性而坚定,爱情也不例外。她毅然放弃了美国的奖学金,跟钱钟书结婚并随他去英国留学。他们相爱、相知相守,直到生命的最后一刻。杨绛为了钱钟书专心创作《围城》,甘愿做"灶下婢";钱钟书为了能为妻子准备一顿丰盛的早餐,居然"会划火柴了"。杨绛为平时忙于工作而没有照顾好家人的伙食而内疚,表示退休后每天下厨烹饪。钱钟书却反问"为什么一定是你下厨?你退了就不能也真的休了?"他们相互体贴的点滴生活细节令人动容。爱情更是他们对抗厄运的精神力量。"文革"期间,他们被打为"牛鬼蛇神",批斗结束后,他们却手挽着手回家。在那个不堪的年代,他们却将爱情演绎得如此浪漫炽烈。读杨绛的作品,更多的时候杨绛以慈母的胸怀照顾着丈夫和女儿。《我们仨》中有这样一个小细节:留学英国期间,杨绛生产住院。钱钟书每天到产院探望,常苦着脸说:"我做坏事了。"而这些坏事,无非是打翻了墨水瓶,把房东的桌布染了、把台灯砸了或者门轴弄坏了，等等。每次，杨绛都安慰他说不要紧，她可以弄好。钱钟书感激之余，也对妻子所说的“不要紧”深信不疑。在《干校六记》的“冒险记幸”中，还有这样一段惊险的记事：除夕夜，下着大雪，“天色已经昏黑，我怕默存近视眼看不清路——他向来不会认路，干脆把他送回宿舍”。当日深夜杨绛独自回程时大雪已经覆盖了田野，杨绛迷路了，跌进沟渠，费尽辛苦，才回到自己的驻地。由此可见，杨绛慈母般用生命全然地爱着钱钟书，我想这正是他们从容直面一切困境的能量之源。

关于乐观。读杨绛的作品，字里行间总能深切感受到她的乐观和坚韧。谈乐观，却不能离开悲伤，它们从来都是一对孪生兄弟。从《我们仨》中，可以看出他们最为惬意的时光就是在国外留学期间了。他们读书、恋爱，还完成了平生杰作——女儿钱瑗。回国后，他们就开始了颠沛流离、跌宕起伏的生活。先是抗战爆发，解放后先后又经历了各种政治运动，然后是在“文革”期间被打倒并下放到安徽息县干校改造。他们经历了那个年代知识分子经历的所有艰辛历程，直到“文革”结束，他们一家才安稳下来，在三里河有了一个叫做“家”的寓所。在杨绛的作品中，无论遭遇什么她都从容淡然，无怨无恨，就像这本来就是生活的一部分。杨绛的《干校六记》，分别是记别、记劳、记闲、记情、记妄，却没有记屈、记怨。但是，悲伤总会在某个最无助的时刻流淌出来，但这种悲伤虽沁入骨髓，但却依然只是如泉水涌出，而不是撕心裂肺地迸发。在“下放记别”中，写到女儿圆圆送别母亲，当时圆圆的丈夫刚刚因被迫害而自杀。“可是我看着她踽踽独归的背影，心上凄楚，忙闭上眼睛；闭上眼睛，越发能看到她在我们那残破凌乱的家里，独自收拾整理，忙又睁开眼。车窗外已不见了她的背影。我又合上眼，让眼泪流进鼻子，流入肚里。”读到此，我的眼已经被泪水淹没，胸口分明被一团巨大的痛楚堵塞着。多么坚强的老人，只允许自己把泪流进肚子里。这也就不难理解她被批斗剃了阴阳头，赶制了发套从容地提着菜篮去买菜；在凿井记劳中为大家取工具、到小卖部为大家买酒犒劳的轻快的脚步，光着脚踩进滑腻的污泥中，并暗自取笑自己“这可算是改变了立场或立足点吧！”与其说乐观，更不如说这是作为知识分子的风骨，冷静观察，理性分析，他们早在心灵深处预测了事物发展的结局。若干年后，当所有一切成为历史，这些往事被原汁原味地呈现给读者,他们以自己亲身体验和灵性良知为那个年代记史。1997 年和 1998 年,爱女和丈夫先后去世。杨绛无法掩藏内心的悲痛:“悲伤是不能对抗的,只能逃避。”她逃避悲伤的一贯方式,就是笔耕。为此,她除了整理钱钟书的书稿(被她称为“清扫战场”),还在九十几岁的高龄,写出了《我们仨》《走到人生边上》等感人作品。

关于责任。在《干校六记》的“学圃记闲”中,有这样一个情节:杨绛负责看管干校菜园,有附近村民来偷菜,被杨绛发现了,就去追赃。由于村民没有杨绛跑得快,不得已把青菜抛掷地上。杨绛写道:“其实,追只是我的职责,我倒但愿她们把青菜带回家去吃一顿。”从这点看出,杨绛是一个恪守职责的人,在面临职责和悲悯的二难选择,她还是毫不犹豫地选择了履行职责。这在杨绛其他故事当中也是有所体现。“文革”时被发落去打扫厕所,她硬是将这污秽之地打扫得一尘不染,甚至马桶盖也擦得干干净净,索性坐在马桶上读书,倒也落得闲适清净。作为学者,作为一位外文所研究员,无论遭遇了多少坎坷,他们从未怠于履行本职。在“三反五反”“洗澡”的间隙,杨绛自学了西班牙文;下放干校期间,她在劳动间隙着手翻译西班牙文原著《堂吉诃德》,“文革”结束后该本译著出版,并作为国礼赠送给西班牙国王。2001 年,杨绛以一家三口的名义用已获稿酬及今后所获稿酬的权利设立清华大学“好读书”奖学金,资助寒门学子完成学业。15 年来已经累积了逾千万奖学金,资助了数百位优秀学子。杨绛一生简朴,为了育人,她却捐出所有。我想,作为一名先生,她更将教书育人,看成自己的责任。

斯人已逝,大爱永存!先生传世的书香,恰如灯塔,指引我们人生的航程。

中国崛起伴随的是和平还是冲突

——《文明的冲突与世界秩序的重建》读后感

马山县人民法院　农　原

这是一本光看书名就觉得与众不同的书。多年以前,正是被这一眼看不懂的标题所吸引,我一口气读完了此书。由于受传统思维关于冲突源于对利益争夺的影响,作者关于文明冲突的理论让我备感新鲜,此后,我也尝试着从另一个角度看待这个世界。随着中国的崛起,中国国力大幅增长,但中国周边反而越发不安稳,中日东海问题,中国与越南、菲律宾的南海问题,疆独问题等,这些问题背后都指向美国。因此,从美国人的角度看待中国崛起是一件很有意思的事情。

本书的作者是塞缪尔·亨廷顿,哈佛大学教授,吉米·卡特时代的白宫安全顾问,与基辛格、布热津斯基等人齐名。1993 年,亨廷顿在美国《外交》季刊发表了《文明的冲突》一文,1996 年,《文明的冲突与世界秩序的重建》一书问世,由于其观点过于独特,多年以来,各国学者批判的声音不断。而国内学者也不例外,对于"文明的冲突"的观点大多持批判态度。直到 2001 年,"9·11"事件发生,亨廷顿和这本书彻底出名了,因为学界都认为亨廷顿"成功地预言了'9·11'的发生"。之后,随着伊拉克和阿富汗战争的爆发,伊斯兰国的出现,叙利亚危机,越来越多的人相信"文明的冲突"理论的正确性。

亨廷顿认为,冷战时代的冲突是建立在意识形态基础之上的国家间的冲突,而冷战结束后,冲突的基本根源不再是意识形态,而是文化方面的差异,主宰全球的将是"文明的冲突",建立在多文明基础上的国际秩序是防止世界大战最可靠的保障。1993 年,苏联解体不久,俄罗斯由于采用"休克疗法"致使元气大伤。而从"银河号事件"也可以看出,中国无力也不想与美国对抗,美国是绝对的世界霸主。因此,亨廷顿的观点要是没有人反驳才是真正的奇怪了。

日本文明的特殊性

亨廷顿将文明进行了划分:中华文明、日本文明、印度文明、伊斯兰文明、西方文明、东正教文明、拉美文明,还有可能存在的非洲文明。这一划分方法,最大的争议无疑是将日本文明单独列出来,自成一派。日本文明受中华文明影响极大,如果日本文明都能单列出来,那么蒙古、越南文明为何不单列出来?从历史背景来看,中国在古代对日本虽然影响深远,但是近代以来,中日两国的发展却大不相同。日本在明治维新后迅速成为世界强国。"二战"后,日本在经济上取得了巨大的成就,成为仅次于美国的经济强国。因此,美国学者提出日本文明的特殊性是合乎常理的。这一点,美国历史学家斯塔夫里阿诺斯在《全球通史》中也持类似观点,即中华文明与日本文明是两种不同的文明。

亨廷顿认为从文明、历史的角度来看,中国与日本的区别极大,完全是不同的。那么这一划分是不是有什么目的呢?书中提到"中国的崛起将对日本构成重大的挑战,日本人在应当采取什么样的对付战略上将产生重大的分歧。"设想一下,如果日本摆脱美国,倒向中国,东亚地区出现一个以中日韩为基础,类似于欧盟的政治、经济一体化组织,那么美国在东亚将无法立足。那么为了避免这一情况出现,利用中日韩三国间,尤其是中日间的矛盾,无疑能做很多文章。扶持小国,牵制大国,是西方的传统做法,这一招在中东、南亚屡试不爽,控制日本,尽力阻止东亚一体化,才能让美国保持东亚事务主导权。

文明具有独特性,才会有不同文明之间的冲突。按照这个逻辑,中国崛起之路,必然要与日本交锋。中日关系曾经历"政冷经热"的状态,但是在美国提出"重返亚太"的计划后,日本的对华政策急转弯,两国关系也变为"政冷经冷"。2012 年,中日韩三国自由贸易区谈判进入关键时刻,美国仅用一个钓鱼岛问题,就使得中日争吵至今,鉴于中日的历史问题还没有彻底解决,美国手上可打的牌还有很多。而亨廷顿在 90 年代初就预测到中日两国关系走向复杂化,不得不让人佩服他惊人的洞察力。

伊斯兰教文明与中华文明联合对抗基督教文明

亨廷顿认为文明的断层线上最容易发生战争,最典型的是伊斯兰世界,该区域之所以暴乱不断、战争频发其根源就在于多种文明在此交汇,不同文明之间相互较量。随着西方开始衰落,伊斯兰出现了复兴运动,与其说是复兴运动,还不如说是复古运动。伊朗在1979年革命之后,建立了政教合一的国家,沙特阿拉伯被称为带有封建色彩的宗教国家,阿富汗在某一时期被塔利班掌控,中东的真主党、哈马斯、基地组织、伊斯兰国等带有极端宗教色彩的势力纷纷出现。伊斯兰复兴表现为人口的迅速增长和社会动员力量的加强,其向外扩张的趋势必然导致与基督教世界的冲突。伊斯兰通过扩展,试图建立一个横跨亚非欧的伊斯兰世界,必然与周边文明,如俄罗斯、中国、西方世界存在冲突,但是作者认为伊斯兰文明首先会和西方文明发生冲突,而且中华文明将会联合伊斯兰文明,共同对抗西方,这一观点听起来确实比较骇人。联想到冷战时期,西方支持以色列与阿拉伯国家对抗,中国则从支持民族解放的角度,大力支持阿拉伯国家,并且与美国处于对立状态,此推论确实有一定的历史基础。

亨廷顿所言"文明的冲突"很快实现。2001年,"9·11"事件爆发,本·拉登宣称"这是一次对西方的圣战",而随后爆发的阿富汗战争,布什总统也公开宣布"这是新的十字军东征"。

从现实来看,伊斯兰的复兴客观上也对中国也造成影响,中国西北地区的少数民族基本信仰伊斯兰教,伊斯兰国的建国计划里,也包括了我国的新疆地区。随着伊斯兰极端思想的传播,新疆的暴恐事件频发,还出现了教徒偷渡参加叙利亚内战的情况。面对极端宗教势力和分裂势力,中国采取的是严厉打击的措施,某些西方国家和伊斯兰国家却以人权、宗教压迫为借口向中国发难,加上中国的世俗化政策,某些伊斯兰国家已经视中国为敌人,而非朋友。亨廷顿关于中国联合伊斯兰世界对抗西方世界的预言似乎不太准确了,但是随着中国在东海和南海压力的增大,中国势必会发扬与伊斯兰世界的传统友谊，进一步加强与伊朗等中东强国的交流合作，以缓解来自西方的压力。

中国崛起的基因是儒家文化

儒家文化影响中国两千年之久，西方有些学者甚至认为中国是儒教立国。近代以来，中国陷入衰落，国内学者对于儒家思想更多的持批判态度，认为儒家是保守和落后的，应该摒弃。亨廷顿则认为东方的整体崛起，其实是东方文化基因决定的，儒家思想与工业文明的结合，使得东方国家迅速现代化。儒家文化中的礼和仁，强调了秩序和服从，忠体现为忠诚，和体现为协调，勇体现了自我牺牲。工业化大生产和专业分工客观要求各个环节有序，而儒家文化强调集体主义，两者结合能创造奇迹。受儒家文化影响的东亚各国，尤其是中国和日本，发展都很迅速。中国在计划经济年代，通过强调个人的牺牲，依靠国家强制力优先发展重工业。改革开放后，中国成为“全球工厂”，高素质、忍耐力强中国工人登了上《时代》杂志封面。由此可见，亨廷顿所说的确实不错。但儒家思想所提倡的“三纲五常”等特权思想和男尊女卑的不平等思想与现代社会提倡的价值是格格不入的。中国崛起，不光要靠科技与经济的发展，也要靠中华文化的复兴，但能与现代价值观相适应的传统文化才需要复兴，那些守旧落后的文化，还是扔得越远越好。

亨廷顿认为重建世界和谐的秩序，那么各种文明就应该和睦相处，建立在多文明基础上的国际秩序是防止世界大战的最可靠保障。这一点，目前来看，美国人似乎还没做到。

《李健吾文集》读后感

隆安县人民法院　张　琦

2016年,期待甚久的《李健吾文集》终于成书问世,厚厚的11卷本,像一座大山,矗立在我们的眼前。这是李维音阿姨送给我的礼物。

说到《文集》出版,之前有一个遗憾的细节,是山西的北岳文艺出版社打算出版《李健吾文集》,经过若干搁置,终于耽搁下来,结局只编了四卷戏剧集。如今相隔二十几年,《文集》告成,真是命运多舛!

什么时候知道李健吾的?

一晃已经16年了。那时我们读高中一年级,上语文课,第一课便是那篇有名的《雨中登泰山》。不知道怎么的,李健吾从此打进了我幼小的生命,大概是这篇文章意境的深幽和格调的清新把我吸了去。"同学们,现在我们开始学习《雨中登泰山》,作者是李健吾先生——"老师故意把"先生"两个字拖得很长,似乎意有所指,在作者的名字后面加"先生"两个字,我还是头一次听说。然而那仿佛有千万斤的重量,沉沉压住我脆弱的胸口。

不过加意收集李健吾的著作,却是大学一年级的事。在这里边,要算《戏剧新天》是老大哥了。不懂什么是戏剧,我专心埋头在字里行间,耐着心读完了它。当时韩石山的《李健吾传》修订出版(初版是20世纪90年代了),我,还有好几位小兄弟,争先恐后,把读书体会告诉他,还提了书中一些小小错误,居然得到了他的回信,我们是多么感动啊!

认识李维音阿姨较晚,大约在2010年年底吧,有一天,我在办公室闷坐无聊,无意中发现了一篇名为《父亲永远鲜活在我的心中》的博文,一看作者,是李维音!怎么,李维音不是李健吾的大女儿吗?我怀着崇敬的心情,冒冒失失,给她发了一封邮件,大意说很喜欢读李先生的书,没想到她居然回复了:"他的文笔确实有他的特色……他一直就是个热情的满怀童心的人,却又用他瘦弱的肩膀设法保护家人,20世纪30年代是他最能发挥他才思的年代……他不得不做了李龟年……我作为他的大女儿，写点纪念他的东西，不为别的，就是想念他，非常非常……”其时她已经76岁了，多么可亲可近的一个大好人！从那以后，我们不时通信，偶尔收到她一封热情洋溢的电子邮件，对我又是鼓励又是教诲！在李阿姨面前，我一直是以小兄弟自称的。

所以《文集》的出版，怎么能不引起我感情上的废话呢？

我想，每一个喜欢李健吾的读者，都感激而又欢愉，投入它的怀抱。读的时节，我们是轻快，是感动，更多是亲切，仿佛和一位故亲旧谊面晤，家长里短，无所不谈。

假如我斗胆为李健吾先生文笔的特色做一个概括的话，那就是：文字跳掷闪烁，既富丽又明净，最特别的，是一种文字造型（文笔的造型性）的美丽，在一种美好的姿态中，唤起读者丰盈的想象。我想，距离实际的情形还不太远。因为文章大道，既要一切从实际出发，又要上到并不凌空的天庭。

犹如福楼拜，他没有专门写一部论写作的著作，但是他文学的见解，时常见于他各篇的文章。好比说散文。《意大利游简》《希伯先生》《切梦刀》和《山东好》，这些散文的制作，好像茅盾的比喻：使惯了枪，一时兴起要要刀。我们几乎忘了他立身的职业是法国文学研究专家。写文章的时候，心里要有那么个对象，为谁写的，写出来了谁看，还要照顾读者的要求，所谓投其所好是也。尤其写散文，不能太长，太长容易使人腻烦。在《李健吾散文集》的序里，他解释说，散文的秘诀在于短，在于由小见大，有清新之感，要注意自然、平易、亲切，好像跟老朋友聊天，没有做作、吃力的感觉。读者在字里行间，感到一种谦虚的亮光，轻轻易易，进入一种悠然的境界。

文字不仅要自然，句子的朗读还必须适合呼吸的节奏。在他看来，韩昌黎的《画记》便是一篇有力的说明。富有节奏，行文不呆板，永远跌宕起伏，这就是节奏做成的美丽。节奏又从什么地方来呢？他说，大概是从生命里来的罢。福楼拜的野心是“想把诗的节奏赋予散文”，在这方面，《包法利夫人》是个优越的例证，“不唯是一部模范小说，而且是一篇模范散文”。

了然行文的节奏之后，他进而比较散文和诗的区别：“一篇好散文应该从头到尾自成一条直线，仿佛一堵花墙，细看全是装饰，然而远远一望，从上到下，只是一道一致的宽线。诗是一点点就头角峥嵘，散文是塞满了东西，还要叫人看不出来。”塞满了东西，一点不错。他的散文不在一个地方停留过久，因为辞达而已矣，永远呈现一种跳跃的节奏，像一股山泉，从山头直泄而下，席卷枝叶，汇成一股声势浩大的激流。你一不小心，轻轻滑了过去，等到能够体会人生的时节，唤起一股哲理的勇气。其实站远了看，只是一幅绮丽的锦霞，一种谐和的存在。

如果说《意大利游简》是似情似理的真实的感觉，《山东好》则洋溢着青春的乐观气息。《希伯先生》和《切梦刀》表现感情的真挚和深厚。基于不同的主题，每一部文集呈现不同的美好的风格。

鲁迅把李健吾的小说说作“是绚烂了”；朱自清没有那样夸大，只是认为他小说的文章生动。实际上，不仅《终条山的传说》绚烂，他的大部分小说（不说全部），全含有绚烂的因子。《田原上》景物的描写怎样生动而充满灵性！《红被》心理的分析怎样充实！犹如《希罗底》，太多东西放进一个精致的匣子，我们担心它要裂开。他牢牢抱着“字句不是衣服，而是血肉”的信条，雕镂出一篇篇精致的作品。他恨中国人做事太写意。他没有沾染文坛粗制滥造的习气，回头用他的小说做成反抗的一击。无论如何，全该好好地写出来。

好好地写，就是好好地观察，好好地感受。才分应该是一种忍耐，久久察看我们所要表现的东西，像福楼拜一样，睁大了眼睛看，贴上鼻子去嗅，如若可能，用手术刀将其一一拆解，分别各自的差异，用绝无仅有的字点定各自的面孔，好叫我们觉出不一样的存在。我们能够从他的小说发现因袭前人的痕迹吗？我指的是语言层面。

我不知道别人如何，每次读他的小说，我的注意力不在故事的铺陈上，而在语言的揉搓上。说实话，他的小说并不注重故事，不像有些小说家那样追求奇巧的遇合。他清楚晓得，在小说上，犹如在戏剧上，故事不是唯一成分，虽说是重要的成分。一篇故事在创作的过程中，分量极其轻微，我们所要看的，是怎样摆布现成的故事。读他的小说，我好像回到读王统照的经验，富丽，又绝不过分，他的企望全在于和盘托出，好叫所有感官一齐感受。是怎么样，他还它怎么样，好像画幅，呈现自然的美，因为他“不遵循前人的思维”。语言的造型性那样切合实际，那样新颖，全是经他一手调理了的。

我们还是看看开明书店的编辑人，是怎样介绍李健吾小说的特色吧。这嵌在《意大利游简》的末尾。“作者文笔，轻快多趣，生动多态，阅读的时候，仿佛像在看电影一般，觉得一切情景，都在目前憧憬着。”这是说《坛子》，不过我们可以窥见一斑。我还是不引下去了，免得委屈了这位天才。

他有一颗赤子之心，说话做事永远不违背自己的良心，不管什么文章，有力量进入到你的灵魂深处。没有一篇文章是颓废的、伤感的，小说也罢，散文也罢，在这中间，有一种冷静的理智，牢牢挽住情感，并驾齐驱，我把这叫做“理智驾驭情感”。

有一句话说得好，人生如戏，戏如人生。从他的戏剧，我们体会到一种更为崇高的诗意和使命。直到现在，我的书柜上层仍稳稳放着一部《梁允达》，1934 年上海生活书店发行的。我不知道戏剧是什么，但是，既然李健吾喜欢，一定有它的奥妙在里边，我爱屋及乌，尽我的能力去喜欢罢了。《梁允达》是他的第一个话剧集，收入《梁允达》和《村长之家》两部剧作。在当时，写戏和演戏是一宗赔本的生意，好些人写了一阵子，没等收获，便灰了心，摇摇头走了开。不和这些人一样，他始终不渝，在沉默里献上他的敬爱，“依旧写我的戏，在一种相当的寂寞里”。如果寂寞是成功的一种佐证，有时也不必悲观，“光荣的成败”自会由时间来说明的。

翻开《村长之家》的第一幕，空地、车门、巷、大车、碾、石墩子……晋南农村的景色一幕幕跃上我们的眼帘，很熟悉、很亲切，好像在哪里看见过。看过《梦里家乡》，我们知道，有一次，他和姐姐在大车门底下玩，忽然起了黑旋风，黑了天，黑了地，他们吓得躲在车门底下，他一辈子也没有见过这么黑的风。这些熟悉然而早已陌生了的景物，流浪在外的大孩子并没有忘记，他长大了，把他生活过的地方做成他戏剧里的背景。所以他说：“难道我那《梁允达》《村长之家》的背景不都是我记忆之中的长巷子？”看过《梁允达》，我们记住轻嘴薄舌的刘狗，出点子，让梁允达一棍子收拾了他爹。看过《村长之家》，这位不把女人当人看、只爱他儿子的村长，因为性格的原因，家庭冷冷清清，就好像他在剧尾呼号的：“可是我家里冷清清的，和鬼庙一样，连鸡也不叫唤，连狗也听不见！”到底是他变不转他的脾气啊！

是什么让我留恋在这部话剧里，迟迟不愿走开，一读而再读？不会是它的故事,那么是这里的“话”了?显然,和他的其他剧作一样,这里的戏剧语言干净利索,没有丝缕多余,像咬甜瓜一样,又香又脆。谁还记得《这不过是春天》里,冯允平和夫人关于桃花的那一段对白吗?我记得牢牢的。生活气息在这里增高戏剧的“地方色彩”,清新之感扑鼻而来,像一枝鲜妍的野花摇曳在纸面,同时,明讽隐喻,活生生的性格的对白,启人深思,不是干净利落四个字可以形容得尽的。

他曾经说过,作品应该建立在一个深广的人性上面,富有地方色彩,然后传达人类普遍的情绪。他把生活过的人事、背景有机组织进来,心织舌耕,人人全有戏,绘成一幅一幅田园的风景,有声有色,富有乡土气息。就像《青春》的结尾,田寡妇拥住香草,像吆鸡似的,赶着田喜儿一起回家去!落幕的时候,阳光,背影,种田的声音,唱歌,牛鸣驴嘶,啼鸦啼鸟,交织成田野的音乐。

读他的剧作,难道我们没有看见关帝庙、火神庙,和他小时候生活的痕迹?难道没有觉得自己就是小虎儿、小黑儿,曾经立在什么地方,给铁杆的弟兄望过风?田喜儿的诙谐有趣的性格,难道不是我们童年小伙伴当中的一个?好像一根线似的,剧中人物让我们想起小时候生活过的地方,那些田原,那些巷子,那些房舍院子,那些牢牢驻在心灵深处的人事。

写戏的时候,他反对故作惊人之语,要求自然圆到,因为语言结合着性格,配合着事件的发展,贸然行事只会妨害事件的进行。在《母亲的梦》里,二哥走投无路投了队伍,母亲总想给他做双鞋。和他同军队的,还有邻妇的兄弟。一天,黄三喝了酒,输了好多钱。邻妇的兄弟来信,二哥不是受伤,就是来北京。见信后,黄三后悔不该赌钱。而小女儿英子,懂事乐观,知道分担家里的辛苦。顶爱说笑的二哥还是没能活着回来,虽然英子抱了相当的期许。黄三也因没钱还债叫人带到了区里。为了孩子,母亲担够了心思,所以结尾有一段发人深省的话,从我读过的那一天起,就一直停在我的心灵深处:“我没有做过一个好梦,我这一辈子。你爹因为吃醉酒,打了主人,押在牢狱活活愁死的。你大哥得下痨病,死得要算顶平安了。你二哥吃了粮,从没有一封信,说不定死了,死在野地,尸首连收都没有人收。如今轮到你三哥,不知道为什么,叫巡警捆去,也离开了我,剩下我老了,白白辛苦担忧了一辈子……”母亲还梦见二哥跟她要鞋来着，可怜人！话说回来，如果没有前边扎实的铺垫、孕育，结尾不会产生这样憾人身心的力量，“故作惊人之语”岂不多此一举？

说到这里，我不由想到了《田原上》的结局。招姐，懂事的招姐，因为父亲还不了债，把她折给望生的爹当小老婆，而望生和招姐，这对少年男女，原本情投意合。多大的不幸，又多大的讽刺！不得不让人哀悼这人间的罪恶和腐朽。可怜的母亲，终将翻过这艰难的一页，重新下炕，和昨日一样，开始另一日的工作了……

他抱负远大，初到巴黎的时候，为自己选好了研究对象——福楼拜，他觉得中国文学需要现实主义。

1935 年，完成《福楼拜评传》的写作，同年年底出书，那时他 29 岁。这是一本福楼拜研究专著，共总八章，分别论述了《包法利夫人》《情感教育》等各书。《福楼拜评传》全书的特色，充满了引证，衔接自然，不露斧凿的痕迹，自始而终，风格统一。他仰仗深厚的禀性，把自己化进去，分析，评论，借来人生不少经验，驰骋在人生的汪洋，我们有时遇见稠枝密叶，有时看见裸露的主干，满天星宿在熠耀，到处是美不胜收、淋漓尽致。这里是大气磅礴，而又毫发毕现，在日夜研读和透彻研究（参考书目多达 96 种）之下，保证下笔的准确。他是福楼拜的知音，在中国，有或许只有一个，他是李健吾。柳鸣九，他的学生，以为此书是“一部很有学术生命力的书”，一百年之内，同类著作无出其右。韩石山，身为同乡后辈，说整个一部书“健美，丰盈，没有一丝一缕的多余”。

《福楼拜评传》是所谓学者的乏味之作，然而严谨、客观。游记则有更大的自由，他的才情在这里得到最大限度的发挥。所以《评传》的所有文章，就文采而论，写得最好的，我以为是《福楼拜的故乡　鲁昂—克瓦塞》（附录的一种）。

这是一篇游记，旅法游记。没有一篇比这篇抒情色彩更浓厚的。一个二十几岁的年轻人，从东方骤然来到一个完全陌生的异域，怀着崇敬的心情，寻觅他心仪作家的出生地和伟大坟冢。先从《包法利夫人》的成书经过写起，到批评家的谩骂恭维，继而寻找落脚的前后，随后去了久已渴望的克瓦塞，折回鲁昂市立医院,最后巡礼了福楼拜的坟茔!这是沉肃的,沉肃的。没有一字一句是挤压出来的,全如出胸臆,而且怎样周流着一种沉穆的气息!我们在这里看见福楼拜的亭榭、裁纸木刀、鹅毛笔头,还有他从鲁昂博物馆借用的鹦鹉标本,和他古色古香的高背软椅。最忧郁的,是他下葬时候的描写……这巨灵一样的战士,父亲曾以为他活不过去,挖好了坟穴等待,不料父亲先行去世,临了仍旧埋在他往年小小的坟穴……也就是从茔地这里,他渐渐生出一股"哲理的勇气","加倍努力,去追逐虚无的真实、无限的有限、无意义的有意义,一句话,人生!"

站在普救山(Aux Bons Secours)的顶端,望着平畅的塞纳河水,想着福氏生前的憎恨和遗愿,随着年月的久远,反而越加清晰。他的情绪轻轻解开,逐渐泛溢成一片汪洋,随着粼粼的塞纳河水,流去他压抑狭小的感喟……我想,这些绝妙好辞、这些真情实感、这些由衷感喟,老早老早就洋溢于他的胸臆,只是瘗埋深处,不就地生情,不表现出来而已。

福楼拜生在鲁昂市立医院,然而所有的杰作,几乎全在克瓦塞的故居写成。因为离开他永恒的书桌,就写不出文章。看到福楼拜的大圆书桌,他感喟人生的虚妄:"……另外一张随他甥女去了尼斯(Nice),她死了,不知道流落在那一家拍卖行……"

最真实的,只有艺术。

他也有一个书桌,还是结婚的时候置办的。这张书桌,随他去了上海,又回到北京。为了光线,永远紧贴窗户。从1933年冬直到1982年伏案而死,这张书桌陪伴了他整整50年。就在平时,他挨着书桌坐下,接待朋友,朋友走了,他立刻静下心来,赓续他的工作。特别是晚年,即使在环境的扰攘里,也坚持写作,直到伏案而死。

我想到了莫里哀,这位法国17世纪的伟大喜剧作家,1673年,演完《没病找病》,最后咯血而死,差不多可以说是倒在了舞台上。

我们也许不知道他文学的来源,看他的小说,有点像王统照,看他的《福楼拜评传》,有点像福楼拜,看他的散文,有点像鲁迅,实际上谁也不像,只像他自己。他从传统征集字汇,并不照搬直抄,他晓得这不是从实际出发。现成的词句不沾有他的性情,他宁可舍弃不用,也决不将就。文字不是买空卖空,而是一桩下血本的生意。福楼拜说得好,杰作的秘密在作者性情与主旨的一致。我们如今移来奉赠,只要我们不怕过分誉扬。他输入他全人格的存在,成功一种和自己、和人生相好无间的风格。

他敢于批评莎士比亚,说他的戏剧“未尝不有结构上的败笔”。说他不是神,挑毛病的话,毛病还是有的。他敢于为缪塞的戏剧“平反”。要是他演戏的话,梅兰芳有他吃的。他自视甚高,不是自视甚高,却有一点点狂妄,然而这建立在他深厚的学殖。

他没有负当年的夸口,早在游历意大利的时候,已然有了自己“写作的计划”。他想着人生的理想前途,付诸工作,书写成了,《福楼拜评传》《意大利游简》《咀华集》《希伯先生》《使命》……一部杰作跟着一部杰作,差不多每一个文学领域全有一部代表,每一部全有自己独特的风格。散文,评论,小说,戏剧,翻译,改编……不全都闪烁着理智和灵性的光芒?他没有负友朋的期许,但是百有一失,他终于没能应命,把《经国美谈》的爱国故事改编成戏剧。

这样一位不世之才,真可告无愧于先贤了。

他一生服膺的莫里哀,生前被法兰西学士院拒之门外,死后,学士院为他立了一尊塑像,上面刻着:他的光荣什么也不缺,我们的光荣却离不开他。和莫里哀一样,如今他可以和他的作品不朽了。

他力求公平,因为一篇作品的问世需要经过长久的孕育。他要公允,他尤其害怕把沉重的担负加在作者的肩膀。他注意大作家,更注意无名,唯恐他们遭受社会埋没。

他要人生和艺术的公允。但是,人世就没有把公允给过他。钱钟书热过去了,沈从文热过去了……李健吾热却落空了。从《李健吾传》问世,到现在将近20年,不算报刊披露的零星篇章,没有出现什么李健吾热,哪怕一点斜风细雨。

他忽略这种冷酷的待遇,他的文章,他的著作,偶尔被报刊提及,这究竟慰心!仅有的几篇文章,冷冷清清的,掀起一阵小小的涟漪,不久,消于无痕了。

福楼拜一生勤苦,严肃,害怕一点点外在的刺激。“然而向我的同类,我只有一件要求，就是，我既然不麻烦他们，请他们也让我安静。”

想到公平，我不由坠入他的祈求：“不，不，这是错误的。人世决不能饶恕你，决不能放松你，因为你麻烦了它，写了几部不朽的著作！这正是你的酬劳，在遗忘之中，你留下你的文章，抛去尘世的沾着，却好报复你所难以报复的憎恨！唯其如此，出于你的意外，这一切随着年月的流滚，如今变成了爱！”

我们不看他的译文，也不看他的改编，从他的散文，我们发现身边有多少人不是希伯先生，或者不沾有他一点点什么东西。谁不是一株弯枝梅花，“一个一个不是身体便是精神的瘦削？”谁不害怕时间，无声无息，吞噬我们的青春？谁不希望有一把切梦刀，切掉人生的痛苦？说到底，人性在这里格外深厚。

我们无须苛责，不管再过多少年，总有喜欢他的人的，总有人抱着他的书，一起流泪，一起畅怀的，就好像当年多少青年抱着巴金的《爱情的三部曲》一样。虽是少数，却是有了福的。

诗之韵

南宁市中级人民法院　唐靖斌

去年就有写一篇《王维诗歌艺术欣赏》学术论文的想法，奈何畏难情绪和懒惰心理作祟，一直没有成文，搁置久了，原先构思好的提纲竟已变得模糊起来，写这篇文章的目的就是先把能够记起的一些东西记录下来。

前段时间偶然在科教频道看到一部名为《宋之韵——宋词》的纪录片。对于这类节目，我的感觉就是，如果给我几个月时间整理一下相关资料，我也能写做出一部像样的片子。可看到介绍贺铸《捣练子》的时候，作者把范仲淹的《渔家傲》与李白的《子夜吴歌》和这首词进行对比，说这首诗风格和《渔家傲》相近，但不如《子夜吴歌》，一句"何日平胡虏，良人罢远征"在气魄上远远超越"寄到玉关应万里，戍人犹在玉关西"，这表现了宋代为数不多的边塞词与盛唐边塞诗的区别，从而反映出两朝政治和文化背景。我立刻感觉到了自己和作者的差距：说实话，《渔家傲》是我能够很自然想到的，如果要和唐代边塞诗纵向比较，我也能想到。但我的第一反应应该是高适和岑参的诗，就是想不到似乎称不上边塞诗但题材相似的《子夜吴歌》。看来，想做一档人文节目，我的眼界还是不够宽阔的。

我曾经多次表示，与诗歌创作相比，公文写作根本不值一提，翻开文学史，流传下来的名篇中公文有多少？诗歌是最高的文学创作形式，能读到前辈名家流传下来的诗歌是一件幸福的事情。

读诗先读诗中的景致，诗人用诗歌营造了一幅幅绝美的场景，阅读后有一种净化心灵的神奇功能。以王维的《山居秋暝》为例，这首诗之所以能够流传千古，是因为王维有着高超的截取景物的天才。"空山新雨后，天气晚来秋"，作者选取了秋天一个雨后的夜晚，天气爽朗，空气清凉，天很清澈、干净。"明月松间照，清泉石上流"，天上的月亮透过稀疏的松针照亮了山林，秋天的月光是那么清澈，松针在月光的映照下给人湿润的、微凉的感觉。在松树间行走，一切是那么的澄净、舒爽。山间的溪流中，清浅的溪水从大小不一的石头上面流过，发出声响，在月光的照耀下反射着点点白光。山间的静谧已经不言而喻。接下来笔锋一转，“竹喧归浣女，莲动下渔舟”，浣纱女的声音在山林间回荡，莲花随着渔舟的滑行而移动着。空旷的山野间有了声音，有了生气，动静结合，以动写静，更显出山林间那种清幽、宁静的环境。“随意春芳歇，王孙自可留”充满禅意，表明了作者恬淡、疏朗的性情。这首诗描写的是哪里的景致已经无法考证，但我更倾向于认为作者写的是自己的辋川别墅。根据现存的辋川诗，辋川别墅的景致大都符合这种清冷、幽静的风格。而且按照王维的生活轨迹来说，也只有在辋川别墅居住的那段时间才能够写出这样洋溢着天才的诗句。

孟浩然《宿建德江》写“野旷天低树，江清月近人”，在旷远的江边，天和岸连成一片，看过去天仿佛很低，几乎就在树梢上面，月亮和人的距离看起来也很近。在这样旷远的地方，只有树和月亮陪伴，诗人一个人在扁舟之上，内心肯定是孤寂的，这样的景致很好地表现了“日暮客愁新”的主题。王维《汉江临泛》写“郡邑浮前浦，波澜动远空”，可以想象在宽阔的水面上，附近城市的倒影浮在上面，水天一面。人坐在船上，随着波浪的起伏而上下，水中的城市摇曳着，在船上看过去，仿佛和水面连在一起的天空也和水面一起摇晃。难怪作者在尾联有“醉”的说法。在《田园乐》里，王维一句“桃红更兼宿雨，柳绿复带朝烟”也是值得一提的，本来桃红和柳绿是很俗的景致，过于鲜艳，过于浓丽，但作者用很巧妙的手段，给桃红上面点缀些许雨露，在柳绿间罩上一层轻烟，艳丽的颜色马上朦胧起来，在若有若无和若隐若现之间，亮度降了下来，情趣顿生。这就是天才和凡人的区别，这就是圣手和俗笔的高下。

贺铸写“一川烟草，满城风絮，梅子黄时雨”，柳永写“杨柳岸，晓风残月”，都有这样的效果，他们用恰当的景致反映内心的情绪，生动、契合，当读者能够想象那个情境时，自然引发强烈的共鸣。

其次读作者的炼字水平，诗歌能用极其凝练的语言写景抒情，这是汉字运用的巅峰。提到炼字自然想到的是“推敲”的典故，苦吟派素有“吟安一个字，拈断数茎须”的说法，巧妙地选择一个字可以使整个句子甚至是整首诗立刻亮起来。这方面的名句很多，而且技巧高超者远胜“僧敲月下门”，比如宋祁的“红杏枝头春意闹”，张先的“云破月来花弄影”，只一个字就能使全篇生动，只一首诗就足以使作者不朽，这是多么令人艳羡啊。

作为王维的超级拥趸，讲到炼字，我还是要提及王维，并且通过他的两首诗来品评炼字的高下。诗家向来推崇《过香积寺》中“泉声咽危石，日色冷青松”中的“咽”和“冷”，这两个字生动而传神地描写了溪流声和日光照射下松林间的景象。这似乎已达到炼字的极致。但我个人更加推崇的是《使至塞上》的“大漠孤烟直，长河落日圆”中“直”和“圆”两个字。初看之下，“直”和“圆”很俗，很笨拙，但是仔细品味之下，只有“直”才能描写出大漠中空旷、荒凉的景象。在大漠中，烟不可能是炊烟，而是浓稠的狼烟，这种烟不容易被风吹散，所以直直地向上飞去。试想一下，如果是轻烟随风飘逝，袅袅升起，烟本身就生动起来，与荒凉的主题不符。同时，也只有在沙漠中，孤寂的行人才能够去注意到落日是这么大，这么圆。也只有又大又圆的太阳才能够表现出大漠景象的宽阔、雄壮、宏大。难怪在《红楼梦》中，曹雪芹借香菱之口说，“合上书一想，倒像是见了这景的。若说再找两个字换这两个，竟再找不出两个字来”。在我看来，这句诗中的“直”和“圆”两个字以拙为巧，藏巧于拙，达到了不着痕迹的高明境界。

最后读诗句的情境，诗歌最早是用来表达感情的，这就是所谓的“诗言志”，即使是写景，也在景致中表达了作者的思想情感，无论是上文举的例子还是“昔我往矣，杨柳依依”这样的早期诗歌都概莫能外。欧阳修写“泪眼问花花不语，乱红飞过秋千去”。暮春时节，红花凋零，花瓣随风飘散，女主人公坐在秋千上感慨着韶华易逝，但无情的自然不顾她的感伤，将花瓣吹过她的身后去，花的命运也是她的命运，这是多么令人伤感的情境啊。苏轼的“相顾无言，唯有泪千行”，写出了梦中重逢后思绪万千，欲言又止，不知道该说什么的场景。无声胜有声，千行泪胜过万语千言，浓烈的情境使得全诗的悲凉达到顶点。同样，贺铸写“空床卧听南窗雨，谁复挑灯夜补衣”，在雨夜的晚上一个人躺在床上，雨水拍打着窗户，回忆当年亡妻在灯下补衣的情境，这是多么锥心的疼痛啊！

诗歌是美好的，作者用凝练而精确的语言描写景物和心情，讲述着一件又一件的事情。读者的眼界越宽广、阅历越丰富，内心的共鸣越强。但前辈已经创造了无法逾越的高峰，我们这些后辈只能膜拜、品味而已了。

旗　帜

——读《苦难辉煌》有感

青秀区人民法院　林利扬

“他们历尽苦难，我们获得辉煌。”转瞬之间，中国共产党即将走过95年的风风雨雨。今天，在党的95周岁生日即将来临之际，我再次阅读完《苦难辉煌》一书，久久无法用言语来表达自己此刻并不平静的心情。95年的征程，95年的坎坷，95年的岁月如歌，一路走来，看起来似乎十分的漫长，却又往事历历在目，记忆犹新。这其中虽然有过许多的苦难曲折，但更多的是成就辉煌，正是她——我们伟大的中国共产党，改变了中国历史的进程，实现了中国人民的当家做主，引领着今日华夏大地的国富民强；她是一面旗帜，影响着一代代中华儿女紧密团结在党中央的周围，脚踏实地，埋头苦干，为实现国家的富强，为实现民族的兴盛，为实现中华民族的伟大复兴而高唱凯歌突飞猛进。然而，回首党的这95年的历程，她走过的却是一条从无到有、从弱到强的艰苦奋斗的道路。

1921年7月，中国共产党诞生于国家危难之际，这从一开始就已经注定了她的不平凡的一生。以毛泽东、周恩来、朱德等老一辈同志为主要代表的第一代中国共产党人，团结全国各族人民，艰苦奋斗，浴血奋战，推翻了帝国主义、封建主义、官僚资本主义这三座大山；经过八年抗战，十年内战，建立起了社会主义社会新中国，从此改变了亿万中国人民受欺压、遭凌辱的黑暗历史，中国人民从此站了起来，中国人民从此开始当家做主。

三年的饥荒，十年的“文革”，期间中国共产党带领下的勤苦劳动人民虽然走了不少弯路，受了不少苦难，但国家改革发展的大航向并没有因此而改变，不屈的中国共产党人并没有因此而意志消沉。他们敢于正视历史，他们不惧认识不足，他们勇于开拓创新。党的十一届三中全会以来，以邓小平同志等为主要代表的第二代中国共产党人，总结新中国成立以来正反两方面的经验教训，解放思想，实事求是，实现了全党全国工作中心全面向经济建设的转移，实行了惊天动地的改革大开放，开辟了社会主义事业发展的新时期，逐步形成了建设有中国特色社会主义的路线、方针、政策，阐明了在中国建设社会主义、巩固和发展社会主义基本问题。在邓小平理论的指导下，国家生产力迅速发展，经济由落后走向繁荣，人民生活基本达到了小康水平。

在社会主义建设的新时期、新阶段，以江泽民、胡锦涛和习近平同志等为代表的新一代中国共产党人结合我国现代化建设的实际情况，站在历史和发展的高度上为我国的全面现代化建设做出顶层设计，坚持改革开放不动摇，坚持全面发展不放松，他们继续带领着不屈的中华民族不断走向伟大的复兴。在他们的带领下，我国的经济实力大幅提升，改革开放取得重大突破，人民生活显著改善，民主法制建设取得新进步，文化建设开创新局面，社会建设全面展开，国防和军队建设取得历史性成就，港澳工作和对台工作进一步加强，全方位外交取得重大进展、国际地位进一步提升，党的建设新的伟大工程扎实推进。但是，“对中华民族来说，需要前仆后继的事业依然在继续”，因此，我们仍要紧紧团结在以习近平总书记为首的党中央周围，从先辈们的奋斗中汲取丰富营养，为中华民族复兴默默工作与坚韧奉献。

诚然，历史走到今天，中国的面貌已经发生了翻天覆地的巨大变化，然而，有一个事实却始终不变，数十年如一日，而且在人们的心中越发的坚定，并会一直坚持下去，那就是中国共产党是中国工人阶级的先锋队，同时是中国人民和中华民族的先锋队，是中国特色社会主义事业的领导核心，是带领中华儿女实现中华民族伟大复兴的中坚力量；95 年的发展历史，昭示了这样的一个事实：中国共产党代表着中国先进生产力的发展要求，代表着中国先进文化的前进方向，代表着中国最广大人民的根本利益。95 年的光辉历程，走出了一条亘古不变的真理：中国共产党是时代的中流砥柱，是中华民族的脊梁。中国共产党将继续作为中华民族的一面旗帜，为把我国建设成为富强、民主、文明、和谐的社会主义现代化国家而奋斗不息。

忆往昔峥嵘岁月，展未来任重而道远。作为一名普普通通的基层人民法院工作人员，站在党和国家的面前，虽然我们个人显得十分的渺小，但我们要时刻牢记着以全心全意为人民服务为己任,我们要时刻准备着把自己平凡的生命奉献给不平凡的工作岗位,奉献给有需要服务的每一位当事人,奉献给95周岁生日的母亲——我们伟大的中国共产党。我们时时刻刻要以中国共产党为旗帜,把实现自身的人生追求和价值同党的事业、国家的富强、民族的复兴紧密联系在一起,沿着正确的方向不断前进。我们要继续坚持和发展马克思列宁主义、毛泽东思想,高举邓小平理论的伟大旗帜,积极践行"三个代表"重要思想,以科学发展观为理论指导,深入贯彻习近平总书记系列重要讲话精神,胸怀祖国,扎实工作,与时俱进,为司法正义事业的发展发挥个人有限的才智,为社会主义现代化建设贡献出自己的全部力量。

95年的风雨征程,95年的丰碑伫立挺拔,95年的改革发展,95年华诞普天同庆,中国共产党是一面旗帜,将继续引领着我们不断前行!

信仰的力量

——《红岩》读后感

邕宁区人民法院　韦爱华

黑,令人压抑窒息的黑暗,为什么这黑暗有种让人想逃离而不能的绝望之感?我惊慌失措地环顾四周,目光所及,仍是一片漆黑,偶尔传来几声枭的叫声,更让人毛骨悚然。跑,快跑,快离开这里,我在崎岖的山路中跌跌撞撞奔跑,耳边中是夜风如魑魅般呼啦啦叫嚣着。

这是什么状况?一间封闭的屋子,一盆吊在半空的烧得通红的炭火,火苗诡异地扭曲着,墙上悬吊着粗黑的锁链,"嗯……"似乎是一声轻微的呻吟声,目光移转,我发现凳子上绑着一个披头散发的人,头低垂着,让人看不清脸,地上是一摊已经干了的血迹,无力垂下的双手正在往地上滴血,赤裸的双脚满是血污,我尖叫着,却听不到自己的声音。我颤抖着向那人靠近,"嗨,醒醒,醒醒啊",那人缓缓地抬起头,似乎耗尽了周身的力气,那抬头的一瞬间,一眼万年般漫长,嘴角似乎不屑的弯了弯。看到我,那人似乎愣了一下,"你是谁?"她问道,"你又是谁?这里是哪里啊?"我反问道:"呵呵,这里?这里是黑暗,是我们要打破的黑暗!是我江竹筠誓死要打破的黑暗。"坚定的语气让人不容置疑。江竹筠?江姐?怎么回事?一切似乎太混乱了。"打破黑暗?你怎么有信心能够打破这无边无际的黑暗?""因为我坚信,我坚信党能带领人民冲破黑暗,我坚信光明总会到来,为此,我愿付出我的生命。"说罢,她微笑着,目光坚定地向前望着,似乎透过高墙看到了未来美好的生活。那一刻,她周身像是笼罩着一层圣洁而温暖的光芒。

"呼……"我重重呼出一口气,拭拭额上的汗水,怎么会做这么奇怪的梦?打开灯,发现枕边《红岩》摊开着,难怪,真的是夜有所梦了。今年是建党95周年,全国从上而下都在热读红色经典书籍,重温党的光辉历程,而我,就选了这本《红岩》。初读这本书是在初中时，那时只是被精彩的故事情节所吸引，并未有多大触动；再读则是大学的时候，因为学校就在歌乐山脚下，校门对面就是红岩魂广场，入党时又曾参观了白公馆和渣滓洞，为了身临其境感受烈士当年的坚贞不屈和大义凛然，彼时更多的是对烈士的敬佩之情。而今，当我第三次捧起这本书的时候，我一直在思考一个问题：是什么东西支撑着这些革命先驱的精神世界？该是怎么的信念才能挨过那种种非人的折磨，使他们视死如归？

法国文艺复兴后期人文主义思想家蒙田曾说过：预先思考死亡，就是预先思考自由。那么是宁愿抛却生命、爱情也要得到的自由支撑着他们吗？我想不是，自由是目标，信仰才是支撑，他们有着坚定的理想信念，有着对共产主义纯粹而坚定的信仰。正是因为有信仰这个可以超越自己身边的一切去相信的东西，他们就有为了信仰必须承担一切苦难的使命，苦难是他们的选择。他们不能像普通人那样向往精神自由和肉体享受，他们必须为他们的信仰和理想作出无条件的牺牲。他们就是这样的一群人，忘我，无私，为了信仰可以承受一切苦难，可以献出生命。因为他们是共产主义坚定的信仰者，有着清教徒一样的朴素和献身精神，因此，他们可以毫无畏惧地笑着面对死亡，可以视死如归。

我想，如果说对个人而言，信仰是人生精神支柱的话，那么对政党而言，信仰则是凝聚和鼓舞全体成员的精神旗帜；对国家和民族而言，信仰更是不断发展、实现振兴的精神动力。失去信仰的人生，常常会迷失生活方向；失去信仰的民族，必定难以拥有恒久的前进动能；而一个失去信仰的政党，更不会持久地赢得民心和大地的力量。一代又一代诸如江竹筠一样的共产党人，用鲜血浸染了自己的信仰，用生命守护着自己的信仰，用飞扬的青春书写着人生的信仰，由此，这才共同成就了中国共产党伟大的凝聚力、影响力和号召力。虔诚的信仰，能够激发灵魂的高贵与伟大。在最危险的情形下，最虔诚的信仰支撑着我们；在最严重的困难面前，也是虔诚的信仰帮助我们获得胜利。无论是昨天、今天，抑或是未来信仰，将永远扎根在人们的心中，镌刻在中国共产党的旗帜上。

法安天下，德润人心

——《要件审判九步法》学习有感

隆安县人民法院　农福志

我第一次接触邹碧华同志的《要件审判九步法》，是在2012年参加预备法官培训期间。

当时，广西法官学院的老师们给我们推荐了这本书，说这本书对年轻法官的成长很有帮助。培训结束后，我拿着这本书，利用工作之余，匆匆浏览了一遍。那时，我还在民一庭担任书记员。但浏览一遍以后，我有一种异样的感觉，觉得这本书不错，决定慢慢地细读！于是，我把它放在书桌上，久不久看它几眼。

一年后，我调到执行局工作。从表面上看，执行工作相对简单，《要件审判九步法》中介绍的招数似乎用不上。但我在工作中，不自觉地套用和变通了邹碧华同志在书中透释的思维方式和工作方法，获得了一些意想不到的惊喜。比如，在执行申请执行人班某匀与被执行人周某农机动车交通事故责任纠纷一案的过程中，案外人覃某对本院扣押的99头生猪提出了执行异议，并提供了一大堆证据，欲证明被扣押的99头生猪是其私人财产，要求本院解除强制措施。为顺利执结该案，执行局依法举行执行异议听证会。作为案件主办人，我在听证会上，运用邹碧华同志在书中介绍的方法，给予异议人和双方当事人充分表达意见的机会，分解涉案标的物的资金来源，以及异议人年龄、职业、本人家庭收入、与被执行人的关系等方面，一步一步地引导当事人围绕异议主张进行陈述、辩解、举证和质证。后来，案外人覃某申请撤回异议，反过来动员被执行人自觉履行义务，并自愿为被执行人提供执行担保，促成了案件的和解执结。

可以说，《要件审判九步法》透释的思维方式和工作方法在执行中的变通运用，进一步加深了我对《要件审判九步法》的认识。自然而然的，我把邹碧华同志的这本书放上了床头，闲来无事时翻它几页。

去年年底，我调到那桐法庭工作。因案件审判的需要，我又认认真真地通读了一遍，再次觉得此书对审判法官而言，确实是一本不可多得的工具书。于是，我利用八小时之外的时间，再次把该书精读了一遍，感觉此书非同小可。渐渐地，我把它放到了枕头边，每天研究它几页。

今年上半年，我参加邹碧华同志先进事迹报告会视频会议，报告团成员多次提到了《要件审判九步法》，并把邹碧华同志比作法治建设的“燃灯者”。会后，我同庭里面的同志们说，我也有一本《要件审判九步法》，可惜我看得太少了，看得太粗略了！于是，《要件审判九步法》从我的枕头边，移到了我的手里头。为此，我特意买了一个耐用的袋子，时时把它带在身边，心里想着邹碧华前辈的“好经验”！

从此以后，我主办的案件，从案件立案时起，我就一步一步地，从固定请求权开始，最后到作出裁判，都有意识地遵循着邹碧华同志的《要件审判九步法》，如剥竹笋，像庖丁解牛，试图还原案件事实真相。在我主审的原告李某玉与被告黄某健排除妨碍纠纷一案的审理过程中，原告为证明诉争的0.96亩土地属其承包地的主张，向法庭提供了具有多处涂改痕迹的承包地使用权证书，被告对此提出了异议。双方之间的纠纷自20世纪80年代初开始，断断续续的，持续了30多年，矛盾相当紧张。为妥善解决纠纷，我运用邹碧华前辈的《要件审判九步法》，从固定请求权，到确定权利请求基础规范，再到确定抗辩权基础规范等步骤，给予当事人充分表达意见的机会，一步一步地引导当事人进行陈述、辩解、举证和质证，归纳双方的意见，给双方作小结，并及时释明相关法律条文，公开自己的心证……最后，原告认识到己方证据的短板，决定撤回起诉，寻求其他合理途径来解决纠纷。

如果说邹碧华同志是“燃灯者”，那么他的心血之作《要件审判九步法》则是其永恒的灯光，越照越亮，越亮越远！这本书对于案件的审判，无疑具有“燃灯”的重大指引作用。可以毫不夸张地说，这本书是邹碧华同志审判思想的升华，是其法官价值的最佳体现！他告诫我们，法官在审判实践中，不仅要通晓各种法律的精义，而且要注意把握司法规律，掌握科学方法，增强法律运用的能力，唯有这样，才能将九法变成六法，六法变成三法，最终融为一法，达到九九归一的最高境界，实现“法安天下，德润人心”的法治目标！

生活不止眼前的苟且

——《岛》读后感

南宁市中级人民法院　樊　宁

烟雾弥漫中，一座孤岛，斯皮纳龙格，伫立在茫茫海水中。这是一片被世人遗忘的荒蛮之地，一群被世界抛弃的麻风病人在隔离区中绽放出生命和爱的希望。

故事怆然铺展，讲述了爱琴海上一个家庭的悲欢离合。丈夫吉奥吉斯是克里特岛上的渔夫，妻子伊莲妮是村庄中受人爱戴的老师，家中还有一对美丽动人的女儿安娜和玛利娅。原本平静而快乐的生活被妻子伊莲妮感染上麻风病戛然而止。命运的打击才刚刚开始，丈夫在失去妻子后，小女儿玛利娅在订婚前夕被查出麻风病。吉奥吉斯不得不将玛利娅送往隔离区，而大女儿虽已嫁入豪门，过上富足的生活，可她内心的嫉妒，永不满足的欲望，导致她一步一步陷入深渊，最终因爱上丈夫的堂弟而被丈夫杀死。

绝望的峭壁上看似荒凉寂静，希望的花朵却在此时悄然萌芽。玛利娅慢慢适应岛上的生活，医生克里提斯的到来终于改变了岛上的现状。他的新治疗方案，治愈了岛上大多数患者，玛利娅终于可以回到家乡，与家人团聚，而她与医生克里提斯也因相处而了解，最终收获了爱情的果实。

一切的一切都因麻风病的开始而开始，也因麻风病的结束而结束。

“皮肉上长有麻风的，他是麻风病人，他是不洁净的，牧师将定他为完全不洁净。得麻风病的人，他的衣服要撕裂，头发也要剃光，蒙着上唇，喊叫说：‘不洁净了！不洁净了！’”这是《旧约》中对麻风病人的残酷对待，希斯洛普用平静的文字述说了那个时代对麻风病人的残忍。在被遗忘的角落，一群被社会所抛弃的麻风病人，背井离乡，承受了常人所不能面对的痛苦与折磨，被放逐到一个完全陌生的环境中。虽隔海对面就是自己曾经那么熟悉的生活，可是却像隔着万重千里触摸不到，他们不仅要面对病痛对身体的摧残，还要忍受内心的孤寂与绝望。就是在这般境地之下，怀抱着对生的希望与向往，隔离区的患者在岛上开垦了属于自己的家园。在病魔面前，社会的残忍，人性的不堪，生命的脆弱，都暴露得一览无余。这不禁让我思考，生活的本质在于什么？是社会价值体系的认同？是普世标准的判定？还是他人对自我的价值的肯定？都不是，生活的本质在于自身，在于自我的坚持，在于内心的自由。

岛上的患者在隔离区建立了井然有序的小社会，有自己的政治领袖，组织人员与政府沟通，申请资金修缮住所，孤岛在他们的建设下，已焕然一新。"它给人难以想象的自由，空气新鲜，鸟儿鸣唱，还有条街道可以悠闲漫步；在这里他们重新感到自己是个人。"原本已被世人所抛弃的麻风患者，心中对未来充满了绝望，可是就在这一片废墟之中，依靠自己的双手和智慧，创造出属于自己的天堂。这座小岛，是他们的家，充满了爱意与希望，这不仅仅是一座岛，而是情感的归属，是精神上的自由，是与世隔绝的天堂。相比之下，岛外的世界，充满着战争的杀戮，充满着人性的险恶与贪婪。这岂不是很讽刺？岛上身体被病痛折磨的患者，内心却是无比知足与自由，而岛外拥有健康体魄的人们，内心被贪婪、争斗、嫉妒而左右，他们才是真正生活在孤岛中的人，是他们自己用人性的险恶筑起高墙，把心灵禁锢在牢笼里。

命运似乎在向你开了玩笑后又会赐予一份礼物。玛利娅本以为找到了爱情的归属，可恰恰就在订婚前夕，被查出了麻风病，不得已也被隔离到了岛上。而未婚夫在发现自己患病时就退避三舍。玛利娅在踏上孤岛的那一刻，忍受的不仅是日后的孤独，还有情人对感情的背叛。善良的玛利娅并没有沉浸在悲伤中，她帮助医生克里提斯一起治疗岛上的患者，建立病人档案，而她与克里提斯也渐渐培养出感情。在艰难的境地下，玛利娅收获了真正的爱情。而她在治愈后离开小岛时，心中充满了不舍，这座小岛上的一草一木、一花一树，在阳光的映照下，都是这么可爱，当初的寸草不生，已不复存在，取而代之的，是昂昂生机。

小说平静的文字下饱含着情感的波涛涌动，生命的韧性往往出乎常人的意料。面对接二连三的打击，吉奥吉斯似乎只能用一颗看似麻木的心来面对剩下的孤独。妻子被夺去生命,小女儿又被隔离在岛上,不幸一次又一次降临在这个家庭,吉奥吉斯面对命运的无情,沉默以对,时光磨白了老人的双鬓,却磨不灭他对亲情的坚守。即使挚爱被病魔夺去了生命,即使小女儿玛利娅被隔离在孤岛上,他依然风雨无阻地往返两地,运送必备的生活物资。接受一切,却不屈服,亲情的力量如同坚强的脊柱,支撑着他不离不弃。亲人对他而言,是精神支柱,是活下去的动力。承受着接二连三的打击,内心已是满目疮痍,老人只留下一个坚强的背影,从来不去抱怨命运的不公,独自承受一切。亲情的纽带最是坚固,是任何风霜暴雪都斩断不了。让人感动的是吉奥吉斯对亲情的执着,对亲人的守护,对命运无言的抗争。

生活被毁又重建,爱情被毁又重生希望。斯皮纳龙格,见证着那个时代的故事,用无言述说着悲怆后的新生。命运,不在于它的惊天动地或是平淡如水,而在于主宰命运的人手中,有多少力量。生活不止眼前的苟且,还有诗和远方的田野,孤岛的病痛尚能平复,我们又有什么资格在岌岌尘世中自怨自艾?

关于《利维坦》中政治科学性的一点认识

南宁市中级人民法院　杨　坤

一

在中世纪,罗马教皇的权威至高无上,世俗的权力必须服从于教会的权力,教会垄断话语权,既然政权要服从于神权,关于政治的学说也深深地打上了独断的“唯意志主义”的烙印。

上帝是一个人,便意味着一种意志。通过单纯的论证和逻辑方法都无法使我们认识这个意志,政治理论是不具有科学性的。

到17世纪,在伽利略的“两种新科学”和笛卡尔的几何学分析、逻辑分析的原则指导下,一种崭新的科学精神被引入自然科学,伽利略所谓的“哲学是几何学特征写成”的说法,能够应用于自然科学,但是用在政治等社会学科领域是否也是可行的?

另一个重要的问题是,假定用数学的论证方式去证明政治理论可行的,且必需的,如何才能找到一种论证原则?

如牟宗三先生所说:“政治科学没有像自然科学那样的稳定性,那样的机械的保证性。政治现象永远是人创造的,这里就牵涉到人的行动,或说人的政治实践。虽然我们可以讨论人的政治实践如何成为理性的,并亦希望其成为理性的,但这并不必就是科学的。使人的政治实践成为科学的,若是这科学的一词,其含义不是太宽泛,而取其严格的意义,则很难做到的,几乎是不可能的。”

很显然,任何自然科学的方法,都无法完全地控制人的情感与行动,并分析背后的原因。

然而,“17世纪的理论,无论其在目的和手段方面是如何的分歧,但都有着一个形而上学的背景。形而上学的思想明显处于神学的思想地位之上”。

17 世纪的思想家们都是坚定的理性主义者，它们的理论虽各有差异，但思维方式、论辩方式很难说有较大的差别，都一致地应用了推理的方法。可以说，理论家们找到理性，宣告了其统治人类社会的要求。

二

依照奥克肖特的说法，政治哲学通常有三种模式：第一种是以自然和理性这些主导性概念为特征；第二种是意志和人造物（Artifice）为特征；第三种出现在 18 世纪，主导概念是理性意志。霍布斯的《利维坦》是第二种模式的代表性著作。

“对霍布斯来说，理性有两种相互替代的目标：一个是在既定的结果的情况下判断产生它的原因；另一个是在既定原因的情况下判断产生它的结果。”

推理只关心因果，推理活动处在一个由原因或结果构成的世界中，这就排除了只凭上帝的意志或先知启示才可知的事物，也即神学和宗教的事物，标示出了政治哲学的边界。

在霍布斯看来，这些经过推理得出的理性知识也就是科学的知识。

霍布斯宣称，有关人和人类事物的学说不需要自然科学。它有着自己的通过经验获得的原则。他通过自己关于对人的经验的推理得出有关人类事物的发现的。

然而经验如何保证理性？

霍布斯说：“理性不像感觉和记忆那样的与生俱来，也不像慎虑那样单纯的是从经验中得出来的，而是通过辛勤努力得来的。”“其步骤首先是恰当地用名词，其次是从基本元素——名词起，到把一个名词和另一个名词连接起来组成断言……然后在形成三段论证，即一个断言与另一个断言的联合，直到我们获得有关问题所属名词的全部结论为止。这就是人们所谓的科学（science）。”科学是借助于理性持续而冷静的运作而获得。

上述像几何论证一样的操作和计算，也并未道出理性的本质。

霍布斯的观点是，经验是人与动物共享的东西，只是人在更大的程度上拥有它，记忆和想象都是感觉主动的机械产物，为克服这种机械的限制达到对感觉的理性了解，我们不仅要有感觉，还需要意识到我们有感觉这一点，也即拥有反思的力量。

而语言本身作为一种人类的感觉，也使反思成为可能，人们在使用言语表达想法时，首先需要意识到自己的思想，而思想是感觉的源头，语言成为所有推理的前提，理性知识的产生就语言来讲是在经验之外的。这种描述说明科学是语言（名称）的推论，还是事实的推论，在《利维坦》中，霍布斯同时肯定了两者。

三

霍布斯的契约论即是这种理性下的产物，虽然广受批评，但更重要的却是其推导的方法。

霍布斯坚持认为，把他的前提给任何一个人，只要该人能正确地推理，就必然得出他的结论。

契约论从论述人性开始，从感情中推导出自然状态，进而导出国家、主权等概念，采用的正是解析—合成的方法（resolutive-compositive method），解析是把事物分解为各个要素加以考察，综合是把事物的各个要素联结成一个整体加以考察，这种推理方法也是其解决政治学问题一直运用的科学方法。

自然状态作为对政治世界的一幅图景，是通过分解，再合成起来的产物，其实是一种战争状态。自然状态的前提是人的平等，而如何得出这一前提，霍布斯对这一论证做出了含糊的说明，他说这种基本的平等表现为即使那些弱小者也能应用密谋或者联合起来征服那些体力或智力上强大的人，这又是经由经验获得的结论。

这种论证显然是不充分的，不同的理论家，霍布斯、洛克、康德、卢梭、罗尔斯都应用了社会契约的论证方式，并对自然状态、平等问题作出了不同的回答，但都会遭遇同样的批评，即从来没有一种自然状态或是在自然状态下达成的社会契约，无论公民、国家也不会接受契约的约束，可能的考虑是霍布斯需要此种平等的前提，否则他的社会契约的理论无法建构。

从《情感教育》说起

隆安县人民法院　张　琦

《情感教育》是法国19世纪现实主义作家福楼拜的名著。它有一个小标题:一个年轻人的故事。

从大学起,直到如今,足足有五遍,我从头到尾读完了李健吾翻译的《情感教育》,还不算中间若干次零星的翻阅。每次掩卷的感想,无一例外,总逃脱不出“沉肃”两个字。

一般人阅读小说,往往注重情节和对话,因为这是吸引读者的不二法门。那么看外国小说呢?除去情节以外,译者的功力是不能忽视的。20世纪30年代那一茬人,搞翻译的很多,为人熟悉的有傅雷、冯至等。说到福楼拜,说到《情感教育》,不能不提李健吾。许多人知道他是戏剧家、批评家、散文家,却把他翻译家的头衔忘了。这恰恰是他的本职业务。但是把福楼拜的作品最先译介到中国来的,不是李健吾,而是李劼人,他也在法国留学过。记得他有一本译作,叫做《马丹波娃利》,头一次看,愣了一下,原来就是《包法利夫人》最初的译名。他的译作比李健吾早,在今天看来,不免产生一定的隔阂。

福楼拜写了两本《情感教育》,初稿和次稿相隔了20年。前者文笔稚嫩,后者已然炉火纯青。书里写了一个年轻人,福赖代芮克,心智薄弱,辗转在四个情妇中间,荒唐到老,虚度一生,最后让一群妇女笑出土耳其女人的房子。

这本小说的故事琐碎,平淡无奇,简直令人欲呕。一个年轻人,生活在灰色的现实之中,没有做成过一件值得称道的事,最多也是对付完法科考试。激情在岁月中销蚀掉了,庸庸逸逸,过着小资产阶级的日子一直到老。

大学二年级的时候,我就买了这么一本书,1984年上海译文出版社出版的。后来送了朋友一本,他该知道,读这本书要花费多少耐心啊!最初的印象,已经影影绰绰了,记得是硬着头皮读完了它。不过“这是一部难读的小说”，难在故事和人物的凡庸（没有吸引人的力量），加上造句的空白——实际上是删削，是经济，结局造成欣赏的障碍。

福赖代芮克和戴楼瑞耶谈论人生，发表感言道：“没有你，你怎么能够要我住在那边？有一个女人爱我的话，我也许做得出点儿事来……你为什么笑？爱是天才的食量，或者好比说，空气。非常的情绪产生卓越的作品。……我属于那继承权被剥夺了的子孙，我要用一件宝物毁掉自己，是假金刚石，是真金刚石，我就不知道了”。怎样逼真的描写，而且怎样的忧郁、迷漠！好像灰色就是人生的底色。“有一个女人爱我的话”，是的，我们就可以借着爱的力量，完成一般人完成不了的工作。有多少个人有这种上天的恩惠！白勒南，一位画家，自以为读了几本美学的著作，就可以弄出一些杰作，他错了：已经 50 岁了，他还没有做出什么东西，要有也就是一些草图罢了。

就全书看来，这种启人深思的例子很多，句子熟了，和八月的石榴一样，或者是词语新奇的组合，好像过满的谷仓，颗粒遍地，这应当归功于李健吾先生深厚的译笔。看看其他的译者，情形就大不同了。

还是回过头来想一想我们当今的社会吧。为了一份工作，我们曾经有过过高的期许，然而天性虚薄，最后怎样的折心相就！理想是丰满的，现实是骨感的。谁不是整天胶在生活上面，直到晚年，才叹一声“都非少壮时”。谁做得出什么来，谁又高人一等，在现实的镜头之下，还不是谁都一样！在这种忧郁迷漠的现实世界，哪里是一丛鲜妍呢？福氏也许给我们指示一条道路：人生如此丑恶，唯一忍受的方法就是躲开。要想躲开，你唯有生活于艺术，唯有由美而抵于真理的不断寻求。这是他典型的艺术至上的理论，我们不必斤斤计较。

在世上兜了一大圈子，生龙活虎的年轻人变成了老头子，直到头发白了，福赖代芮克和戴楼瑞耶围着炉火谈话。他们互相打听朋友的消息。然后福赖代芮克问道：

——我觉得你不大热心政治了？

戴楼瑞耶道：

——年龄的影响。

他们扼述各自的生平。

两个人全失败了，一个梦想爱情，一个梦想权势。什么理由失败呢？

福赖代芮克道：

——或许是不走直线的缘故。

——关于你，也许是。我呐，正相反，我的错误由于过分正直，还不算万千次要的事，可这比什么都要命。我呀逻辑太多，你呀情感太重。

随后，他们斥责机运、环境、他们所生的时代。

福赖代芮克道：

——我们从前以为要做的，全没有做。记得在桑斯，你想写一部哲学批评史，我呐，想写一部关于劳让的中世纪的伟大小说……你记得吗？

他们重新看到中学的院子、小教堂、会客室，最后被一群妇女笑出土耳其女人（妓女）的房子。这个故事三年以后没有为人忘记。

他们絮絮叨叨，把它说了个没完，这位补足另一位的回忆；等到说完了，福赖代芮克道：

——那是我们顶好的时辰！

戴楼瑞耶道：

——是的，也许是吧？那是我们顶好的时辰！

合上书本，主人公的命运提供给我们怎样的回忆和思考呢？留给我们的是无限，好像手中的掌纹，弯曲，伸展；命运是一位促狭的老人，当头一击，打了我们一个不防，我们以为要成就什么事，后面却做了另外的事；是若干沉肃的思考，是时间的流逝，是平庸，是销蚀，是到老还弄不出一点事情来。之所以特别提出这一段，是因为福氏用了最简洁的文笔，综括两人的一生，格外耐人寻味而已。

和《包法利夫人》相比，我更喜欢《情感教育》，因为它供给更多严肃的思考。这种思考是和人生打成一片，相为表里的。或者不如说，是真实的。前者描写一个乡村，后者场面扩大，从淳朴的乡村一步跳到繁华的城邑，光怪陆离，福氏毫不留情地揭下了人性的面网。

脚踏实地　仰望星空

——《送法下乡——中国基层司法制度研究》读后感

南宁市中级人民法院　罗　晖

手捧苏力先生的大作时，看到了《送法下乡》的书名。乍一看，感觉像是某行政单位所作的法制宣传材料。细看之下才发现，苏力先生所用的“送法下乡”一词，并非法制宣传中常提及的“普法”。在该书再版的序言中，让我印象特别深刻的是，苏力先生还特别提及“一本10年前的著作重版，是好事，也是坏事”。事实上，《送法下乡——中国基层司法制度研究》是苏力先生在21世纪初出版的一本法学著作，2011年再版。与此前出版的《法治及其本土资源》类似，苏力先生仍然将研究的目光投入到中国当代法学及司法制度中，希望尽其所能，解决当前中国司法制度中所面临和存在的问题。

在本书的导论部分，苏力先生交代了研究中国基层司法的原因和意义，即为什么研究司法？为什么研究基层司法？为什么研究中国？以及这种研究的社会意义和学术意义？而后，苏力先生从当代中国基层司法的三个具有代表性的制度出发，进而从宏观、中观、微观三个层次描述中国司法制度的社会背景，分析了基层法院的制度空间位置（初审法院）及其社会空间位置（中国基层社会）以及基层司法的特点，并讨论了基层法官和乡土社会中的其他法律人。最后，苏力先生的结论是在当前中国的社会背景下，基层法院和基层法官具有不可替代的作用和价值。但是，基层法官的素质和专业训练均有待提高。在市场经济条件下，要推动和完善司法改革必须慎重考虑中国基层司法的现实和基层法官的专业化进路，苏力先生认为：“法治的理想必须落实到具体的制度和技术层面。没有具体的制度和技术的保障，任何伟大的理想都不仅不可能实现，反而可能出现重大的失误。”

从某种程度上说，苏力先生对中国法治现状和未来的洞察超出了很多法学学者的深度,他在字里行间提出了一个我们很想逃避,但又难以回避的问题:中国有没有可能进入法治社会,成为真正的法治国家?如果能够实现法治,那么应当迈向西方式的法治社会还是选择本土化的法治道路。可惜的是,苏力先生提出了这个问题,却没有在本书中告诉读者答案。实际上,对于当前我国的司法制度,特别是基层司法制度,每一个从事司法职业的人,都有自己的感悟。作为一名基层法官,我对这本书的感悟分为两个阶段:

第一个阶段是我在读大学时。时任法理学老师的池海平教授向我们推荐了这本书——他说,在座的大多数同学将来一定是从事与法律有关的工作,或许是法官、检察官和律师,或许从事法学理论的研究工作。但无论如何,只有你们在中国从事司法工作,一定要了解中国基层的司法现状。因此,我买下了《送法下乡》的第一版。但也许是因为在大学阶段,社会阅历还比较少。因此,第一次读这本书时心中有很多疑惑,比如这本书第一章中有一个例子:大意是内蒙古有一个农民,他10年前借了他所在镇上的农村信用社200元。原先订的还款期是3个月,但是他逾期未还,而且是10年未还。于是当地的信用社向法院起诉,要求这个农民归还借款。在立案后,主审法官就跟着信用社的工作人员,在村长的带领下找这个农民要求归还贷款。于是,他们就一起来到农民家。在这个农民家时,苏力先生描述了三件在我当时看来,觉得很不可思议的事情:第一,直接在这个农民家的炕上开庭。第二,在这个炕上法庭辩论的过程中,农民在辩论中称:“因为当地民间流传当地政府会把当地所有农民向银行的欠款一笔勾销,他认为既然政府迟早会还款,所以他干脆就不还了。”第三,主审法官认为该农民除了偿还200元以外,还需承担10年的利息、诉讼费和本次法官和信用社工作人员下村的交通费等共计700元。但是,镇长却在此时插话说,如果农民现在就可以还钱,就还本息,诉讼费和交通费等就免了。而且,主审法官竟然马上同意了。因为正在学习法理学,接触了西方的法学理论,也通过一些西方电影的场景了解了西方的庭审制度。在我年轻的心目中,法院作为“三权分立”的一权,法庭应当是神圣和高大上的地方,法官在法庭上应当拥有绝对的权威。而在《送法下乡》这本书中:法庭开庭如此随意,农民对于法律的知识如此欠缺;作为政府的代表,镇长并非当事人,镇长的发言有干涉法官审判权的嫌疑;而法官竟然也认同镇长的干预。因此,我当时觉得非常不可思议,感觉这种“有中国特色乡土社会的审判方式”真的符合现代司法理念吗?靠这样“群众办案”的模式真的能够解决现代社会的各种社会矛盾吗?如果中国的社会普遍都是这样的情况,离现代法治那么遥远,那我们还学习法律干嘛?

第二个阶段是在最近。逛街的时候,我偶然看到了这本书的修订版,于是我又抽时间重读了这本书。与第一次不同,也许是因为在工作后有了一定的社会经验,特别是在法院工作以来,无论是在立案大厅还是在院长接待日等公开接访的活动,接触了前来立案或者是前来反映问题的当事人。我才发现这本书的真正价值,感觉这本书虽然是以中国的乡土社会为研究样本,但是,我在工作接触中发现,哪怕生活在城市的很多市民的法律意识也非常淡薄,更不用说文化水平更为有限的农民。因此,苏力这本书事实上像一个建立在“三重断层上的新房子”。第一重断层,即城镇中国与乡土中国的断层,这也是《送法下乡》一书的中心内容所在。按照苏力自己的说法,中国的问题仍然主要是农村的问题,这一判断是他在书中选择基层法院作为主要研究对象的首要原因。第二重断层,则是法律思想者和行动者之间的断层。苏力先生与不少法律学者的一个区别就是他一贯强调“法律是行动者的事业,而不是或至少不仅仅是思想者的事业”。在中国的政治体制和司法制度上,法律思想者,特别是那些被政府委以制度设计任务的法律学者,所取得的话语权力要远远超出负责实行规则的行动者,比如我们法官。特别是在基层法院的法官,除了执行法律以外,在制度设计的话语权很少。第三重断层,建设现代法治国家和落后的司法观念的断层。建设现代法治国家的理念已经为越来越多的人所接受并身体力行。但是,在实践中落后的司法观念仍在制约着我们法治国家的步伐。比如,在司法实践中“官本位”和对法官的评价机制等问题。比如在绝大多数案件中,总有一方是获胜的,一方是败诉的。但是,败诉一方的当事人往往不尊重法官的判决,认为有司法腐败的现象或者领导干预的现象发生,所以他就败诉了,而不从自己提供的证据是否合法,是否充足,自己的行为是否违反法律规定来检讨。因此,我现在觉得苏力先生的书非常有价值,其揭示了我国的国情和司法现状。不管我们是否愿意面对,在推动司法改革时都需要理解这一国情和现状,都必须立足这个国情。

本次读书会的主题是“让读书坚定自己的信念”。我以为,“读书的真正目的在于诱导头脑自己去思考”。毫无疑问,我两次阅读《送法下乡》一书的感悟有所不同。也许是因为时间不同、阅历不同,感悟自然有不同。可是,我仍然觉得在阅读的过程中,我的心智在无声中得到了成长和升华。虽然苏力先生在《送法下乡》一书中给我们认识到了中国基层司法的种种困难,要改变这一切甚不容易。也有很多人以自己的实际行动否定了司法改革。出现这样的问题,我觉得或许是因为部分干警对改革的认识还不够深刻,信心有所不足。但是,我也相信中央比我们更加了解基层的司法现状。因此,虽然从当前来看,司法改革在短期内也许会造成阵痛。但是,十年后、二十年后、三十年后也许情况就大为不同。就像马云所说:梦想还是要有的,万一实现了呢?所以,通过本次读书会活动。本人认为,在当前司法改革的大潮中,我们年轻法官不仅要树立信念、坚定理想,恪尽职守办好每一个案件,更应该勇于担当,做司法改革的参与者和坚定的支持者,自觉维护法律的神圣和国家的尊严,尽我们所能做一名合格的法官。

谁的千秋家国梦

——看电视剧《伪装者》有感

宾阳县人民法院 董 金

电影《风声》中顾晓梦临终前说:“我不怕死,我怕的是我爱的人不知我因何而死,我身在炼狱留下这份记录,是希望家人和玉姐原谅我此刻的决定,但我坚信,你们终会明白我的心情。我亲爱的人,我对你们如此无情,只因民族已到存亡之际,我辈只能奋不顾身,挽救于万一。我的肉体即将陨灭,灵魂却将与你们同在。敌人不会了解,老鬼、老枪不是个人,而是一种精神、一种信仰。”正是这群人,这群人也许在胜利之时不能在阳光下接受欢呼,但是我们希望有一天,他们的千秋家国梦没有因为经过漫长岁月而渐渐被人忘却。

最近看电视剧《伪装者》,内心感触万分,在那样一个年代里,有这样一群人,在黑暗中前行,在泥淖中挣扎,在没有硝烟的战场上无声地奋斗着。于他们来说家是什么?国是什么?这千百年来的家国梦又是什么?

剧中我最喜欢的人物明楼,是这部剧中最大的伪装者,他是汪伪官员,是军统特务,最重要的实际上他是中共上海地下党。他利用自身的多重身份为我党获取情报,是什么让一个留洋归来的经济学者如此情愿穿上伪装,情愿被世人认为是汉奸,情愿被万人唾骂,情愿被家人指责?他本可安安稳稳做好明家大少爷,本可在世人敬重的眼光中做一颗学界的明星。每当看到他周旋于三方势力中苦思如何破解敌人精心设置的一个又一个陷阱时,每当他被自家亲人误会时,我都不禁在想,这到底是为了什么?犹记得剧里有这样一个情节,明诚画了一幅画,在乡间田野中的一所房子,明楼把他命名为家园,他说这就是他梦想中的家园,如此平静祥和。

再说说明台,有人说伪装者可以改名叫做菜鸟特工明台的成长记。的确是,明台看似因为误打误撞无意中在飞机上救了军统特工王天风而进入军校学习，实际上，他可以选择逃离军校，但是他却留了下来？这是为了什么？他本是明家最受宠的小少爷，本来是可以在港大读书的学生，本来是一个养尊处优的富家子弟。他在一次次的任务中成长，从一开始由完成任务带来的得意到最后的痛苦，他痛心疾首于军统的腐败而投身于中共，几乎九死一生。在这过程中，他失去了敬重的老师，亲爱的战友和最疼爱他的大姐，他是为了什么？答案，也许是他心中存在这一团火，一颗赤子之心。

再说明诚。有明楼必定有明诚，诚者忠诚是也。若心中无忠诚，他如何可以在明楼身后处理一次又一次危机，投入一次又一次惨烈的斗争中，他完全可以置身事外，完全可以寻找一份普通的生活。悲惨的身世从未让他消沉，他依然坚定依然沉稳，依然默默守护着爱他的一家人。他是明家最忠诚的守护者，也是党的地下工作的守护者。

说完明家三兄弟，怎么能不说说大姐明镜。她以一己之力独自支撑起明家企业，一人照顾起这个家，对三兄弟无比慈爱。她本可以安心做好一个资本家，一个千金大小姐，本可以置身事外，但是她却不遗余力支持革命，为我党输送物资，在为了不使明家三兄弟身份暴露的情况下依然赴死，最终牺牲，这到底是为了什么？

除此之外，还有王天风，黎叔，苏太太甚至于曼丽。他们为何牺牲？为何付出？我想是为了一个梦，一个关于家国的梦，正因为这样，明楼才会对明镜说："大姐，先有国，才有家。"正因为这样，王天风们才会在那样一个年代，于黑暗中看见曙光，于黑暗中给苦苦追寻并且为人所知。明楼甚至说"我们是胜利时，不能在阳光下接受欢呼的人。"

犹记得明楼和王天风告别时，两人握手，互道"抗战必胜"，那种心潮澎湃，怎不使得我辈敬仰。这一群貌似生活在黑暗中的人，内心如何向往光明，如何自信光明能够到来。我们常说中国梦，其实我想这也就是古往今来的中国人的家国梦。

自始至终，我们都追寻着一个梦，这个梦也许并没有那么宏伟，这个梦朴实而真实，在这个梦里我们都希望拥有一个温暖的家，哪里没有战争，只有和平。正如明家四姐弟一样，正如在那个时代里所有善良的中国人一样。这是一种普世价值，这种价值是"长嘶奋不顾身，而殉国家之急"，更是"苟利国家生死以，岂因祸福避趋之”，这就是家国天下的理想。

很想对这些伪装者说：我不知道有多少人能看破那一层伪装，明白你们伪装下的一片赤诚之心。我只知道还是会有很多人记得你们，并且在心里为你们欢呼。就像前段时间的大阅兵，我们为和平和胜利而骄傲自豪，我们为我们的梦想一直不停努力着。我相信“明楼”们能看到，所有为和平牺牲的人可以看到。我更希望，和平能成为我辈不死的最终信仰，如夜空中最亮的星，指引我们前行。这不是谁的千秋家国梦，而是我们的。

白岩松新著《白说》背面语小读

江南区人民法院　杨有荣

“要是没有高考,你拼得过‘富二代’吗?”

我想说,就算你有了高考,也同样拼不过“富二代”,就算你拼过了高考,还是有公考,就算你拼过了公考,人家还有不用考。人生没必要一直与谁谁在拼,也没必要一直与×二代拼来拼去。这个社会那么多的“富二代”、“官二代”、“红二代”、“拆二代”。如果你的人生无论何时都要与别人比,时时都要与“×二代”拼个你长你短,便注定了你是个悲剧。

“每个人的命运都取决于你不在场时,别人怎样议论你。”

我想说,体制内,每个人的命运都离不开被别人说、与说别人两种结局。一开始我们刚进体制,上级决定着我们的升迁与去留,我们一直都是别人桌上讨论的对象,此时我们的命运是被人说;及之后来,我们有了一定的权力,我们也能决定着别人的升降去留,别人也变成了我们组织讨论会上的对象,别人成了我们说的对象。我们人人都免不了都要往别人嘴上嘴下缝隙处觅生存空间与远方诗意。古人显然对此中道理无比稔熟,孔夫子故而有“敏于事而慎于言”的教诲。史书记载,有一次孔子曾去老子那里问礼,老子什么都没有说,而是张开嘴巴,让孔子看看老子的舌头还有他那掉得差不多精光的牙齿,孔子便告辞而去。孔子的学生不解便问孔子为何,孔子是这样解释的:老子是想告诉我们舌头是至软之物,牙齿是至刚之物,至软与至刚之物互相斗争,结果还是至软之物取得了最后的胜利。我看后总觉得有点不解,孔子是去问礼,老子表达的应该不是以柔克刚的辩证道理,而应该是我们每个人都免不了被别人嘴巴舌头讨论议论的对象,想教育孔子要注意礼仪与礼节,免得被别人口水所淹死。孔夫子在论语里,也一直都议论着别人,说着别人。论语也告诉了我们做人的根本之道,一是谨,二是信。谨与信,归根结底也是基于我们每个人的命运取决于别人怎么议论你的前提。

生活中,理想主义者和骗子很难区分,因为他们都在谈论方向。

诗与远方,其实是行骗最好的幌子。多少小人、多少人渣、多少酒鬼饭桶,凭着几首小诗骗得了生活之所需,骗来了金钱名利地位,甚至骗来了国权大位。归根结底,在诗人身边的,区区小诗,饿不能当饭食,冻不能当衣穿,外敌压境,小小诗稿连同诗人均不足以填充外敌之枪管炮桶。方向何在,谁也不曾到过;远方在何方,谁也不曾到过;很难知悉谈论者其内心是否真诚,亦难以判断其所谈论之方向与远方是否靠谱;但唯一可以肯定的是,如果他一直不断在谈论,如果他一直仅限于谈论,那他必是个骗子。

男人因为看着远方,才能吸引近旁的女人。如果你只看近旁的女人,女人就会看向远方。我想起这样一句诗:“你一会看看我,一会看看远方;我们觉得,你看着我的时候离我好远,你看着远方的时候离我好近。”

争做合格审判员

——读《要件审判九步法》有感

南宁市中级人民法院　施海辞

2013年召开的党的十八届三中全会通过《中共中央关于全面深化改革若干重大问题的决定》,对深化司法体制改革作出全面部署。至今,这项"对推进国家治理体系和治理能力现代化具有十分重要的意义"的改革已经稳步推进两年。面对这一具有划时代意义的改革举措,作为司法队伍当中的一员,我们应该并且勇于担当起应负的历史责任。

身为一名2015年刚刚进入法院系统的新进公务员,虽然目前承担的工作、贡献的力量仍然有限,但面对着司法改革涌动的大潮,我们亦应当勇于承担自己的一份责任!而要承担起这一责任,除了需要内心的"勇",敢于担当历史所赋予我们的责任外,我认为是否具备担当起这一责任的相应能力也是我们能否为司法改革添砖加瓦的关键所在,正所谓"打铁还需自身硬"。

作为一名2015年应届毕业研究生,初入我院,直面审判工作的实务第一线,我最大的感触就是虽然在学校积累了一定的法学理论知识,但是,实务经验的欠缺却是当前不容回避的短板,因此,我明白,必须尽快掌握审判工作所需的实务操作能力。而邹碧华法官的《要件审判九步法》无疑为处于迷茫与渴望获得相关知识的我带来了一缕清风,廓清了我不少的疑惑。

纵观《要件审判九步法》,全书共15章,分别阐释了要件审判九步法的现实需求及意义所在,介绍了要件审判九步法的构成,以及邹碧华法官对要件审判九步法的客观认识与对奋战在审判一线的法官们的期望与勉励。要件审判九步法是邹碧华法官根据其多年的司法实践经验,以演绎推理为基础,结合请求权基础理论,以确定当事人主张的法律关系为核心,从固定诉讼请求、法律关系,到寻找并确定请求权基础和抗辩权基础,再固定当事人争议焦点、分配证明责任，直至根据实体法律规范的构成要件进行逻辑分析，并最终作出裁判而提出的经验总结与理论机制。进一步对要件审判九步法进行分析，可以看出要件审判九步法基本可以分为三个大的部分，首先是在立案后到开庭前，这个阶段主要包括第一步到第五步，其次是在开庭审理阶段，包括第六步到第八步，最后是庭后阶段，主要是制作法律文书。结合全书我们可以看出，这九步是一个不可分割的整体，且每一步都环环相扣、层层递进，这九步跟庭审程序比较接近，对审判实践有很大的指引作用。首先，它让审判者有了明确的审判思路，审判者更能熟练地驾驭庭审；其次，能帮助当事人更好地行使诉讼权利，更能全方位地保障当事人的利益。我们还可以看出，要件审判九步法的特点是以请求权和抗辩权基础作为法律适用的基本出发点，以要件事实作为审判的基本元素，以简明具体的操作步骤作为抽象审判思路的基本载体，在程序法和实体法之间建立连接点，在纠纷事实与法律规范构成要件之间建立连接点，在法官诉讼指挥权与当事人处分权之间建立连接点。通读《要件审判九步法》后，关于法官如何将系统的法律知识转化为适用法律的职业技能？审判如何从一种主观经验的积累判断转化为一种制式标准、规范严密的专业能力？裁判如何充分发挥法官的智慧与法律的魅力？这些从入职以来便困扰我的问题，在邹碧华法官提出的要件审判九步法中都得到了相应的解答。

总之，我认为作为一名司法工作者，要想真正实现司法公正、司法为民的工作目标，不仅需要心怀理想信念，肩负责任使命，更需要把这份对职业的热忱与坚守转化为卓越的工作能力与有效的工作方法。唯有这样才能更好地担当起时代赋予我们作为司法工作者应尽的责任。

享受阅读 感悟人生

——读《人性的弱点》有感

青秀区人民法院 纪如岳

古人说："贫者因书而富，富者因书而贵。"读书是一种雅趣，更是一种心灵的净化，心智的感悟，让贫乏和平庸远离我们，教会我们去尊重他人也尊重自己。

进入法院工作十年，最喜欢《人性的弱点》一书，工作生活闲暇之余抽出时间翻看几页，无形中给我上了一堂开拓心胸的课，让我受益匪浅。它总以一股无形的力量推动着我对待工作的恪尽职守的决心！

这本书在世界各地已经翻译成50多种文字，全球总销量9000余万册，拥有4亿多的读者。我想这本书之所以能风靡全球，是因为书中一针见血地点出了人类共有的优点和缺点，并告诉我们如何在了解人性基本特点的基础上来与他人打交道，如何表达出自己观点的同时又能较好地照顾到他人的需求，这是人与人之间合作的永恒课题。这本书之所以永不过时，就在于作者卡耐基对人性的深刻认识，以及它为根除人性的弱点所开出的有效处方。其中最让我受益匪浅的是第二篇章"平安快乐的要诀"，里面所提到的不是一些空洞的大道理，而是真切地会发生在每一个平凡人身上的真实故事，读后让人觉得格外的亲切。

书中说："你对自己的工作感到厌烦吗？那你为什么不跟自己玩一个假装的游戏，试着让自己喜欢它？那么你会从中获得意想不到的成就。你兴趣所在的地方，也正是能力所在的地方。如果你对自己的工作不感兴趣，你必须打起精神，想办法使自己的工作变得有意义。"是啊，无论从事什么职业，不管你喜不喜欢，当你别无选择或懒得选择时，就必须用心爱它、做好它。有个哲人说过："智者不为自己没有的悲伤而活，却为自己拥有的欢喜而活。"拥有了属于自己的工作，就应该珍惜每一个机遇，热爱工作所给我们带来的乐趣。其实生活没有变，改变的是我们的心！如果视工作为一种乐趣，人生就是天堂；如果视工作为一种负担，人生便是地狱。快乐藏在生活的枝桠叶蔓里，需要你善待自己，尊重生活，才能发现它。从警又何尝不是如此！

的确，如今社会，如果你没有调整好心态，无论做什么事情都会让你感觉身心疲惫，作为法院干警每天开庭、巡庭、安检、送达，年复一年，每天都简单而又重复着同样的工作，感觉是多么的枯燥乏味！在我看了卡耐基的这篇文章后，豁然开朗。如果我们换一个角度看待我们的工作，也许我们可以如此快乐地享受工作：

我们的工作充满着挑战：每天都有新的案件，每个案件都有其特殊性，怎样正确地适用法律，在办案过程中，遇到新问题、新情况该如何处理等，促使我们不断挑战自我，不断地学习，不断地提升自我。"只向真理低头，我只坐在法律一边，我所能做的是呐喊，不说违心话，不做违心事，我的中国梦就是法治天下。"给我深深的启迪，法律人应为法律而生，为法治进步贡献一生。

读书，让我的心灵得以净化。习近平总书记曾说过："要爱读书，要读好书，要善读书。"作为一名基层法院干警，读书能使我坚定理想信念，提高政治素养，锤炼道德操守，提升思想境界，经受住各种考验。

读书，让我更自信地面对生活。生活总会遇到各种各样的挫折，每当我想放弃时，书会告诉我要笑对生活，要坚强地面对一切，乐观地迎接生活的洗礼。

歌德曾经说过："读一本好书，就是和一位品德高尚的人谈话。"我希望自己通过不断的阅读能成为睿智聪慧、充实而自信的人，不愚恋，不盲从，不骄躁，淡泊心灵，平静生活。读书是一门人生的艺术，因为读书，因为感悟，心灵得以升华，生命得以升华。

舌有味，心才香

——《舌尖上的中国Ⅱ》观后感

南宁市中级人民法院　唐靖斌

追了好几个星期，昨晚把《舌尖上的中国Ⅱ》最后一集看完了。给我留下最深印象的居然是毛坦厂中学那个神一样的地方，好奇之余我搜索了一些关于这所学校的一些信息，它的各种管理制度、学生的感受和这所学校给当地带来的变化，让我在惊奇之余感到了可怕。坦白说，虽然高中时候一直和数学、物理做着艰苦卓绝而又无果的斗争，每次月考看着与规划中相差甚远的成绩，但是我记忆中的高中生活是美好的，没有毛坦厂中学那种炼狱般的痛苦。这个神一样的中学彻底颠覆了我对高中的美好记忆，有网友评述说，作者是高级黑，居然安排那个女孩的母亲说，陪读生活是她"一生中最幸福的时光"。也有网友调侃，作者似乎在说着这样的一个道理，你们从全省各地跑到大别山深处去自虐，结果也只能去富士康。想到片中描述的富士康生活，我多少庆幸自己现在做着一份虽然压力大、收入低但外表略为体面、环境相对轻松的工作。

相比第一季而言，《舌尖上的中国》第二季不见了很多高档的食材，少了很多风光的国际名厨，菜品档次降低了很多，片中的叙事性场景或多或少地冲淡了美食的画面。我甚至怀疑，本季是为了配合八项规定和节约型社会建设的宣传而订制的。尤其是本季结束时"广厦千间，夜眠仅需六尺；家财万贯，日食不过三餐"的那句话似乎在警告着以奢靡之风为乐的极少部分人群。从第一季"一边倒"的好评到现在的异议和质疑，网上出现了不少神回复和神点评。虽然我远不如网易上的那些"大神"们，但我也热衷于吐槽和神点评以及找亮点。不过娱乐过后，我才发现这一季是不可多得的优秀纪录片，从艺术性而言，远胜第一季。

第一季充斥着相当数量的普通群众闻所未闻的食材，高超华丽的烹饪技巧，多少让观众觉得可望而不可即。而第二季瞬间变得亲民了许多，如果说第一季反映的是中国上层社会的“舌尖”，那么第二季则是大部分中国人民的“舌尖”了。第一季我看了很多遍，可是由于很多菜肴过于“高大上”，能记得的并不是很多。而在第二季中的叙事中，我记住了一些我本能觉得很无味的蕨粑和洋芋擦擦。有网友评论说这一季反映了中国底层人民的生活和血泪史。这也许有点夸张，但通过美食，这一季确实折射出了中国的某些现状：两个陪读家庭是中国教育的一个缩影，富士康和广州某公司的打工小伙则反映了大部分工薪阶层的生活，父母养着很多羊却只能吃洋芋擦擦的小朋友那纯净而满足的眼神是对“遍身罗绮者，不是养蚕人”社会现状的讽刺，在近乎绝壁边种地的农民诉说着生活的贫困，而海峡两岸两家人几十年的相逢则诉说着永恒的乡情的主题……

窃以为，纪录片与美食节目有着很大的不同。我经常看央视财经频道的《厨王争霸》，节目里的中外顶级大厨在一些我们见都没见过的食材上施展着他们高超的烹饪技术，眼花缭乱之余根本留不下多少印象。因为真的离大众生活太远了。一个纪录片就像一篇文章一样，它是否成功，很关键的一点是在看过和读过之后能否引起观众和读者心灵的共鸣，并且留下比较深刻的印象。这一点我认为，《舌尖上的中国Ⅱ》做到了，所以它成功了。

读了这么多年书，读了不少文章，在我印象中朱德那篇《回忆我的母亲》远胜于“改革是动力，发展是目的，稳定是前提”那种高大全的、押韵的、听上去近乎完美的论调。而《项脊轩志》也比《滕王阁序》在我心中占据着更为重要的地位。我不反对“文以载道”的要求，文章确实承载着传播智慧和铭刻思想的任务。但同时也有“文章合为时而著，歌诗合为事而作”的说法，写作更多的要接近读者的生活，触动读者内心深处那柔弱的感情。当年余秋雨风靡全国，因为他那高超的文字技巧征服过很多达不到他那种水平的一般读者。于丹红极一时，因为他那自身营造出来过硬的台风和有感情的朗诵技巧洗了很多需要心灵鸡汤的听众的脑。但是随着近来国民整体文化素质的提高，数量越来越多的知识分子和他们之间的差距缩小，大家开始重新审视这些近乎无病呻吟的学者们。出现这种现象的一个重要原因就是他们讲的东西离我们太远了，根本就不实用，除了技巧之外，根本没有能够引起我们感情共鸣的任何东西。又或者是他们所说所写的那种感悟，离普罗大众能做到和想到的层次太远太远。

我也读过一些文章，按照今天的说法，作者真是太有才了，他能运用各种吐槽写着很多要通过语法分析很多次、翻阅很多典籍甚至要百度搜索社会热点和网络词汇才能读懂的东西，看得我眼花缭乱，佩服得五体投地。但是多读几次会发现中心思想并不明确，对问题的挖掘和剖析也不够深刻。这些文章最终的命运只能是淹没在浩瀚的文海之中。

其实人也一样，过多的炫耀和口惠而实不至的行为也许能博得他人眼球一时，但始终走不进别人的心里，只有扎实的、平易质朴的才能真正得到别人的尊重和信任。

中国人的债务观

良庆区人民法院　吕　繁

在中国,借钱与还钱,可以说是一门深奥的学问。身在此山中,或许未有觉察,即使有所苦恼也是哑巴吃黄连,不可言说。旁观者清,当局者迷。笔者最近看到一位外国人对此所作的描写分析,虽然文章所写的人与事发生在100多年前,但今天看后仍觉得深刻透彻、妙趣横生。

美国传教士明恩溥(Arthur Henderson Smith)1872年来华,旅居中国40余年,并写了大量有关中国的著作。在《中国乡村生活》一书中,他深入检讨了中国人在社会性金融活动中的过失。

明恩溥发现,农历新年之前,中国人面孔上总掩饰不住焦虑和着急,雇工会向外国雇主提出增加当月或下月工资的要求,这是因为春节之前会有一个还债期。雇主开始会有所怀疑,在跟踪了解急需用钱的实情后,发现某一个案并不具有特殊性,其他人也身处同样的境遇。为防止雇员因即将面临的灾祸而影响工作,外国雇主不得不改变自己的原则,作出让步。

由于中国独特的生活水平和经济体制,金融储备仅能维持有限的余额,所以几乎人人都需要借贷,我欠你的钱,他欠我的钱,形成三角关系,债权人同时也是债务人。过年之前,全国的清偿活动达到高潮,每一个个体既要尽力追踪欠他钱款的人,又要尽力摆脱向他讨债的债权人。因为一笔款如果今年拿不回来,就只能拖到下一年,这样意味着还可能有“下下一年”,谁也无法预知结果。等待的过程,精神备受煎熬。

中国人认为,新年时候讨债,不成体统,不吉利。但是由于身兼债权人和债务人双重身份,左右为难,不讨回钱款,如何过年?于是,农历十二月,就进入一个讨债的高峰,每家店铺,无论营业额大小,都雇佣跑腿人去催债。但是到了大年初一,即使债权人与债务人相遇,大家也不会提起欠钱和追讨的事情,只会说些吉利的话。但是也有例外,有的人大年初一早上仍提着灯笼去讨债,因为据说点着灯笼证明太阳还没有升起,仍属于昨天(去年),还可以讨债,这样就可避开讨债的禁忌。提着灯笼讨债,虽说看似荒诞,有自欺欺人之嫌,却属无奈之举。讨债人如果拿回钱款,欢欣鼓舞自不在话下。欠债人如果通过周密计划成功躲过追逼,同样充满强烈的喜悦,因为迈过了这个坎,就意味着欠款又可以推迟12个月偿还,得来一个喘息的时间,重新回归平静的生活。

借钱难。明恩溥分析说,中国人借钱有个特点——被迫出借,就是通过施加不同类型和程度的压力来达到借钱的目的。在家庭或者宗族内,如一成员欲向另一成员借钱,自己不开口,找一个辈分比后者高的人做中间人提出借钱的要求。借出方一般难以拒绝,明知钱款难收得回来,碍于情面,也只能吃哑巴亏。长辈的权威地位与话语权,使得他们无法不借。在家族之外,借钱就比较难,但是办法总比困难多,还可以通过朋友出面施加同样的影响。如果这招不奏效,则亲自上阵,给出借人又是磕头又是诉苦,一把鼻涕一把泪。恻隐之心,人皆有之。这对出借人来说,也是一种沉重的精神负担,虽非自己的意愿,也不得不借。明恩溥得出结论说,“不论何种阶层的中国人,一个愿意出借的人也是一个必须出借的人”。

还钱更麻烦。民间有语,虱多不痒,债多不愁。虱子多了,被咬得麻木,也不知道痒了;债多了,反正也还不起,干脆破罐子破摔,也就不用忧愁了。说白了,这就是一种死皮赖脸的心态。明恩溥发现,人们在受到催促、逼迫之前是断然不会主动还债的,另外,非得催促无数次,否则同样不会还债。即使愿意还债,也是每次只还一部分,剩下部分他会承诺在“第3个月”、“第9个月”或“年底清偿”,可这只是一个缓兵之计,天知道会是什么时候呢?西方人观念上认为,“既然迟早要还,最好是早还”,可是中国人却截然不同,他们的想法是“如果非还不可,也是越迟越好”。“中国人会紧攥住他的钱财不放,直到有一种力量克服他的把持而将它夺走”。这令明恩溥十分吃惊,他在书中感叹说,我们(西方人)宁愿牺牲很大的利益,也不愿意被人催逼。

书中的绿荫地

青秀区人民法院　农微龙

南宁进入五六月，正值酷暑，尤感酷热难当。周末的上午，慑于烈日的淫威，不敢出门，遂独自一人静坐于书房，找出《菜根谭》临窗而读。

蝉噪林愈静，鸟鸣山更幽，心静自然凉。于喧嚣的红尘，偷得浮生半日闲，别无去处，正好读书。《菜根谭》是我近年来最喜欢的一本书，是明代还初道人洪应明收集编著的一部论述修养、人生、处世、出世的语录世集。它最开始吸引我的地方是书名，某次在网络上看到有学者推荐这本书，里面说到作者以“菜根”命名，意谓“人的才智和修养只有经过艰苦磨炼才能获得”，对于人的正心修身，养性育德，有潜移默化的力量。而后就抽空去书城买了此书，其文字简练明隽，似语录，却有语录所没有的趣味；似随笔，却有随笔所不易及的整饬；似训诫，却有训诫所缺乏的亲切醒豁。在这炎炎夏日，此书中仿佛藏着一片绿荫地。

随着世俗社会的日益功利化、生活的快节奏、人心的普遍浮躁和网络对生活的广泛渗透，越来越多的人纵情消遣于酒桌间或嬉戏快意于网络段子间，愤世嫉俗者不在少数，仿佛在网络胡言乱语一番以得到似有非有的支持后就会获得快慰和解脱。

天下熙熙，皆为利来；天下攘攘，皆为利往。尤其是眼下物价狂飙，居高不下的房价及教育费和医药费，而我等工薪一族工资为父母家人衣食计，为生儿育女计，为日常茶米油盐计，为住房计，哪还有闲情逸致去读书？那种亮一盏橘黄的台灯，泡一杯氤氲的绿茶，捧一本心仪的书潜心而读的氛围似乎已离我们渐行渐远。

作为在法院工作的年轻工作者，因工作性质不同，严于律己、修身育德尤为重要，读书恰有助于修身律己。除了法律专业类的书籍，我私下最钟情的是文学类的书籍，从小到大，书读了一些，尽管没读出什么成绩来，但现在仍然一如既往地喜欢买书、藏书。2000年以来电子书籍在市场上非常流行，我对纸质书籍却情有独钟，虽然不会刻意去书城购书，但每当在街边看到有摆书摊的总会情不自禁地驻足并购买几本。因工作原因，读书时间有限，书买回来大多没时间看，随手就放在书架子上，架子上的书不少，真正读完的却不多，实在感到惭愧。

然而总有想起它们的时候，就像这盛夏的周末，别无去处，正好找出来捧读，“养心要善寡欲，至乐无如读书”，徜徉于字里行间所描绘的山水，穿越时空与古圣贤对话，聆听他们的教诲，增长智慧。

读一本好书就如同坐在书中绿荫地里，静静享受，所有工作生活上烦恼的事情，全都随着清风消散了。

《百年孤独》读后感

南宁市中级人民法院　李艺妍

“多年以后,面对行刑队,奥雷里亚诺·布恩迪亚上校将会回想起父亲带他去见识冰块的那个遥远的下午。”多年以前认识这本名著,不讳言其实是因为它独特的名字,孤独寂寞之类的词汇正是那时不经事的小姑娘最喜欢“感慨”的文字,为赋新词强说愁。但那时哪里有那样定力阅读这么一本艰深的名著呢。直到2014年原作者与世长辞,趁着祭奠马尔克斯的热潮才终于买了中译本拜读。这其实不是本太好读的书。异域的历史文化风情、一大串看着几乎没有差别的家族成员的名字加上作者现实魔幻主义的写作风格,边读边画出人物关系图谱加上不断对写作背景加深了解,才终于艰难地啃完了这本书。《百年孤独》是一个家族的百年兴衰史,是布恩迪亚家族与其创建的马孔多如何从闭塞的小村落慢慢发展繁荣到最后消失在一阵飓风中的故事,也映射了哥伦比亚乃至拉美世界那一段长久的徘徊在被殖民被独裁漩涡中的百年孤独。全书近30万字,内容庞杂,人物众多,情节曲折离奇,再加上神话故事、宗教典故、民间传说以及作家独创的从未来角度回忆过去的新颖倒叙手法等,令人眼花缭乱。透过这个家族七代人的兴衰、荣辱、爱恨、祸福,展现文化与人性中根深蒂固的孤独。何塞·阿尔卡蒂奥·布恩迪亚是孤独的开拓者,最后被家人绑在树下死去;乌尔苏拉·伊瓜因是孤独的坚守者,耗尽生命却无法挽回家族命运,最后在一场绵延了4年11个月零2天的雨季后死去;奥雷里亚诺·布恩迪亚上校是孤独的革命者,在发动了32次失败的武装起义,跟16个女人生了17个儿子而这些儿子在一个晚上接二连三全被杀死,遭到14次暗杀、72次埋伏和一次枪决但都幸免于难,最终在革命与无休止的战争中杀死了自己的亲密战友,使革命不可避免地走向了停滞和反动,最后在否定与自我否定、空虚与迷惘中失去了信仰和精神支柱,远离尘嚣,躲入小屋做起儿时的小金鱼了度残生。最后一代罗德里格·奥雷里亚诺甚至没能好好地看一眼这个世界，就被蚂蚁啃食着孤独地死去。《百年孤独》寄托着作者对祖国哥伦比亚甚至整个拉美世界百年来所经受苦难的深沉思考，如诺贝尔文学奖颁奖辞所说："加西亚·马尔克斯以小说作品创建了一个自己的世界，一个浓缩的宇宙，其中喧嚣纷繁却又生动可信的现实，映射了一片大陆及其人民的富足与贫困。"同时它也寄托着作者对未来的美好希望。当昭示着家族命运的羊皮纸被最终破译时，飓风抹去了马孔多，从世人记忆中根除。"因为注定经受百年孤独的家族不会有第二次机会在大地上出现。"

你好吗？ 我很好

——读岩井俊二《情书》有感

南宁市中级人民法院 李姝雯

如果有一件事让你迟迟不肯放下，如果有一个人让你念念不愿忘记，你会选择一种怎样的方式回忆？是把它深深埋藏在心中作为浅笑的痕迹，还是将心中的不舍留给友人当做聚会时的谈资？其实不论你选择何种方式宣泄自己的感情，表达自己对过去的人或事的记忆，都应该是幸福的，即便经过岁月的洗礼，真挚的感悟也不会随着时间磨灭。

学生时代看过岩井俊二的电影版《情书》，当时就被剧中细腻的人物刻画打动，被剧中唯美的场景设计沉醉。工作半年余的我，此次拜读原著感触更深。

书中讲述了一个名为博子的女子，因为不能放下对因为山难意外去世的男朋友藤井树的思念，而大胆地向男方曾经住过的地方寄了一封信，竟然意外的收获“藤井树”的回信，而展开的一个关于回忆与现实的故事。这封打破了过去与现在时间节点的信也揭开了男生藤井树藏在心中的秘密，更使那个叫藤井树的女孩回想起了年少时期隐藏在内心深处的感情。一切都是那么美好，一切都是那么值得回忆。

《情书》是一本情感类小说，但是笔者看来，是又不是，书中暗藏的对过往事情的记忆，虽然表面上已经忘却，但其实没有，记忆的阀门一旦打开，感情的洪流就会决堤。正如这本小说是以两个女孩子的书信往来揭示了两段留存在过往宝贵的爱情一样，作者更想要通过故事告诉我们——回忆是推动自己的一大原动力。过去与现在并非毫无关系，二者之间关联重重，“在某个时机，回忆起过去的事情，自然会发现一些过去与现在的连带关系，过去反过来影响了现在的自己”。

生活中的我们也会因为一些事情而陷入回忆,回忆有美好的,让我们更加珍惜现在拥有的幸福;回忆有痛苦的,让我们从中汲取宝贵的教训,自身的错误不再犯;回忆有释然的,让我们看淡过去计较的一些事情,释怀地放下,还自己一片宁静。

其实仔细想想,我们每个人又何尝不是在回忆与现实中来回穿梭。

“总有一天,我们会成为别人的回忆,尽量让它们美好吧。”说这句话的人一定很幸福啊。

生活中,我们要敞开心胸,学会包容,为人处世友善礼貌;工作上,我们要一丝不苟,互相帮助,共同进步。只有这样,才能在每一天都是明天的回忆中成为让自己、让别人嘴角展开微笑的那个人,而此时的你才是真正幸福的。

不说伤人的话,不做伤人的事;人来人往微笑面对,事来事去坦然接受;爱他人的同时也爱自己。

——嘿,你好吗?

——是的,我很好。

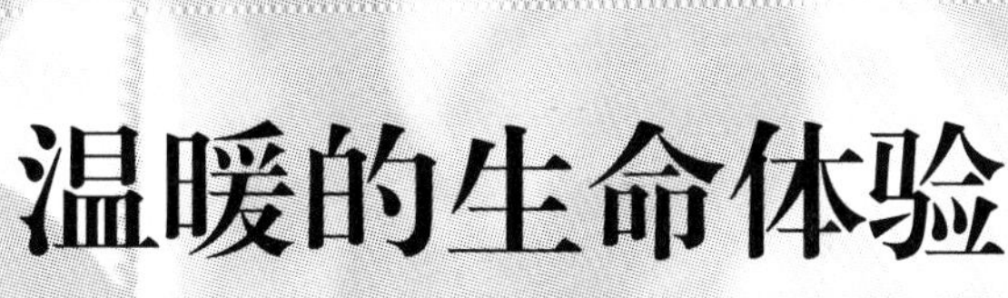

温暖的生命体验

秉承“五四”精神　提升个人素养明确人生方向

南宁市中级人民法院　周　腾

今天是“五四”运动91周年纪念日。组织这个座谈会本身就表明了院党组对法院团组织、广大团员包括青年干警的关怀。共青团工作一直是建设中国特色社会主义道路的政治优势,充分发挥其应有的作用,对于促进单位工作发展具有不可替代的重要意义。大家都知道,早在20世纪50年代,毛泽东同志访问苏联期间,在莫斯科东方大学接见中国留学生时谈到:“世界是你们的,也是我们的,但归根结底是你们的,你们青年人朝气蓬勃……”广大团员包括青年干警好比早上八九点钟的太阳,正在向着人生轨迹的高处走去,世界的未来包括现实,主要还是年轻人的。人民创造历史,青年创造未来,当代青年是新时期的主要创业者。目前,我国的发展正处在新的历史起点上,全面建成小康社会、构建社会主义和谐社会需要青年去创业;建设中国特色社会主义,实现中华民族的伟大复兴需要青年创业。如果作为领导干部认识不到这一点,那么他在政治上是不成熟的,心智上是不健全的,这是中院领导班子的共识。

今天座谈的主题是“读书与思考”暨纪念“五四”青年运动。“五四”精神即爱国、进步、科学、民主,这个在将近一个世纪以前提出来的主题至今尚未完全实现,仍然具有重要的现实意义,也是我们今后不断努力的方向。特别是我国经济社会政治各领域正处于重大转型时期,重新解读“爱国、进步、科学、民主”这四个词应当融入时代的意义。

作为个人而言,首要的是爱国。在新时期高扬爱国主义旗帜的含义主要包括以下三个方面:一要热爱中国共产党。并不仅仅因为是共产党的领导干部我才这么说。大家都学习过历史尤其是中国近现代史。无论是历史发展进程还是各种类型史书的资料阐述、包括许多不同意识形态研究结论，都明确无误地印证了“没有共产党就没有新中国，没有中国人民独立与解放”的深刻道理。在近代近百年历史进程中，各种政治势力轮番登台都没能救中国，只有共产党最终拯救了中华民族、抓住了民族与国家复兴的机遇。所以说，共产党执政是历史的选择、是人民的选择，这是客观事实。我们的党具有深厚的群众基础，是经历了诸多历史磨难才走上今天的政治舞台。在当代中国，没有任何一个政治组织能取代中国共产党肩负起领导中华民族复兴的重任。二要高举中国特色社会主义伟大旗帜，走社会主义建设道路。这和热爱共产党是一脉相承的。中国共产党之所以能够承担“三个代表”和科学发展的历史重任，其中的重要原因是我们党及其选择的道路具有与时俱进的品质。高举社会主义特色旗帜，走社会主义建设道路既得到了马克思主义的真传，又具有中国特色和时代意义。当前的党是一个开放的党、善于学习的党，能够正确面对和评价过去的错误，虚怀若谷地学习借鉴他国的先进经验，吸取一切人类文明的智慧成果，包括资本主义国家现代化建设的经验成果。能够抛开意识形态以扬弃的态度对待人类共同文明成果，这是非常了不起的。正是因为具有解放思想、与时俱进的优良品质，坚持建设中国特色社会主义，实现中华民族的伟大复兴，新中国成立60年特别是改革开放30年以来，我们取得了前所未有的成绩。三要坚持改革开放和创新求实。当前，改革开放的大趋势已经不可逆转，只有改革开放才是民族复兴和国家发展的唯一出路。中华民族是一个具有悠久历史、灿烂文化的伟大民族，有文字记载的文明史长达5000年。而且综观世界四大文明古国，只有中华文明是唯一没有中断的文明，足以证明我们的文化传承是非常优秀的。但是，徒有悠久的历史传承不足以自强，不足以实现民族复兴，中华文明还面临现代化改造的问题，还需要不断地改革创新。早在一个多世纪以前，面对强大的西方列强，晚清洋务运动提出“师夷长技以制夷”乃至“中学为体，西学为用”，意图通过学习外国的长处抵御侵略。它正视了中国传统文化在技艺上的不足，但仅仅学习先进的科学技术是不全面的，我们更需要学习的是西方探索科学、追求理性、开放视野、创新进步、以人为本的现代文明与民主精神，这正是中国传统文化的缺憾与不足。中国的文化传统从农桑社会的孔孟之道，到清末工商社会萌芽时期的康梁之道，再到近现代接触的马列主义。马克思列宁主义在中国经过不断地运用、发展，中国共产党把马列主义普遍原理同中国革命、建设与发展具体实践结合起来，发展成为毛泽东思想、邓小平理论、“三个代表”重要思想及科学发展观等理论体系。因此，在爱国主义的继承和发扬上，我们不能拘泥于古法，对爱国的理解需要与时俱进。

“五四”精神的第二项重要内涵是进步。追求进步意味着个体对自身机会、发展和幸福的追求，是人性不可分割的重要部分，其重要意义对青年尤甚。具体到在座的各位青年朋友，请问我们在国家机关工作的追求是什么？个人成功的标准是什么？有人说是升官，是在个人政治仕途上有所成就。工作几年后，昔日的同学相聚往往喜欢攀比谁的官职更大，并以此判定谁更成功。有的同志看到自己职位不如人就自惭形秽，这是一种“官本位”想法，是落后的封建意识残余。我个人的经验是要想进步，首先要处理好职业和事业的关系。大家经过层层考试、筛选，迈进法院的大门，获得了体面、令人羡慕的职业。但是，我们到法院工作是为了什么？这个问题既严肃也现实。如果仅仅定位于追求一个安稳体面的职业，人生注定是不完美的。事业比职业要高尚得多，对个体素质的要求更高。一个没有追问过人生的终极价值，没有对法官职业、审判执行事业的真谛予以认真思考的法官，不过是“以其昏昏，使人昭昭”，充其量只能成为一个法匠，停留在“技”的层面，永远无法触及“道”的核心。要使个人的自我发展始终充满不竭的动力，就要善于把“为了生活而学习工作”的职业观，转化为“为了学习工作而生活”的事业观，把谋生职业转化为甘愿为之终生奋斗和奉献的人生事业，而不是仅仅满足于养家糊口、蝇营狗苟，只有如此恐怕才能获得最终的进步与成功。当然，这个要求比较高，并非每个人都能做到。有时我扪心自问，也怀疑自己是否能做到、做好。我从16岁第一次高考失利，一再努力第三次才考入法律名校西南政法学院，但从选择专业（报法律专业被录入刑侦专业）、到进入检察系统工作直至来到法院任职，没有一次是个人的自主选择，纯粹是命运之手推我前行。但是，这并不妨碍我热爱所从事的每一个工作。有没有事业心个人不敢遑论，但无论从事什么工作、身处何种岗位，我始终怀揣着干一行、爱一行的朴素想法，尽心尽力地做好每一项工作。参加工作以后，在担任书记员时曾获得全区检察系统书记员竞赛的第一名,2006 年被授予首批全国检察业务专家称号,可以说在本职岗位上是成功的。要在自己的事业上有所进步,首先要很热爱自己的工作。有这种想法,就不会对仕途上的得失期望过高,就不会把个人的进步仅仅与当官联系起来。我认为个人的成功成才,是指在职业生涯中有所成就、受人尊重,而不仅仅是位高权重。其实在我的社交圈里也没什么人在意我的官衔,大家更注重我获得的业务成就,这就是高尚的思想境界,没有功利意味。因为能不能当上什么长,除了个人努力还受到许多非主观因素制约,包括必然的个人能力素质和偶然的机遇机会。在我当年的同学中,有很多现在还在基层司法机构工作,还是普通干警。当然也有很多职务级别、学识修养比我更高的。位高者绝大多数素质优良并付出了努力,取得成就名副其实;位低者侧未必不努力不优秀,只是天不遂人意。师出一门,造化不同,但同学们的人格是平等的,追求国家民主与法治进步的理想是共同的,价值不可能仅从现在的职务高低来衡量。所谓人生机遇可遇不可求,没有必要过于计较,更不应当成思想上的包袱。

至于科学,就是在创新中追求理性。法官职业属于专业精神、实践能力、职业道德要求都很高的工作,要求博学、公正、仁慈、自律、理性。法律追求的是公平正义,法律是仁慈和宽容的。在座各位的智商、法商都不低,在某种意义上讲,阻碍一个人成才成长的主要是情商问题。如何提高自己的情商,这就涉及讲科学、要学会思考。人的一辈子依次要向父母、老师、书本、社会不断地学习。在这个过程中,我们往往会发现书本、老师、父母传授的知识和经验一般来说都是真善美的、理想化的,美好而温馨,而社会却非常现实甚至残酷得多。我介绍大家看一看慕容雪村的《原谅我红尘颠倒》,就当是反面教材来读。现实生活的世态万象,也许比小说反映得更为复杂,有时的确会让人吃惊。那么对于现实和书本、理论和实践之间的脱节之处,到底孰是孰非,就需要我们通过反思、实践去反复甄别。所以说,深入实践是个人成长成才的必由之路。很高兴听到有的年轻同志说非常想到基层工作锻炼。我自己就到过两个基层检察院工作,1986 年的冬天还到桂北的永福县罗锦乡参加基层建设工作队,在没有水、没有电、冰天雪地的环境里完成了人生实践中难忘的一课。作为一名法官,人生中必须有基层工作实践这门功课,因为成功、睿智的法官最重要的品质是社会经验而不只是司法技巧。在座的同志大多是前脚踏出大学的象牙塔、后脚就迈进了法院机关大门，真正接触社会特别是基层生活和经验的机会并不多，尤其需要通过基层实践锻炼来完善自己的人生阅历，这是增加社会知识和社会经验的最佳途径。同时，还要做好法学理论研究工作。法律属于社会科学，西方法律思想中有很多内容与中国法律文化相通。如中国传统法律文化中的“亲亲相首匿”，与西方法律关于因夫妻、亲属关系而享有的拒绝证言权和证据排除规则，具有相近之处。最高人民法院最近出台的《关于贯彻宽严相济刑事政策的若干意见》，规定对于年老人犯罪的可以“酌情予以从宽处罚”，中国古代就有年满70岁以上的犯人减刑的刑律规定。西方一直把法律作为社会科学来研究，我们的刑事政策从“惩办与宽大相结合”、“严打”方针到现在的社会治安综合治理、宽严相济刑事政策，也体现了发展、相融的思路。西方的现代法律文化比中国古代法律文化有先进的地方，但也有不适应中国文化土壤的地方，对此必须要保持批判的精神，结合中国的实践取其精华、去其糟粕。期望通过法学理论基础扎实、具有朝气活力的青年法官对法学理论的深入研究，为构筑中国特色社会主义法律体系添砖加瓦，对南宁市法院的建设做出贡献。

最后是讲讲我的民主观。民主是个好东西！这是具有开阔胸襟的中国共产党人的基本价值判断。当今中国的民主，主要是中国人民、中华民族的生存权和发展权，不能迷恋所谓普世价值。因此有什么样的民主观对中国法官也非常重要。现在提倡以民为本、关注民生，作为当代法官尤其是具备现代法治思想的法官，还要上升到以人为本。中华文明从来不缺乏以民为本的思想，从“爱民如子、视民如伤”到“保民、养民、教民”的仁政纲领，都体现了民本思想。但它是站在统治阶级的立场，把百姓作为统治与专政的对象，并没有超越维护君权统治的范畴。而现代法治民主最根本的是尊重个人，强调以人为本。通过尊重人的生命和人格，尊重人的劳动和创造，尊重人的权利和权益，尊重人的自由和共生，旨在为人类生活带来尊严和幸福。这些通过法律的层面得到保障，就是法官应当追求的民主。

对于“五四”精神的阐述，胡锦涛同志在2009年“五四”青年节前夕在中国农业大学的讲话中进行了精辟的概括：要把爱国主义作为始终高扬的光辉旗帜,把勤奋学习作为人生进步的重要阶梯,把深入实践作为成长成才的必由之路,把奉献社会作为不懈追求的优良品德。讲奉献也应当是法官的优良品德。书籍是人生的养料,其中法律是最高级的养料之一,因为法律的背后是人类理性智慧的结晶。通过法律,我们可以读到公正、仁慈、宽容和理性。一个心智健全、长期从事法律工作的人,人格会得到不断的升华,其中最有魅力的部分就是奉献。现在有的年轻人考虑个人待遇和前途比较多,我认为人在年轻的时候更多的还是要讲奉献而非索取,不仅仅是因为"赠人玫瑰,手留余香"的朴素观念,更是一种"不要问国家能给你什么,要问你能为国家贡献什么"的思想境界。年轻人接受父母养育、学校教育长大成人,初出社会要有感恩与回馈社会之心。当然,这需要大家慢慢地去体会。最近看到一则消息:美国联邦最高法院大法官史蒂文斯在90岁生日前提出辞呈,有关部门对他的评价褒誉有加,其中有一点我最感兴趣,说的是这位老先生"非常优雅"。在几十年的法官生涯中,他从不在法庭上咄咄逼人,向众人展示的永远是优雅和理性,但在推进司法改革时却是大刀阔斧、激进昂扬。这是一个非常优秀的品质,背后是对民族、国家的奉献以及对法律的热爱。在中院我接触的资深法官中,有的给人感觉就不够优雅,待人接物比较偏激片面,不那么谦逊有礼。优雅不仅仅是姿态、气质,更是一种气度,是发自内心油然而生的从容不迫,唯有胸襟开阔、淡泊平和、自信自强,才能将优雅进行到底。在这里,借此机会我特别想对年轻人说,在年轻的时候要养成甘于奉献、乐于奉献的好习惯。一个人往往在索求甚多的时候得到的少,在欲望要求低的时候却得到的更多。中组部原部长李源潮同志曾经说过,得意的时候好好工作,失意的时候多读点儿书。最近一位老领导谈及自己的感想,说"有舞台的时候演好自己的角色,没有舞台的时候做好观众"。对于他的观点,我部分赞同。因为在人生的舞台上没有观众,每个人都有自己的人生角色,虽然并不是人人都能演主角。首先要摆正心态。古人也说:达则兼济天下,穷则独善其身。如何修身以完善自我、充实人生,是每个人成长成才、最终获得幸福的必修课。现在我们提倡读书与思考,目的就是引导大家培养好读书、读好书的兴趣,探索修身养性的方法,丰富司法实践的能力,并在读书与思考中获取力量和快乐,培育浩然正气,提升生活品位,塑造人生灵魂。共同的读书爱好,还可以凝聚人心，增进友情。泛泛而论，在座的都是读书人，过去学校浓厚的文化氛围一直在影响我们成长，希望在进入法院工作岗位后，仍然自觉把读书与思考的生活方式带到职业生涯中，在不断提高自身素质的同时推进法院文化建设向前发展。

（作者 2010 年 5 月 4 日在“开展首府法官‘读书与思考’活动暨纪念‘五四’运动座谈会”上的发言）

六尺巷得失论

南宁市中级人民法院　周传明

据史料记载:清康熙年间,文华殿大学士张英在老家安徽省桐城县的住宅旁有隙地,与吴氏邻,吴氏越用之。家人驰书于都,公批诗于后寄归,云:“一纸书来只为墙,让他三尺又何妨。长城万里今犹在,不见当年秦始皇。”家人得书,遂退让三尺。吴氏闻之感其义,亦退让三尺,故六尺巷遂以为名焉。从此,六尺巷的故事在桐城传为美谈,流传至今。六尺巷这一历史文物,已经成为中华民族和睦谦让传统美德的实践结晶和历史见证。

张老先生一生为官清廉,与人和善,勤俭持家,他以近乎诙谐随和的心态作出让地三尺的决定,是他奉行“礼让”“俭勤”“和顺”人生信条的结果,观其终生所作所为,其主观动机应不是出于功利的考虑,但从这起纠纷的实际结果来看,张老先生的决断客观上却得到了丰厚的回报。在当今权利至上、物欲横流、竞争激烈的社会,侈谈纯粹道德意义上的“温良恭俭让”,恐怕已鲜有人理解,与当下的价值观也有不尽一致的地方,那么,就让我们冒着“沾污”张老先生仁厚操守的罪名,从现实和功利的角度出发,对张老先生所做的张吴宅地纠纷决断的得与失作一庸俗的分析吧。

先算一算“失”。直接损失:据考证,六尺巷长约 100 余米。张家让地三尺(1 米),损失地块面积 100 余平方米,按现时货币假设该地段地价每平方米 1000 元,张家直接损失约 10 万元人民币。间接损失:所失土地升值的价值及利息。

再算一算“得”。直接利益:第一,及时化解纷争,息事宁人,排除纷扰,把时间和精力投入到学习和工作“主业”中去;第二,赢得了对手的尊重和让步。虽然张英退让是主动的、无条件的,但敢于与之较劲的吴家也并非等闲之辈。最后双方各让地三尺,成就了“六尺巷”的千古美谈。用今天的话说,取得了“双赢”的结果。间接利益:第一,树立了个人的威望。张英以一首打油诗的形式轻松化解了一起世人关注的纠纷，使对手“感其义”，使旁人佩其德，成功地塑造了其大度宽容和恭俭谦让的人格魅力。第二，为后人树立了榜样，留下了宝贵的精神财富。张英以谦让的姿态处理这一纠纷，把他毕生笃信和倡导的谦逊的品格、俭朴的作风、宽广的胸怀、高远的目光、不拘小节的风范及言行一致的处世原则等宝贵的精神财富留给了后人，正是这些，使张家一门成就了中国历史上少有的人才辈出的盛事：“父子宰相府”“五里三进士”“隔河两状元”。张家自张英以下三代取进士者，不下7人，后人也多有建树。其子张廷玉继张英之后，为康、雍、乾三朝名相，死后配享太庙（终清一代，汉大臣配享太庙者，惟张廷玉一人）。其后“张廷玉让探花”的故事，就是张廷玉承继了乃父宽厚谦让的品性又创造的另一个经典美谈。

相比之下，今人的作为似乎有些令古人汗颜。不说让宅基地、让高考名次这些切身利益，就是公车让座、排队让位这些举手之劳，恐有人也难以做到。君不见，有的人为一鸡毛小事，或为一蝇头小利，不念夫妻情分，不顾朋友情谊，不管邻里关系，睚眦必报，锱铢必较，寸土必争，惟恐吃亏，惟恐“丧权辱家”；有的人有了一官半职，以权谋私，以强凌弱，仗势欺人，横行乡里，惟恐权力过期作废，惟恐别人不知自己有权有势；还有的人虽无权无势，但也要想方设法投机钻营，攀龙附凤，狗仗人势与对手斗法、斗权、斗钱、斗关系、斗势力，不分个你死我活，不争个我高你低决不罢休，惟恐别人不知自己“朝中有人”，惟恐别人不知自己靠山牢后台硬。尤其是那些为人父母者，为了一己之私利，或为所谓“个人之幸福”，不择手段与亲人斗、与朋友斗、与他人斗、与邻里斗，全然不顾自己的言行给后人、给他人造成的影响，动辄恶语相向，拳脚相加，反目成仇，这样的德性就算是争得了利益，留给后人的又是什么呢？

想想张家吧，张老先生一生淡泊名利，恭谦礼让，言传身教，书写了千古美谈，成就了满门英才，辉煌了中华传统美德。孰失孰得，孰轻孰重，一目了然矣。

笔者无意厚古薄今，但以史为鉴，可以明目，以人为鉴，可以正身。笔者不奢望世人都如张老先生般高风亮节，襟怀坦荡，但奉劝世人凡事必三思，想想别人怎么看，想想给后人留点什么。勿被眼前的利益蒙蔽了眼睛，勿被局部的诱惑堵塞了思维，勿被个人的得失扭曲了灵魂。退一步海阔天空，忍一忍风平浪静。有得必有失，有失必有得。这是天理，是物质不灭的自然规律。

那个雨夜有惊无险

——记横县人民法院未成年人刑事审判法官黄秋莲

横县人民法院　卢才德

在法院刑事审判庭工作将近20个年头了，作为一名刑事法官，经历过被恐吓、威胁的场面，但经历更多的是被我感化的失足少年重新回归社会后对我心存感激的场面。最难忘那年5月初的一个雨夜，当我听到曾经由我主审的抢劫少年犯说出“你还记得我吗”的时候，那种惊恐、担惊受怕但最终无险时莫名的感动，让我永生难忘。

5月的南方，天气已经异常闷热。晚饭后，我独步到江滨公园散步。面对滔滔的郁江水，两岸的万家灯火是多么平静祥和。正当我沉迷于美丽的夜景时，天公不作美，一时狂风大作、闪电雷鸣，一场大雨即将来临，我随意招来一辆三轮摩托车往家里赶。

南方的雨，来得快，停得也快。即将到达小区大门时，雨基本上停了下来。正在这个时候，突然从驾驶座传来话语说：“莲姐，还记得我吗？我是被你审判过的人。”我心里一惊！说句实话，当时冷汗都冒了，生怕被打击报复。等车停稳，我镇定自若地下了车，迅速将5元车费塞给他便想转身离去。他却说：“莲姐，你见外了，这钱我不能收你的，我虽然被判了刑，但我不怨你，相反，要不是你及时帮教，或许我在犯罪的道路上已经越走越远，就不会有今天了。”我心里又是一震，定睛看了看司机，哦，原来是曾经以抢劫罪被判处有期徒刑2年的少年犯小波。

时光又倒回到5年前，案件的点点滴滴又浮现在我的眼前……

小波出生在一个原本幸福的家庭，在他上小学四年级那年，父亲因为吸毒，把家中值钱的财产都拿去变卖用来换取毒品，以致后来以贩养吸而被公安机关抓获，最后被判处有期徒刑送往外地监狱服刑。母亲受不了这样的生活环境,与父亲离了婚,小波由母亲抚养。由于母亲没有固定工作,生活过得十分艰难。小波也因为父亲被判刑,自尊心受到极大伤害,在同学们面前抬不起头来,从此变得沉默寡言,学习成绩一落千丈,甚至逃学。特别是上初中后,小波更是无心向学,经常与社会上一些不良少年混在一起上网、喝酒、打架。处在青春叛逆期的小波变得放荡不羁,母亲也无法管教。初二那年,小波便辍学在家。就在那一年,刚满 14 周岁的小波伙同他人持刀抢劫,被公安机关抓获,最后以犯抢劫罪被判处有期徒刑 2 年。

小波出狱后,我曾经两次带领少年法庭的法官到他家进行回访帮教,同时送去慰问品。在回访中,我鼓励他要重拾生活信心,积极学习知识,丰富业余生活。同时,针对小波辨别是非能力差、法律意识淡漠的特点,我每次回访都会额外给他上一堂法制课,帮助他学法、懂法、守法,教育他要做到"勿以善小而不为,勿以恶小而为之",懂得积小善而成大德的道理。

小波说:"曾经的鲁莽、无知使我付出了沉重的代价,要不是你们及时回访帮教,我的心结可能永远解不开。由于昔日不努力学习,没有什么文化,所以现在暂时开三轮车载客,没有一技之长真的很难在社会上立足呀!下一阶段决心学到一门技术,靠自己勤劳的双手去挣钱。"

我趁机将 5 元车费塞给小波,并语重心长地说:"这 5 元钱是你用辛勤的劳动换来的,这钱来得干净,你必须收下。你要记住:'君子爱财取之有道',财富要靠辛勤的汗水去换取。"小波不住点头,与我的手紧紧握在了一起……

雨后的夜空格外明净,月光皎洁,点点星光在闪烁。看着小波在黑夜中远去的背影,我对他不再有担心……

我的庭长

马山县人民法院　蓝　乔

我的庭长很风趣。

“按照《民事诉讼法》的规定，您这个案子不归我们院管辖，归河南省开封县法院管辖呢，给您一次性告知书，照这个去准备好材料，从这去河南路途遥远，买好车票带上馍馍去河南开封县办吧！”

“谢谢，真的太谢谢您啦！”怒气冲冲的当事人笑了。

我的庭长很幽默。

“什么？上面叫你来这办理准生证，上面哪个单位叫您来呢？”

“反正就是上面，你别管！”当事人态度还挺蛮横！

“哟！是我头上这片天的上面还是我前面那座山的上面叫您来的呀？您不说清楚，我怎么回答你呀？”

当事人老实了：“是市计生局，说是下了高速路再走一两公里就到的单位就能办理！”

“我就说嘛，您该再往前走五十米，市计生局是叫您来我们县的政务中心办呢！”

这个当事人和我们庭员笑倒一片！

我的庭长很机智。

“您的案子是民二庭的，立案受理通知书上这里写着呢，看见了吗？”依旧是高分贝、高嗓音，依旧是猫着腰。

“能不能给我转民一庭办理我的案子，听说民一庭的法官比较多，可能我的案子会快点！”年轻律师不依不饶地要求了三次不肯走。

“这样和您说吧，我们立案庭相当是医院的挂号部门，给您挂完了号，我们安排您去内科，因为您的病情属于心脑血管类的是内科看的，但是现在您一直要求我们给您转去妇产科！我们院的民二庭是处理商事纠纷的，就像您的案子是合同纠纷,该给民二庭审理,民一庭是处理离婚纠纷、机动车交通事故责任纠纷等等的,不是他们的收案范围明白了吗?”

“哦!”

又轻轻松松“搞掉”一个当事人!

我的庭长很温暖。

“您的情况我了解了,可以为您办理免交诉讼费的手续,您不用担心,我们马上给您立好案,业务庭我也去沟通过了,您的问题我们法院会为您妥善处理,放心吧。”

“另外,我已经和民政局的相关部门沟通了解到您应该属于农村五保供养对象,可以拿上材料去县民政局申请‘五保’,这样生活就有一定保障了。”

庭长每一次遇见这些困难户都会“狗拿耗子,多管闲事”。

……

一米七五个头的庭长弯下腰,冲着当事人说着话,他是隔着厚厚的玻璃窗,玻璃窗下面留着大约15到20厘米宽的接待口,没有60分贝以上,当事人就会“啊?”“啊?”个不停。

他还常常站着给当事人登记立案,因为他要随时走动去各业务庭沟通立案问题、去盖章、去信访接待,还有……

“蓝乔,蓝乔,给你看,我写的东西发表了呢,看了不许笑我!”每一次庭长发表了新的小小说、散文或者论文,总是又兴奋又有点害羞地对我喊到,当然依旧是60分贝以上。

没办法,谁叫我们可爱的庭长患上了这个职业病——高分贝咽喉症!

法雨春风细无声

——法官的执着与耐心感动了群众

江南区人民法院　杨有荣

雷锋同志曾说过,“对待敌人要像秋风扫落叶一样,对待同志要像春天般的温暖”。

尽管法律规定了任何单位、组织与个人均有作证的义务,但在现实中,很多人都本着事不关己高高挂起的心态,对法院的调查取证往往以工作忙等理由或多或少表现得不甚热心,有的甚至表现出极为反感与厌恶的情绪。虽然法律已赋予了法院调查令等权力,但强制之权力乃国之公器,不到万不得已不轻易动用,要多以温和理性之态度与群众释法说理,争取以“春天般的温暖”赢得群众之支持。

近日民一庭审理了一件仓库租赁合同纠纷案件,便是以温和理性之态度赢得了群众的支持。该案由于发生于数年之前,当时作为诉讼标的物的仓库已因城市发展规划等原因被拆迁多时,标的物灭失给查清案件事实带来了很多困难,需要找到当时的村民代表或生产队长予以调查取证。法官在与该村的生产队长联系调查取证的过程中真可谓一波三折,情节跌宕起伏,堪比电影。

电话那端的傲慢

第一次电话联系该村生产队长李某,电话一接通,承办法官刚报上单位名称还未来得及说明来意,电话另一端便传来极不友好的声音:“我不管你们来自什么单位,反正政府的事都与我无关,请你们不要找我,我要工作,我接电话会被扣钱的,你们打电话给我,会给我发补助吗?”法官还未来得及解释,电话那边已挂断。再打过去,对方已然关机。承办法官心想自己代表国家行使审判权,话都未说完就挂电话,心里多少有些窝火。但窝火并不能解决问题,本着解决问题的理性态度,承办法官还是将本次电话及调查证之来意编成了一条短信发了过去。

主动道歉的电话

就在短信发过后的第二天,承办法官接到了生产队长李某的电话。电话刚一接通,李某便在电话里表示了道歉,连连说“对不起”“很为自己昨天的无知、鲁莽感到对不起法官”,还说“你们是法院来的,你们是法官,与一般的政府不一样,你们是讲道理,你们代表了公正,我误会你们了,我愿意也很乐意协助你……”经电话了解,这个生产队长之前曾因维护本生产队的公共利益与当时政府的个别领导发生过争执,被上级误解和责骂,因此他对政府机关产生了很深的成见。承办法官在电话里向李某询问了几个问题后,为进一步调查取证,便与李某约定时间上门做调查笔录,可是李某却说周一到周五要外出工作都没有时间。承办法官说,你的上班地点在哪里,我们可以到你上班的地方去做调查笔录。李某说他的工作都没有固定的工作点,你们找不到我的,你们要找到我只能是周末,且周末还要等他电话才能过去。虽然周末是休息日,但是为了完成工作,承办法官同意牺牲休息时间,到李某家做调查笔录。

法官周末的守候

为此,民一庭的承办法官和书记员周末均不安排休息,专门守候李某的电话,只等他打电话过来便驱车上门做调查笔录。可是周六上午苦等了半天,没有电话打过来;承办法官打过去,却是语音提示对方电话已关机;发的短信对方也不回复。下午,承办法官还是没有接到李某的电话,打过去也无人接听,承办法官只好再给李某发短信告知其如果今天不行,可以再约明天。苦等一天,没有一个电话也没有一个短信,心里总觉得此人太不靠谱。晚上八九点的时候,李某终于打了电话过来,连连在电话里说对不起,说他今天一天都在外面工作,不能接电话,请法官原谅,还说下周他找个时间亲自到法院去,协助法官做笔录。法官问他,那你明天有没有空?他说明天也要外出工作,也没有空,请原谅。一个周末的苦等,就这样没有任何进展,还浪费了本来可以陪伴家人的时间,但承办法官与书记均没有怨言。

自动上门的“电工”

尽管李某答应了有空会亲自到法院做调查笔录,但鉴于其多次电话“失信”、言语反复,承办法官对其承诺并不抱太多期待,并开始着手在该村寻找别的证人调查取证,但是要想在该村找一个跟李某一样合适的证人并非易事,因为李某作为该村的生产队长,对该村的公共设施建立及房屋拆迁情况均了解和参与,相对其他村民,对案件所需了解的事实更为清楚。就在事情一筹莫展的时候,承办法官又接到了李某的电话,说他现在就在法院外面,可以协助法官做调查笔录。当书记员将李某领进办公室的时候,只见他着一身电力系统工作服,满头大汗,显然是刚从电力抢修现场出来。在李某的协助下,承办法官很快便做好了笔录,同时还了解到,原来李某除了是该村的生产队长外,还是电力系统的一名抢修员,平时工作均无固定工作地点和工作时间,且抢修期间多是带电作业,不能携带手机和接听任何电话,否则会引起触电等危险后果,所以对于法官的电话不能及时接听表示道歉。

每个职业都有其特殊的工作要求,对此我们表示尊重;然而有时候我们仍会对别人的一些“无礼”行为表示恼火,只是却鲜有机会了解到别人“无礼”行为背后的职业特殊要求。在李某多次“无礼”失信行为之后,如果法官直接采取强硬措施,即强制命令其到法院协助调查取证,或许能解决问题,但效果显然不会太理想。民事法律关系千条万缕、错综复杂,要做好民事审判工作,除了要掌握博大精深的法律体系之外,还需要一颗能包容、善和缓的心。

从警感悟：人民法院司法警察的责任与担当

江南区人民法院　韦　韦

不知不觉,我已经在人民法院司法警察的岗位上走过了一年多的历程。我细细品味着这一年的辉煌和自豪,用心思索着这一年的追求与发展,努力承载着这一年的责任和使命。记得刚刚来到江南区法院报到的那一天,我接受了执勤法警文明规范、细心谨慎的安全检查,目睹了立案大厅和各个法庭在井然有序的开展工作,仰望着"全国法院司法警察工作先进集体"的奖牌,细数了荣誉墙上37项集体荣誉和91项个人荣誉,我知道,我来到了一个先进的集体。在感受荣光的同时,我也在感受着责任。有人说,花环是美丽的,因为编织花环的人心中必定盛开着玫瑰。这束玫瑰,就是我们队伍里的每一名司法警察,他们就像一本本简装书,没有华丽的包装和浓墨的渲染,呈现给我的是一种平和与翔实,每一天都在上演着心中有责、勇于担当的感人故事。

最容易感动人心的,往往是身边那些默默奉献、甘于牺牲的平凡的人们。记得去年春节来临的一天,我的一位同事找到我(警队内勤)可怜兮兮地说:"今年的除夕能不能不安排我值夜班?我想在家好好地吃个年夜饭。"我不解地想,为了保证相对公平,警队节假日的值班都是要抓阄决定的,为什么他明知我很难实现这样的要求还要提出来呢?所以当时我就告知他,我无法做出这样的安排。过了两天,他又找到我说:"还是安排我在除夕夜值班吧,我是本地人,回家近,多照顾外地的同志。"询问原因后我才得知,他已经连续三年的除夕夜都没有在家度过,每一年,都是他主动提出值班要求的。我不禁为之动容,每当在节假日与家人团团圆圆其乐融融的时候,每当在温暖舒适的床榻上矫情地抵御失眠的时候,我几乎快要忘记,值班的同事正在我们的夜班岗位上高度警觉地关注着进出法院的每一个人和每一部车辆,生怕让任何身份不明、形迹可疑的人员闯入我们心目中神圣的审判大楼!对于这位平时沉默寡言的同事,我无法知晓他的家人在面对他一直缺席的座位时,是不是在心疼地责怪和抱怨他永远选择舍小家、为大家,但我能想象到的是,当喜庆的烟花在夜空中绚烂绽放的时候,他的内心充满着的,除了对亲人的万分愧疚,更多的是守护万家灯火的自豪感和坚守岗位的责任感!

如果说,平凡工作中的自我奉献只能像春雨那样无声地润物,那么面对本不该承受的委屈,司法警察的默默承受则给了我更多的感动。曾经看过一篇报道,山东省泰安市中级人民法院开庭审理一起杀人案,5 名被告人将一名 16 岁少女轮奸后焚尸,作案手段残忍,性质恶劣,引起了极大的民愤。当法官宣布闭庭时,坐在旁听席上的 100 多位被害人亲属一起发疯般地冲向被告人。值勤的司法警察迅速将被告人集中在法庭一角,用身体组成人墙护卫起来。情绪极度失控的被害人亲属把怒气撒到了司法警察身上,拳头、巴掌、冲撞一起向他们袭来!有的司法警察衣服被撕破了,有的头被打破了,有的脸上被挠出了一道道血迹。虽然大家手里都拿着警棍,但没有一个人还手。直到增援的大批司法警察赶到,事态才平息下去。值勤的 12 名司法警察中,有 8 名被打伤,而 5 名被告人却毫发未损。当场见证了事件全过程的法官提出被害人家属冲击法庭、打伤法警,要追究他们的责任,受伤的 8 名司法警察都摇头拒绝了。他们说:“被害人亲属已经为失去亲人痛不欲生了,宁可自己流点血、吃点亏,也不愿再看到被害人亲属受到任何惩罚。”多么朴实的言语,道出了多少司法警察的悲悯情怀!也只有心中时刻装着人民,人民才会把他们当成忠诚卫士。

有一种说法:在和平的年代,人民警察是奉献和牺牲最多的群体。然而这里所说的“人民警察”是不包括司法警察的,因为在大多数人看来,司法警察工作的危险系数并不高,他们没有经历过生死考验,奉献和牺牲也就无从谈起。但“全国模范司法警察”钟世鑫烈士,在面临生死考验时,用壮烈的生命书写了一纸无字无言的答卷,却也在司法警察群体中树立了永恒的丰碑,指引着我们的方向。这位忠于职守的司法警察,生前是遵义市中级人民法院法警支队支队长,为了保护更多人的安全,在第一时间阻止了一名妄图报复社会、蓄意仿效上海杨佳袭警案而闯入遵义中院值班大厅的持刀暴徒行凶。面对杀红眼的持刀暴徒,单枪匹马的钟世鑫没有丝毫畏惧和退缩,他在腹部连中数刀的情况下,仍然紧紧抓住暴徒不放,忍着剧痛徒手打掉了暴徒手中的匕首,拼尽最后的力气,关上了法官通道的门,自己却倒在血泊中,在47岁这一年永远地离开了他爱的岗位,离开了爱他的妻子。

也许有人会说,这是你们司法警察应该做的。是的,我相信司法警察也是这样想的。从穿上警服的那一刻起,我就知道自己选择的是一种与众不同的生活方式,司法警察要面对的,有可能是诉求不达而对法院充满怨气的办事群众,也有可能是身患肺结核、艾滋病等严重传染性疾病的被告人,还有可能是拒不履行、暴力抗法的被执行人,甚至有可能是蓄意报复社会、制造影响的恐怖分子。面对这些人的谩骂、羞辱、伤害,我会不会感到委屈?会!但是想到肩上的使命和责任,我的内心又平静了。因为我们面对的,更多的是无助的老百姓;我们肩上扛的,是维护法律尊严和司法权威的责任!面对极端事件,我们的战友为什么会一再克制、忍让甚至牺牲?说得大一点,他们是为了祖国和人民;说得小一点,他们就是在用实际行动坚守着自己的岗位,履行着自己的责任;就是要让来法院办事的群众因为我们的存在而感到安全和可靠;让那些企图挑衅法律权威、破坏社会稳定的人看到我们而闻风丧胆。我们只有拥有了这种形象,拥有了这种意识,才配穿这身警服,才有资格在这个岗位上执勤。

有一句话是这样来形容司法警察的:判决书上没有法警的名字,审判台上没有法警的声音,但每份法律文书都浸透着他们的汗水,每个庭审都有他们忙碌的身影。外出执行中,面对情绪失控举着菜刀的被执行人,是他们第一个冲上去将其制服;民事案件审理中,面对激烈争吵以至拔拳相向的当事人,是他们第一时刻赶到,将双方劝服;面对那些寻衅滋事、冲击法院的上访人员,是他们用血肉之躯组成护法长城,保卫着法院的安全……最高人民法院周强院长说:全国法院司法警察队伍是一支让党放心、让人民满意、值得信赖的队伍。国家赋予了我们责任,人民给予了我们信任,这就是我们无与伦比的自豪和荣耀。我既然选择了这份责任和信任,就会勇敢地去担当,以先进人物为榜样,把一生献给警察事业,做一名让人民满意的司法警察。

法官手记：法院里的家庭团聚

良庆区人民法院　李喜杰　吕　繁

团聚通常是在家里，但是在一起抚养费执行案件中，一个离异家庭的团聚地点却不是家里，而是法院。

时间回溯到2008年。那一年12月，黄女士和廖先生在法院调解离婚。两人约定，双胞胎儿子随黄女士生活，廖先生每月给付400元抚养费，直至孩子年满18周岁，并有权每月探望一次。

一晃过去了5年多，黄女士独自抚养着两个小孩，廖先生也重新组建了家庭。但抚养费的事情，廖先生一拖再拖，在给付部分之后就停止了。无奈之下，黄女士走进法院，申请强制执行。受理案件后，我们依法冻结并划扣了廖先生的银行存款，但仍欠8000多元。

人找不到，电话也不接，为逃避执行，廖先生干脆人间蒸发。通过走访调查，我从廖先生妹夫那里与他取得了联系。讲法律，说亲情，在我的劝说下，廖先生答应约时间和黄女士面谈。

4月21日那天下午，黄女士，廖先生，他们的双胞胎儿子小乐、小锋以及部分亲属如约来到了法院。

“我计算了一下，从2009年1月开始，他就没有给过一分钱……”

“一直以来，她都没有给我探望小孩，连电话也不让接，我不会再给了！”

……

一见面，两人就争得面红耳赤。黄女士在诉说抚养儿子的艰辛，廖先生则脸色僵硬，怒气冲冲。

我心里明白，廖先生并不是缺钱，而是因为与前妻之间有积怨，所以才赌气不愿意给。

“希望你们能从小孩健康成长的角度出发，协商解决问题”，见状，我开宗明义表明了态度，“案件长期拖下去，最大的受害者是小孩，他们还在念书，正是长身体、学知识的时期，你们要摒弃前嫌，多为小孩考虑”。

“爸爸，不是我们不愿意去看你，而是我们学习任务重，请你谅解，希望你跟妈妈以后不要再为这些事情争吵了……”坐在一旁看着父母争吵的小乐、小锋突然打破了沉默。

儿子敞开心扉的一番话，让廖先生顿时语塞，他低下了头，紧握双手，若有所思。

打铁要趁热。见此情形，我加紧了“攻势”：“看看，你儿子多懂事，为人父母，无论从道德还是法律上说，都要担当起该担当的责任，给孩子树立榜样”。

经过我们一下午的劝解，黄女士和廖先生最终签订了和解协议。廖先生当场支付了余下的款项，对前妻和儿子表达了歉意，还关切询问了两个儿子的学习生活情况。一家人和和气气在法院执行局会议室里聊开来。

“谢谢您，法官，我们因为各种纷争而难得团聚，你让我们实现了团聚，也解开了彼此的心结。”临走前，廖先生对我说出这番话，眼角渗出了泪水。

看着他们一家手拉手有说有笑离开法院，我顿觉身心舒泰，一下午的疲惫消散而去。案件执行工作很辛苦，被执行人难找、财产难寻，时常还遭遇刁难和攻击谩骂，但是每当看到当事人喜笑颜开、握手言和，我都感到莫大的欣慰和幸福。

清风不来，何不盛开

宾阳县人民法院　董　金

南方的冬天没有雪，却依然有刺骨的寒冷。下午问候了去甘棠下乡办案归来而不得午休的同事后，又开始了忙碌的工作。

这只是平凡的一天。年关将至，忙碌写在所有人脸上，也记在我的心上。犹记得庭长说自从知道我们的案件数量超过去年，甚至增长了一倍后，他就没有睡过一个好觉，担心结案率。

同事准妈妈总是说不要管我，我好着呢，可以坐立案大厅，可以下乡送达，可以长期开庭，什么都可以。可是谁又知道她除了认真工作外，在法庭装修的这段时间，默默承受着装修带来的噪声和污染。

同事进哥总是笑眯眯的，即使他有一段时间几乎天天下乡送达，不论寒暑，甚至我都想不出我们辖区里还有没有他没去过的地方。同事大先哥说已经为了系列案连续几个周末加班，同事小谭昨天盖了540份文书的章。记不清多少次因为下乡办案，干警们不得休息，我只知道，手头上的事情一直没有停过。这就是我们武陵法庭的日常，所有人面对繁琐的工作都是那样淡然，一天又一天。

我们就是平凡的基层法庭干警。

也许有些人会说这算什么？也许有些人会说这便是你们的工作职责。我无意反驳任何人，也无意用华彩篇章为自己点赞。我只是在感动着，为这一份坚持，为这一份平凡感动。朴树歌中写道："我曾经失落，失望，失掉所有方向，直到看见平凡才是唯一的答案。"我庆幸，我到武陵法庭2年，每天所感受到的正能量。我庆幸，在这一片美好的山水田园中做一个武陵人。虽不似那么逍遥闲散，却怡然自得。

记得我刚来不久，庭长对我说，他也曾经在无垠旷野里，一个人静静思考，思考过自己的价值，思考过这份职业所带来的困惑，然后慢慢变得豁达。

面对浩渺的荒野，一切是荒芜，只有自己，自己是如此渺小，所以把握好自己的当下，才是最好的价值。

其实在我内心深处也曾问过自己，如果只有自己知道自己好，那有什么用？我期待过掌声和鲜花。当我的工作受到他人的误解时，我也抱怨过：为何自己的努力别人总是看不到？

而最终在所有法院人的一言一行中，我慢慢体会着静水深流的魅力：我们的价值体现在每一个案子中，因为那一份份案卷不仅装着文书材料，还有我们的智慧和汗水。我们的价值体现在对公平正义的信仰中，无论遇到怎样的难题，怎样的工作环境，怎样的工作强度，我们挺过来了。我们努力地办案、结案，不是为了前方的鲜花、掌声，而是为了这平凡之路的终点。在平静的每一天中，我们的世界就像是平静水面下的另一重空间，那里不知道有多少劲流涌动，有多少狂澜，就像我们面对的重重压力和阻碍。可是谁能说这水是没有力量的呢？谁能说它不能到达那大海的终点呢？

《幽窗小纪》中写道："宠辱不惊，看庭前花开花落，去留无意，看天外云卷云舒。"我们法官当有如此旷达气度。选择了当一名法官，当知道自己从此与富贵无缘，远离名利；当知道自己坚持的东西是什么。一名法官，不仅要有渊博的知识，而且要有处事的智慧，不论置身于何地，当自省，当领悟，当最终归于平凡。何须赞美？不如自己体悟，在烦琐、忙碌的工作中，为他人感动，为他人点赞。掌声和鲜花是自己给自己的，或者说，本不需要掌声和鲜花，具备这份职业所有的职业精神，才是最高的赞美。平淡生活，从容处事，谦逊做人，无论是面对同行，还是面对他人，均要知道自己所做的不过只是自己应该做的。对于名利，无须执着，因为荣誉和掌声，最终是自己给自己的。如果自己都不赞美自己，自己都不认可自己，那我们的价值何来？

所以，不妄自菲薄地否定自己，不盲目自满地抬高自己，保持一颗平静的初心，才是能在这平凡之路上坚持下去的信念。虽说你若盛开，清风自来，但是我要说，清风不来，何不盛开？

心中有责　才能尽好责

江南区人民法院　覃极永

童年时代，我最崇敬的就是警察。高考时，我考入了广西政法管理干部学院狱政管理专业。大学毕业时，南宁市江南区人民法院到学校招收司法警察，我以第一名的好成绩被该院招聘且是唯一一人。当我看到法院审判大楼上高高飘着五星红旗、审判大楼正门上方悬挂着国徽和大楼门前摆放着一排排整齐的警车，看到司法警察穿着深蓝色的制服个个精神抖擞，心中充满了斗志，心想：我长大了，也成了一名警察，我实现了自己的梦想。

2013 年 7 月，我怀着一颗憧憬的心，开始从事着人民法院司法警察工作。记得刚上班的第一天，被安排到安保中队在安检岗学习。我看到值班的桌子上摆着手持安检器、对讲机、身份证识别仪、来访速录机等，安检通道上有一台安检识别门和一台 X 射线检包(箱)机，心想着自己要怎样去适应这份工作，怎样把仪器灵活运用。每天，我心中都铭记着：这里不单单是进行安全检查，这里存在着安全风险，是没有硝烟的战场；这个岗位很重要，不能马虎大意，做什么事只要用心干好，肯定会有收获。后来每一次的押解值庭、每一次的技能训练、每一次的出警协助执行任务、每一次的夜间值勤值班，我都会认认真真地完成任务，服从领导安排，因为我知道：这就是司法警察的职责，完成好每一次的工作就是我的责任。

同年 10 月 31 日，江南区法院院江西法庭举行恢复仪式，我听从组织安排来到这个地处偏远、交通极不方便、条件设施不完善、生活较为艰苦的法庭工作。面对“送达难”，特别是偏远地区法庭面对的老百姓多半采取回避甚至抗拒态度的问题，在庭领导的指导下，法警主动参与，同当地司法所等相关部门进行诉前联调机制，将矛盾化解在法庭之外；与村委疏通好关系，告知当事人拒绝法律就是放弃自己相应的权利；与邮寄部门理顺送达环节；与村民构建“法庭菜园子”工程，贴近百姓，缓解百姓拒法律于千里之外的心态，自觉接受法律。在法庭,我懂得了处理案件的每一个程序;参与调解,我学会了处理案件要寻找解决矛盾的突破口;利用业余时间搞菜园子建设,把农产品带给院部的同事,让大家共同分享着法庭的喜悦和收获,我形成了照顾好小家又照顾大家的集体观念,还锻炼了自己独立处事、与同事友好相处、共同团结协作的能力,养成了吃苦耐劳的品格,树立了司法警察的良好形象,担负起了司法警察的责任。

作为一名司法警察的艰辛大家都知道,任何时候我们都在默默地付出,任劳任怨,从未叫过一声苦,喊过一声累。不管承担什么样的任务,也不管任务有多难完成,我们不但不会有怨言,而且还色地完成了每一次的任务。我相信这背后支撑着我们的力量,就是责任。

心中有责,才能尽好责任。正是这份强烈的事业心、高度的责任感和使命感,使我的人生信念更加坚定、人生价值在司法警察的岗位上有所体现,我庆幸着自己的职业选择——司法警察,我热爱这份工作。

走马观花话法庭

横县人民法院　谢　添

2015年8月,我被短暂借调到横县校椅法庭从事书记员工作。对于一名法院新兵来说,这种经历弥足珍贵,短暂的法庭生活,在我心中留下了难以磨灭的记忆。

空山新雨后

“空山新雨后,天气晚来秋。”

初到校椅法庭已经是8月中旬了。时值夏末,天气依然炎热。很快进入到9月,一场冷空气的突然南下,又下了一场秋雨,使得气温下降,感觉进入了秋天。在街道上行走的人们,有的已经穿上了长袖,有的依旧穿着短袖,总之,季节过渡性的穿着很明显。校椅法庭的位置很好,视野很开阔。在工作闲暇之余,我不时站在办公室的走廊上眺望远方,远处的山上竟是云雾缭绕,犹如仙境一般。我生长在城市里,看到这一画面,感慨颇多:远离城市的喧嚣,享受大自然的风光,真是人生一大乐趣。真的不枉此行！有时候情不自禁地突发奇想:

秋天来了,我们去旅游吧!
我带着你,你带着惬意的心情,
西山也好,杭州也罢,
横穿台湾海峡,暴走天涯海角,
让我们来一场说走就走的旅行。

出差办案收获多

初到法庭,原以为工作只局限在所辖的村镇,没想到也会有外出开庭和送达的公事。其间,我因离婚案件当事人在监狱服刑而有幸外出开庭两次,因离婚案件当事人被拘留而到看守所送达一次。

当天一大早,我拿上审批好的出差审批单,到院部办公室要车并开具介绍信,再到法庭接上驻庭的法警和主办人。出发前,我还检查了一下携带的案件材料和设备,毕竟去这么远的地方开庭,还是万无一失的好。去监狱开庭比较顺利,我们充分利用了院部配备给法庭的便携式打印机和笔记本电脑,改变了以往到监狱开庭手写记录的工作方式,大大提高了工作效率,这不仅得益于法院办公设备的升级,也得益于监狱方面给予的配合。

开完庭以后,我们勉励服刑人员安心服刑,好好接受改造,不要有过多的心理负担,争取早日减刑出狱。走出监狱大门时,我呼吸着新鲜的空气,感受到自由是多么的可贵,一定要好好珍惜。作为一名法院干警,不仅要遵纪守法,更要做遵纪守法的楷模,不然付出的代价将会是失去自由。

团结友爱见真情

“一个巴掌拍不响,一个好汉三个帮。”

在工作中单打独斗是行不通的,工作要顺利、有效地开展,离不开同事的帮助和支持。因为在法庭工作,没有院部的人手多,也没有院部的分工体系,更没有院部的交通便利。如果独自一人单干而没有团队的帮助,那后果就是工作不能及时地开展,直接导致工作效率的下降,人民群众也会不满意。

校椅法庭这个团队一贯有团结协作的精神,大家就像一个大家庭,为此,我们建立了名为“校椅大家庭”的微信群。在群里,我们讨论工作的开展,发布工作的进度以及分工。我们通过运用微信这一新通讯媒介,提升了工作效能,提高了工作积极性。在生活上,大家互相关心,有的同事生病了,大家会及时地嘘寒问暖,他或她的工作就有别人来及时替代,使得生病的同志能够安心养病,早日康复。

在这样的法庭工作,心情真的很舒畅!

巧借陪审员学群众工作

校椅法庭有一位驻庭的人民陪审员,姓韦,因为退休前的职业是老师,我们都叫他韦老师。韦老师当了几十年的老师,教书育人的经验很丰富,又因为有知识、有文化,办事公道正派,在他的村子里很有威望,村民们有事都会找他商量,村里面有啥会议都会叫他参加。

为了提高自己服务群众的能力,我虚心向韦老师请教如何做好群众工作这个难题。在与韦老师的交谈中,我认识到做好群众工作不仅要有社会经验,更要有良好的道德修养,为此我对自己提出了更高的标准和要求。如何做好群众工作,我总结了两点经验:一是做好群众工作要看群众对我们工作的结果满意不满意、支持不支持,取得的社会效果要好;二是坚持按照法律程序办事,作风公道正派,办案坚持公平正义,取得的法律效果要好。

得到韦老师的无私指点,让我对如何做好群众工作更有信心了。

传承邹碧华精神 立足本职建新功

江南区人民法院 陈玉萍

人们称邹碧华为法治的“燃灯者”,对我而言,他更像一座灯塔,点亮了我前进的方向。“公正司法、敢于担当、勇于创新、崇德尚法”是邹碧华精神最浓缩的概括。作为一名基层法官,如何才能传承好邹碧华精神,做好法治薪火的传递者。我想唯有像他一样:坚定、坚持、坚守!

坚定,是要坚定法治信仰。“为什么要进法院,为什么要当法官?”当初会选择做法官,更多的是源于:相信法官这个职业是维护社会公平正义的最后一道防线,相信公平正义最终会通过法官来实现。邹碧华事迹对我最大的触动在于:与普通的法官相比,他面临着更多的困难,但他一直能以乐观的心态、敢于担当的勇气去面对,支撑他前行的,无疑来源于他对法治坚定的信仰与追求。我想法官职业的意义就在于在每一个案件中实现公平正义,这也正是我当法官的初衷。不忘初心,方得始终,法治应该成为我们法官最坚定的信仰。

坚持,是要坚持学习完善。他的著作《要件审判九步法》,他在书中对审判规律的总结精辟,让我在许多问题上豁然开朗、受益匪浅。自此,心中对这位优秀的同行充满了敬佩与感激。再一次体会到了作为一名法官,坚持不懈的学习和提高自身的法学素养、专业技能是多么重要。邹碧华之所以会得到同行和律师的广泛认同,与他坚持学习,具有深厚的法学功底和理论水平密切相关。法官的职业化、精英化必然对法官素质提出更高的要求,法官必须通过终身不断地学习,充实完善自己各方面的能力。

坚守,是坚守法院岗位。邹碧华无疑是司法改革的设计者和先行者,而在新一轮的司法改革大幕拉开之际,我们每一个法官都会成为司法改革的亲历者、实践者和见证者。有人在司法改革的当口心存顾虑,但是邹碧华的一路坚守与对改革的担当对我们无疑是最好的榜样和鼓舞。法院的事业不是哪一个法官,也不是一代法官的事业,它需要的是我们一代又一代法院人的努力传承与无私奉献。

法官手记：法官心证是一场"硬"与"软"的对峙

兴宁区人民法院　农慧兰

【案情简介】

黄某与谢某等人一同饮酒聚会，聚餐结束后，谢某驾车护送黄某等人回家，但黄某在谢某护送其他同事回家的途中无故离开车辆，谢某亦寻找无果，但黄某在当晚被发现在失踪地附近坠楼身亡。黄某的父母认为谢某在护送途中未尽到合理的注意、照顾义务，应对黄某的死亡承担责任，故起诉至法院，要求谢某赔偿100万余元。谢某辩称其行为不具违法性，在法律上无过错，且已尽道义上的谨慎注意、照顾义务，黄某的死亡属于意外事件，与谢某的行为之间无因果关系，不应承担赔偿责任。

法院经审理后认为，该案中没有证据显示谢某曾胁迫、诱骗黄某参加聚会或劝酒、诱导、逼迫等违背黄某意志导致其醉酒的行为及意思表示，谢某对黄某醉酒无过错。谢某驾车欲送黄某回家，在停车间隙，黄某下车并离开后不幸发生意外，对此，谢某在当时的情况下是无法预见、难以控制的，事发地点为普通住宅小区，周边环境设施无明显异常，从生活经验来看，并非高危涉险容易发生坠楼的地点，而且，谢某通过搜寻避免事故发生的可能性也很小，本案事故是常人按照生活逻辑无法预见和避免的意外事件，谢某驾车离开的行为未显著改变事故发生的几率，也不是直接推动事故发生的作用力，故二者之间没有法律上的因果关系，谢某的行为不构成侵权，最终法院驳回了黄某的父母要求谢某承担赔偿责任的全部诉讼请求。

有人说，法官的心都是硬的，因为他们要据法断案；也有人说，法官的心是软的，因为他们办案要凭良心。对于法官而言，案件的审判过程更像是一场"硬"与"软"的对峙，从证据认证、事实认定、法律适用到裁判结果可能对社会产生的各种影响，这样的对峙过程往往周而往复。

这是一个令我难忘、揪心的案件，时隔一年仍记忆犹新，从案件的受理开始，这个案件就吸引媒体的热烈关注，也是从这一刻起，我迎着无数眼睛的注目、内心忖度代表着公平与正义的审判天平，拉开了审判的序幕。我永远记得那一天，两个白发苍苍、面容憔悴的老人执拗地提出要见案件的主办法官，不为别的，只为当面诉出他们的丧子之痛与内心煎熬，他们的儿子黄某在与朋友深夜饮酒聚餐后，在朋友谢某的护送途中中途下车失踪，第二天被发现坠楼身亡。两位老人坚持认为谢某应对他们儿子的死亡有所交代并承担责任，话语间如诉如泣。除了安抚，我竟无言以对，内心最柔软的地方被深深地触痛了。然而，最让我感到揪心的不是两位老人的眼泪，而是案件被告谢某在提交书面答辩状后对我充满信任的深深一躬，这是一个朴实的年轻人，上有老、下有小，背负着全家的生活重担。谢某解释事发当晚他和死者黄某护送其他朋友回家，倒车出库后黄某已不见所踪，而谢某在周边路段开车反复找寻无果后才驶离，对黄某坠楼的死亡后果没有过错。谢某的答辩状里真真切切地表达出对这场飞来横祸的恐惧和对朋友酒后意外死亡的歉疚，字句间不断敲打着我的内心。

两个家庭，两种立场，不管是哪一种裁判结果，对任何一方来说，都会带来不可磨灭的伤痛，对法官而言，最大的挑战莫过于站在舆论的风口浪尖上坦然接受法、理、情的三重拷问。我不得不联想到几年前“彭宇案”所引发的“老人摔倒扶不扶”的社会大讨论，“彭宇案”的负面社会效应，是许多当事者都始料未及的。“彭宇案”的深刻教训，让我认识到司法裁判对社会主流道德取向的引导作用——对法律人而言，司法裁判也许只是一个适用法律的过程，但社会公众则更多地将司法裁判理解为对社会主流价值观的确认。所以，司法裁判的真正价值，不仅在于定分止争的直接目的，更重要的是，让公众从裁判本身感受到来自社会自发、自觉形成的正能量，并且将这种社会正能量传递下去，这才是司法裁判的应有之义。这个“酒后坠楼案”亦是如此，应该提倡的是一种“能帮就帮”的社会互助精神，不能将公众带入类似于“老人摔倒扶不扶”“朋友喝醉送不送”的舆论误区之中。在这个案件中，为人父母，两位含辛茹苦将孩子养大成人，还未及享受天伦之乐，孩子就在意外中去世，这种白发人送黑发人的悲痛不是常人所能忍受的。孩子死后，两位老人不仅要负担治疗孩子期间的巨额医疗费及其死后的丧葬费，还要面对失去孩子的孤独、寂寞与无奈，在这种情况下，两位老人坚持找寻、追究孩子酒后坠楼后果的责任人，从而寻求经济上和精神上慰藉的强烈愿望，这是人之常情，完全可以理解。但是，将心比心，谢某是出于关心朋友的好意主动护送喝酒的朋友，这种好意护送的行为也是当今社会所应鼓励和推崇的善良行为，与其他故意侵权的恶意行为是有区别的，不能对其课以更重的义务。

当我历经法与情的内心对峙、在审判席上庄严宣读驳回诉讼请求的判决结果的时候，当我听到那两位老人含泪对我说“理解法官”的时候，当我看到裁判文书公开得到网友们的肯定和支持的时候，我对自己说，我做到了一个法官对法律的信仰和对人情的关注，我可以问心无愧！

为信念坚守　让情怀落地

南宁市中级人民法院　韦　欣

三年前,我下基层锻炼,来到宾阳县法院办案。开完庭已经是下午两点了,天上下起了很大的雨,出门时正好碰上法院的一个老朋友,他挽着裤腿,一身泥水,扛着厚厚的卷宗,刚刚从最偏远的乡里调解回来,见到我高兴地要请我吃饭。饭桌上他兴奋地说起上午的事儿,他说:"幸亏我今早六点多就到了,被告还没出门,要是再晚点儿,他就坐车去广东打工了,他和原告两家的纠纷还真不知道要拖到什么时候。现在好了,都调解了,来！加碗宾阳酸粉庆祝一下!"一年后,他因积劳成疾,心脏病发倒在了工作岗位上,没想到,那天和他在大排档吃的这顿饭,竟成了我们最后的晚餐。

这个直到生命最后一刻心里仍挂念着百姓的人就是宾阳县法院速裁庭法官,他叫李树华。

四年前,因为办理行政复查案,我接触了一位"女汉子"。全市 12 个县份、城区,大大小小所有有纠纷的山林、土地,她双脚走过的有一大半,城区里拒绝拆迁的"钉子户"有一多半也都是她的"熟人"。有一年她一个人就办理了全庭近一半的案件。她连续 11 次评上先进,获得的奖状摞起来很高,但她也曾经被当事人误解,被上访人谩骂,被败诉的行政机关恨得牙痒痒。她有时也和我们一起发发牢骚,可回过头,她又会把所有的时间、精力甚至健康都赔在了工作上。我问她:"20 年的行政审判,你靠什么保持情怀?"她想了想,微笑地说:"披上法袍啊,就好比和法律结了婚,婚姻的道路总有磕磕绊绊嘛,不要在乎一时的得失,要忠诚、执着。"

这个对法律有着真挚情怀的女法官,是南宁市中院行政一庭的审判员,她叫彭晓霞。

这两年来,法官辞职挣大钱的消息不时传来,刺激着我们的每一根神经。上个月,一篇河南法官王桂荣因判错案而入狱的帖子更是在法官微信群里激起了阵阵涟漪。我们为什么留下来？我们能把握什么？同为法官的我们开始为自己的前途和命运隐隐担忧。但是后来，我在网上看到了这样一份判决，上百万的点击转发量，数万名网友发自内心的认同与赞扬，让我明白了一名法官坚守的意义。这是广东的一份盗窃案刑事判决书，全篇 28 页，12,265 字，层层分析，法理交融，用心、用力、用情。文章的最后一段这样写道："我们不能保证判决是唯一正确的，我们能保证的是这份判决的作出是合议庭基于良知和独立判断，基于对法律以及法律精神的理解，基于对看得见的司法正义的不懈追求。"这份文书被网友称为"史上最牛刑事判决书"，写这份判决的人是广东省惠州市惠阳区人民法院院长，他叫万翔。

"一个人有了信念、信仰，就不会觉得委屈。每个人都是历史，如果大家都能让自己完美一点，历史也就会完美一点。"说这段话的人 47 岁，他的年龄和形象永远定格在了 2014 年的 12 月 10 日，他一生都在为法治信念追求完美。有人说他是中国法官的标杆，也有人说他是当代法官的缩影，不论是在他生前还是逝后，他都用他的精神告诉全国 20 万法官：我们是什么样子，法治中国就是什么样子！他就是上海高院副院长——邹碧华。

一个法治社会的进步离不开一个个法律人的努力和坚守，在当代灯红酒绿的世界里，法官的信念与情怀显得如此弥足珍贵。正因为有了像邹碧华那样，能够忠诚法律，能够心怀百姓，能够脚踏实地，能够忠贞维护人民利益，永恒守护公平正义的法官队伍，我们的法治中国梦才得以实现。作为一名法官，我们为这个队伍的坚守和情怀骄傲；作为一名法律人，我们有信心让法治中国的明天更美好！

我的演讲结束，谢谢大家。

（责任编辑：欧云略）

（全市法院"践行社会主义核心价值观争当邹碧华式好法官"主题演讲比赛一等奖演讲稿）

法官手记：下乡法官“聊天”聊出和谐路

横县人民法院　覃　彬

每次和孟叔下乡送达，在完成送达任务之后，孟叔都会和围观的村民聊聊天，简单地唠家常之后，就和村民聊起法院送达的一些事。“完成任务就收工了，为什么还聊这些。”我很不解。

5月的一天，去莲塘某村送达。车刚开到村前，本来倚靠在座位上的我，坐直了身子说：“孟叔，来之前我听说这个村的人很凶悍的，小心点。”孟叔笑了笑，说：“怎么，紧张了？以前我们曾到过这个村办案，村民不讲道理，把我们的两辆警车围堵起来，法官在车里面出不来，当时确实有一些不讲理的村民。”“哦，这样啊，那等下我们留心点。”“那倒不必那么担心，没事的，放心吧！”孟叔很肯定地说。

进到村里，找到当事人王某家，简单明了地把事情一说，王某就很配合我们签收材料，工作很快就完成了，这有点出乎我的意料。

回来的路上，我问孟叔：“怎么那么顺利，不是说当地村民蛮横不讲理吗？我还做好了心理准备面对突发情况呢！”孟叔说：“彼一时此一时也，我们法院的法官这么多年来，做了很多普法工作，尤其针对一些法律意识薄弱的山区，法官们送法下乡，或利用巡回办案之机适时宣传法律法规，村民的法律意识提高了，我们的工作就好做了。”“在村里开展普法教育工作是不是很困难？”我疑惑地问道。想不到孟叔哈哈大笑：“有什么难的，办法总比困难多，每次下乡送达，如果遇到不了解法律的群众，我们都耐心地跟他们讲解，稍微花点时间就好了嘛。有些村民需要先跟他们聊聊家常，再趁机把话题引到法律知识上来，不知不觉中就把法律知识传播给他们了。”

噢，原来如此，难怪平时孟叔下乡都喜欢和村民聊天，聊着聊着还聊起了我们法院的工作。如今群众的法治意识提高了，司法工作也好做了，这都是法官们多年来“聊天”聊出来的成果哟！

论人民陪审员的“气场”修炼

兴宁区人民法院　肖　楠

在一次刑事庭审过程中，我遇到了一个自己觉得有点尴尬的场面。那是一个交通肇事案件的庭审，被告人的代理人不是执业律师而是公民代理，在开庭过程中合议庭多次引导被告人的代理人并向其释明规范的庭审规则，但该代理人一直置若罔闻，当作为合议庭成员的我再次向对方释明刑事证据的举质证规则时，对方很不屑地指着我说：“你区区一个陪审员，还轮不到你出声。你又不是法官，凭什么打断我发言？”当时觉得很不被尊重，心情五味杂陈。但是通过这件事情我不得不深刻地思考。虽然陪审员被誉为“布衣法官”，但不置可否的是，人民陪审员因自身缺乏对陪审制度、职责的正确认识和公众的认可，欠缺履职底气和自信的情况还是存在的。大多数人对陪审员的印象其实还停留在“不会说”“不专业”“没有威信”这样的一个层面，俗话说就是没有“气场”，所以才会出现刚才那位代理人所说的：你又不是法官，凭什么打断我的发言。一个没有“气场”的陪审员，谈何树公正、立公信。陪审员的“气场”是怎么来的？

陪审员的“气场”源于自信。自信，是指陪审能力的自信。陪审员制度设立的初衷是司法“平民”化，将普通人的看法和意见融入案件的裁决之中，消除法官在案件审理中习以为常的职业偏见，真正体现司法民主。但陪审员的“平民化”并不意味着陪审员不需要学习陪审技能。俗话说，活到老，学到老。人民陪审员虽然不需要像法官一样具备全面的法律理论知识，但还是应该了解一般的法律常识特别是程序性的法律规定，掌握一定的参审技能。我认为，一名合格的陪审员，对自己要有一定的要求。为了丰富自己的庭审技能和理论知识，我会有针对性地为自己购置一些相关的法律书籍及上网浏览庭审视频、审判案例。关于如何让学习达到事半功倍的效果，我的经验是代入案情结合法规。

陪审员的气场源于专业。不专业，是人民陪审员缺乏职业自信和履职底气的原因之一。很多陪审员认为“陪审”就是陪法官审，于是开庭时不敢发问，合议时不敢表态，非常认真地“陪”法官开庭，“陪”法官审案，“陪”的功能被放大，“审”的功能被忽略，无法真正发挥陪审员的裁判作用。如何提高自己的专业度？答案是理论与实践相结合。除了理论上的学习，庭审活动中的实践也很重要，只有理论与实践相结合才能检验思考的成果和执行的效果。

陪审员的“气场”源于主动。“凡事预则立，不预则废。”作为一名陪审员，一定要学会主动，比如主动了解案情、主动独立思考等。工作中，我是一个比较喜欢主动的人。在每一个案件开庭之前，我习惯主动去主审法官处阅卷，了解案情及涉及的法律关系，并在此基础上就问题查阅相关的法律适用及审判案例。作为合议庭成员，不了解案情又谈何更好地参审？在参审过程中被动的、不能独立思考的陪审不是陪审，而是陪衬，陪衬就无法尽到陪审员该有的“陪而又审”“合而又议”的职责。

陪审员的“气场”源于调解能力。“调解是高质量的审判。”陪审员应不断提高自身的调解能力，并在每一件民商事案件的参审过程中，充分发挥“调解员”的作用，做好案件审理的宣传、纽带工作，要尽量化解当事人之间的矛盾，消除双方之间的误会与隔阂，做到让当事人息讼服判、案结事了。毕竟，一切的裁判只是方式，定分止争才是最终目标。有时，一味地采取刚性的判决，只会让双方之间的矛盾升级而无法达到最终解决。

2014 年 8 月，我受邀参审一起确认合同无效纠纷。这起纠纷的案由虽然是确认合同无效，但我通过阅卷发现，其中的法律适用不仅涉及《合同法》还涉及《公司法》，这对不是法律科班出身的我来说，无疑具有比较大的挑战性。为了能更好地参审案件，我不仅提前去主审法官的办公室翻阅案卷材料，还查阅了相关的法律法规及大量的审判案例，遇到不明白的问题就去向主审法官请教，或者及时跟合议庭成员交流自己对案件的一些看法。

开庭当天，原被告双方之间的辩论十分激烈，分歧也很大，他们之间针尖麦芒般的激烈对峙使法庭调解工作一度陷入僵局。但是，因为考虑到双方是多年的朋友，对公司的经营都花了不少的心血、投入了不少的感情，所以我尝试着对双方打感情牌，收到了比较好的效果，双方最终在合议庭的组织下达成调解结案,原被告双方对调解结果都感到很满意,该庭审在2014年被评为优秀示范庭审。

总而言之,人民陪审员只有全面了解这一制度并热爱这份职业,以及加强学习,修炼内功,不断提高参审技巧,才能摆脱“聋子”“哑巴”陪审的尴尬局面,才能提升陪审员制度的公信力。

(责任编辑:许威)

我的美丽法庭　我的美丽哲学

横县人民法院　方　湘

何谓美？何以揣摩之、表达之、实现之、运用之、衡量之、评价之，始终是善感人士不倦思考、孜孜追求的永恒命题。其间种种疑问，公断是非，犹如沉梦，恰是雾中楼阁、仙人迷境，令人向往，使人茫然。她总在激情刹那，或是电光之间，勾动悟性，又转瞬即逝，似有若得，欲寻无处。隐隐之间，她已成为我心中那似解难解欲罢不能的心结……

我始终相信，正如事事皆有因果，万物总有情趣，“美”虽非时时可见，但又是无处不在的。即使残酷如战争，也有指挥的艺术；贫瘠如荒漠，也有敦煌的绚烂；纷争如五代十国，也孕育了魏晋南北的风骨……苦难成就了美，就如放逐成就了屈子的离骚；漫长成就了美，就如岁月成就了仲尼的渊博；羞辱成就了美，就如肉刑成就了司马迁的史家绝唱……该不会错的，美总归可以创造！只要你有心为之。

曾记今春 3 月风起之时，乍到民一庭，对新的工作与意象，我曾怀有这般美好的憧憬：微微一笑之间，便已洞悉关键，深深一眸之中，早已直抵人心，言语间纷争定止，谈笑中冰释前嫌，举止处便有道理可循，落笔时就是公平正义——何其洒脱、漂亮的才子法官形象啊！回到现实，诸君问我感受如何，想听真心话否？——愁煞人！当时之状况，于我而言，至今难忘，恰似无头苍蝇夜里乱飞，又好似漫天飞雪横扫衰草——错漏无数、丑态百出，完全与美无关。

由于遗漏，我曾二次开庭；由于紧张，我的独任庭审“首秀”便引来旁听人员的窃语私笑；由于无知，我的判决书曾经只能写到“本院认为”便长期罢工；由于遗忘，我的案件曾经直逼审限，急坏庭长……是的，作为我的直接领导，是需要巨大的包容和极大的耐心的。无法想象，面对一个新手，看着他整天毫无章法地运转，还要随时准备为其处理种种突发事件，何人还能保持住心底的那份淡定？每当我小心翼翼地向其坦白过失，寻求帮助，并准备接受骤雨般的批评时，他总是淡淡地捧出解决之道，又淡淡地点明注意之处。潜移默化间，我也逐步被这淡淡的气场所感染同化。有时我甚至怀疑，我所经历过的一切，做出的种种糗事，他怎会如此熟悉，感同身受，莫非他也曾像我这般迷茫与无助？在我看来，面对纷繁复杂的实体纠纷和程序操作，需要工作和时间的积淀，才能做到洒脱自如、游刃有余，除此难有他法，而现实的需要又将年轻一辈急速地推向审判的前台，使其手足无措，但从前辈的身上，我似乎看到了从丑小鸭向白天鹅华丽转变的过程。

美人曾经乱发时，荷花总有出泥日。面对烦乱、迷茫、艰辛、苦难等波动人心的负面因素，若以更为激烈的姿态去抗拒挣扎，难免思维混乱、精神耗散、一错再错。若淡然处之，哪怕强作镇定，直至不为所动，而为当为之事，以恒持之，你便可成就那美妙之人。华丽转身的过程，虽动心，须忍性也。

法庭便是我追逐“美”的试验田和观察站。

实地感受，法庭就是是非之地。它是纷争的场所、对立的空间、争执的容器，即便你刻意美化其环境，粉饰其太平，封锁其冲突，其矛盾始终存在，不在表面，也在人心。人心不畅，虽无声总有怨，此时无声，彼时惊雷。放眼看去，法庭也是是非集结之地，其将社会中分散的是非集中在一点处理，将整体的隐患汇聚于局部解决，以自身之烦乱换取大局之和平，以数十人之纠结实现百万人之安定。由此可见，此数十人便是那定分止争的数十人，此地便是那矛盾消融之所，美丽孕育之处。故法庭之美，美在人心，其以法官之理性，引导众人之理性，以法官之公正裁量，指引迷途心灵回归正道，以法官内化之美外化于世，引领法治国家之风尚。从此角度观之，法庭又是美丽人心的净化地，法官则是美好法制的领路人。

但“美”总是相对的，也总处于一种理想状态，现状也许与我们心中的标准尚有距离，甚至相去甚远，但“美”值得追逐。取乎其上，得乎其中，只要我们心中包含大美，哪怕能力有限只能达到中美，甚至因环境的制约最终只实现了小美，但积小终成巨大，汇聚事业的小美，成就人生的大美，这便是我的人生艺术、美丽哲学。

屋檐下的温暖

横县人民法院　龙如宏　卢才德

“儿媳,你还是回来吧!我们真的老了,再也无力照看两个年幼的孙子了,家里的大门永远向你敞开……”两位耄耋老人终于说出了久违的心里话。看着老泪纵横的两位老人,儿媳小蒙百感交集,紧紧地拥住两位老人,泣不成声。看到儿媳与公婆如此释怀,我不禁感慨万千,案件的点点滴滴又重新涌上心头……

小商是两位老人的儿子,2009 年 5 月,小商在一油库工地工作时触电身亡,当时小商的儿子庆庆刚满 2 周岁,女儿盼盼刚满 2 个月。次年 6 月,小商的妻子小蒙等家属与用工方达成了赔偿协议,由用工方一次性赔偿给死者家属工亡补助金、丧葬费、供养亲属抚恤金共计 25 万元。扣除办理小商丧葬事宜支出后尚余款 189, 770 元,后二位老人用其中的 94, 000 元为其购买了养老保险,余款 95, 770 元以小商父亲老商名义存入银行,存折由小蒙保管,密码由老商设定。老人担心儿媳改嫁,不愿将儿媳、孙子享有的份额交由儿媳保管,双方为此发生纠纷。小蒙、庆庆、盼盼遂将两老人告上法庭,请求将自己及小孩享有的份额交由其管理。

为了使一家人能重拾亲情,我反复释法明理,希望两老人摒弃传统观念。但老人认为孙子作为他们家庭传宗接代的人理所当然留在男方家生活,故其要求与儿媳共同监管孙子享有的抚恤金是天经地义的,若交给儿媳保管,一旦其改嫁将钱带走,孙子今后的生活如何保障?正是这种根深蒂固的传统观念,令案件无法调解。无奈之下,我只好依法作出判决。

宣判后,为了免遭强制执行的尴尬,我多次到老人家里做思想工作,与老人家唠家常,希望老人以亲情为重,自动履行判决。同时,不要对儿媳心存偏见,毕竟孙子还小,更需要母爱的呵护。经过不断的疏导,两老人的思想有所松动,儿媳也表示暂不申请强制执行。

老商分期将款交给儿媳保管，儿媳也常回家照看孩子，但常遭老人的白眼和奚落，使其备受委屈。村里的人也对小蒙指指点点，认为儿媳起诉公婆是对老人的不敬。小蒙承受着巨大的心理压力，有一段时间索性不管孩子了。

我作为妇女儿童维权岗的负责人，每到"三八"国际妇女节我都带着慰问品去看望小蒙和孩子，鼓励小蒙冲破世俗偏见，坚强面对生活。今年春节前，该案入选《广西法院妇女儿童维权岗十大案例》，广西电视台进行跟踪报道。当天，我陪同记者一同前往老人家中。我们一直等到天黑，两老人才从地里劳作回来。面对镜头，两老人诉说着生活的艰辛：由于年事已高，又要忙于劳作，孙子放学后独自在家无人管教，没人给他们煮吃的，更别说辅导他们学习了，就像今晚，都将近七点钟了，孙子还没吃饭，真是可怜，往后的日子不知道怎么办？说到伤心处，老人不禁失声痛哭，令人心酸……

老人最后说："儿媳，为了孩子，不管你今后改嫁与否，这个家的大门永远向你敞开……"此时的小蒙已是泣不成声，三人紧紧拥在一起……

作为一名民事法官，我经常会情不自禁地多管"闲事"，热心充当"和事佬"的角色，在法与情、法与理当中寻找最佳结合点。正是在铁面无私的公正判案中融入了正直和善良，使众多的当事人重拾了能继续生活在同一屋檐下的温暖，人生的意义不过如此而已！

我们都是法律人

宾阳县人民法院　黄子恒

每年院里总会有新人来，每年也总会有新人变成前辈，这是一个保持生命活力的过程。从新中国人民法院建立的那一刻起，这个平凡而伟大的过程已经延续了60多年。2009年11月，作为在无数争议和普遍质疑中成长起来的80后的我，也光荣成为法院的一员，成为广西宾阳县法院黎塘人民法庭中的一名干警。

宾阳位于广西东西南北陆地交通大动脉的中心地带，是华南经济圈与西南经济圈的交汇点，也是大西南与东南亚经济联系的枢纽地域。黎塘人民法庭就坐落在这里，它虽然是共和国法院系统中一个最微小的细胞，但它所起的作用是举足轻重的，因为通过这个最基层的法律传播站和我们这些最普通的法律传道者，法律的触角可以与老百姓进行亲密接触。

如果不是湖南省永州市零陵区人民法院三位同仁遭到枪击不幸遇难，如果不是我区梧州市长州区人民法院的三位兄长在案件执行过程中遭遇不测，法官在我心中的印象不会有如此之快的改变：一袭黑色法袍，高坐于审判台上一丝不苟而又不怒自威，随着法槌的落下，公平与正义像阳光一样洒向人间大地，人民群众景仰他们，不法分子畏惧他们。

我曾经一度不理解，堂堂共和国法官怎么会被当事人杀死在自己的办公室里，又怎么会被人用硫酸烧成残疾；法官应该是坐在审判台上严谨地审理案件才对，他们的身影怎么会出现在法院之外的地方呢？可是望着那些已经远离我们的同人们的背影，想到那些至今仍躺在病床上与伤痛作斗争的兄长们，作为一个刚进入法院的新人，已于无形中上了印象深刻的第一课。这时，法官在我心目中不再是高高在上，也不再是那样的严肃而不苟言笑，我也终于理解为什么共和国法官的称谓前一定会加上“人民”这两个如此厚重的字眼，明白为什么共和国的法院是人民的法院：一切只因为他们都是普通人，从群众中来,到群众中去,只要人民需要的地方,就会有他们的身影。平凡和伟大,在他们身上并不冲突,但我想这就是最大的和谐。

来到法庭,我才对这最基层的工作有了切身的体会:为什么在寒风凛冽的冬季,同事们会为了一起普通得不能再普通的邻里纠纷案件,清晨六点时出现在你这辈子连名字可能都记不住的某个小村落,因为他们知道,农民兄弟天没亮就要起床劳作和外出做工,如果来晚了,就会耽误乡亲们出门养家糊口;同事们还会在烈日炎炎的夏日,下班后牺牲自己的个人休息时间,驱车几十公里赶往一个你闻所未闻的乡镇寻找当事人,因为他们知道,这会儿当事人才会在家里,才能找得到人。当城市的上班族舒舒服服地坐在开着空调的办公室里工作的时候,他们的身影依然穿梭在城市的钢筋水泥中。即便如此忙碌,审判台上依然会听到他们敲击法槌的声响,因为这是最基层的工作。

一年来,我和同事一起行走在乡间泥泞的小道上,一起穿梭于高楼大厦,忍受着寒风吹打或烈日炙烤,也一起呼吸着污浊的空气和汽车引擎散发出的浓烈机油味。也曾经,我们一起在调解案件时遭受不明真相群众的围攻,但最终在我们的努力劝说和开导下群众情绪渐渐平静,矛盾最终也得以解决。办案中,我们也受到过谩骂,感受到尴尬,但法治建设需要我们每一个人的努力,而法官就是战斗在最前沿的先锋,因为第一缕阳光照射在法治大地上的时候,光明也就降临了。

记得有一次我和同事们下乡返程,途中遇到一位收工回家的老奶奶与我们相向而行,因为路窄我们鸣笛提醒有车要过,让我意外的是,老奶奶回头脱下自己的草帽,向着坐在驾驶室的我们微笑点头,虽然只是一个简单的动作,但那一瞬间的感觉我这辈子也不会忘记,这是群众对我们工作的最大肯定和支持。

由于法庭离家有30多公里,为了避免来回奔波,同事们都是在周末才回家一趟。每当工作累了,我们就会推开法庭办公室的窗户,那里可以看见一望无际的荷塘和形态各异的山峰。下班之后,我们几个人或漫步于荷塘之中,或在院子里纳凉聊天诉说彼此的故事,或到镇上羽毛球馆来场比赛切磋球技,带着对家人的思念和对工作的展望,让时间慢慢流逝,一天又一天。

或许法官的工作待遇不够好,或许法官的收入水平不够高,可是就是这样一群手握国家审判权、可以决定他人的自由甚至生命、掌控着无数人命运和前途的人，在默默地支撑着这个国家法律体系的正常运作，悄悄地为社会的和谐发展推波助澜，因为公平与正义的天平由他们来掌握。他们可以在人民群众呼唤的任何时候出现，能够在人民群众需要的任何地方现身，这就是人民的法官。

记得学生时代我曾经闹过一个笑话，英语老师让我翻译“LAWER”这个单词，依靠直觉我直接把它译成了“法律人”，因为个人理解“LAW”是法律的意思，在其后加上“ER”后缀就可以表示为职业，于是“LAWER”就变成了法律人。我的这种所谓的中式英语立刻引来了哄堂大笑。当时觉得自己很丢人。可是过了若干年，直到今天回过头来再想想，审视法官这个职业，我觉得自己并没有错。因为不管是法官还是检察官，不管是律师或者警察，终究都怀着对法律的崇尚和景仰，挥洒着自己的情怀，以自己所学的一技之长，在法治这条漫长的道路上普度众生，朝着依法治国这个任重道远的目标勇往直前，“路漫漫其修远兮，吾将上下而求索”，只因我们都是法律人。

法官手记：诚信和信任

横县人民法院　杨岱洲

“杨法官，你在法院吗，我到了。”

4月28日上午，正在外办案的我接到了一位老人的电话，我没有听出是谁，就问：“你是哪位？有什么事吗？”

“我是何某某啊，之前找过你，约好了过来交钱的。”

“哦，记得了，你过来了？我现在不在法院，你到接待室吧，我叫同事去接待你就可以了。”老人说上名字后，我隐约记得是有过这么一个当事人。被执行人能主动交钱履行义务毕竟是好事，但是我正好在外面办案，只能委托在院里的同事帮忙处理了。

十几分钟后，老人再次拨通了我的电话。本以为已经办好了，没有想到老人说：“杨法官，你现在能回来吗？你同事都讲普通话，我听不懂，我之前是答应过你的，现在要把钱交到你手上我才放心。”

“你就放心吧，都是法院的同志，他接待也是一样的，让他指导你去交钱就可以了，我在外办案确实走不开。”我只能这样劝劝老人。

“不行，我真的听不懂你同事说什么，杨法官你什么时候能回来？我还是等你吧。”

本来不想让老人多跑一趟的，既然老人这样坚持，我只好让她当天下午3点再过来。

这位老人叫何某某，是我年初接手一个旧案件的被执行人。2008年，陆某因家里急需资金，就向远房亲戚陈某借了8000元钱，借款到期后，陆某没有按时偿还，陈某遂将陆某及其母亲何某某起诉到法院。陆某和何某某当时没有到庭，法院经审理后缺席判决陆某和何某某共同偿还欠款。判决生效后，陈某申请法院强制执行，但由于陆某长期外出，法院经调查也没有发现两被执行人有可供执行的财产，法院只能做程序性结案。今年年初，申请执行人陈某再次来到法院，让我们再想想办法。于是我重新调查两被执行人的财产情况，但仍是一无所获。据了解，陆某长期外出，很少回家，而何某某已经70多岁，也没有发现其名下有什么财产。我心想，看来这个案子又要再等等了。最后抱着试一试的心态向何某某寄去了执行通知书和传票。没想到，何某某收到传票后，按时到法院来找我。

我给何某某做笔录的时候，老人说，她知道儿子曾经向陈某借钱，但不清楚具体多少钱，既然法院判决要偿还8000元，她也认可，只是现在没有那么多钱，而且儿子陆某离家好几年了，也没有寄钱回来过，她年纪大了，也没有什么收入，希望法院能做陈某的思想工作，让陈某放弃计算利息，同意的话，她保证在两个月内将8000元交到法院。我电话征求陈某意见，陈某同意何某某的还款计划，也同意放弃计算利息。

其实，我们做执行工作的都知道，很多被执行人到法院作承诺后都没有兑现。根据本案的情况，陆某长期外出，无法联系，何某某已年过七旬，如果她不履行承诺，法院对她采取曝光、列入失信名单、限制高消费等措施根本没有实际意义，也不宜采取司法拘留。所以刚过一个多月的时间，老人突然打电话说已经拿钱来了，确实出乎我的意料。

下午3点，我从外面回到法院后发现老人已经在接待室等待。简单寒暄后，她将一沓用塑料袋包好的钱递给我。

我说："按照规定，我们办案人员是不能收取现金案款的，必须由当事人存到指定的账户。其实你不用亲自过来，只要把钱存到法院指定的账户，注明存款人就可以了。"

"这个我懂，但是我不知道怎么存，而且要让你亲自看到我交钱了，我才放心。"老人说道。

我看她为难，就说："那我送你去银行存钱吧"，她答应了。随后，我叫上一名同事一起开车送老人去银行。

路上，老人跟我攀谈起来，诉说她儿子、家庭的情况和筹钱的困难。我跟她说："如果实在困难，可以申请执行人陈某商量让他再宽限一段时间。"

"不想再拖了，既然之前到法院向法官作出了承诺，就一定要兑现。"老人回答得很坚定。

在银行指导老人填写存款单存好钱后,看着老人离去的背影,我百感交集。老人对法官的信任和对自己承诺的守信,让我充满敬意。案件虽然拖了8年才得以执行完毕,但她完全不是执行法官眼中那个可恨的“老赖”,这个“老赖”不赖。

实习生手记：感激相遇

江南区人民法院　卢　璐

根据学校的安排,2015 年 7 月 15 日 ~8 月 16 日,我在南宁市江南区人民法院经济开发区人民法庭为期一个月的实习。现实习期即将结束,感慨颇多。一个月以来,经开庭这个大家庭给了我很多包容和感动,在这里尽管忙碌,但让我对自己有了一个全新的认识;在这里,我的理论知识与实践有了一次亲密的接触,使我深深地感受到知识储备的不足;在这里,每个人都值得我尊重和学习。总之一句话,感激相遇。

感激相遇,让我对自己有了一个全新的认识。一直以来,我都生活在校园里,平时跟自己接触的除了同学、老师,很少有社会上的其他人。而且由于在校园里学得都是理论知识,自我感觉还很良好。但到这里之后,发现原来的那点知识远远不够用,这里的案件千差万别,当事人也形形色色。有时候一个简单的法律问题,可能因为当事人法律意识的欠缺,你也得跟他解释半天。有时候,虽然有些法律要点自己想到了,但不够全面,始终缺乏一种融会贯通的感觉。在这里,我真正体会到“书到用时方恨少,事非经过不知难”。通过这一个月的实习,我真正体会到了唯有静下心,摆正好自己的心态,踏踏实实地学习,真正把本领学好,才能更好地服务于人民,服务于社会。

感激相遇,每一位成员都值得我尊敬和学习。每个法官当他们穿上法袍坐在审判席上的时候,他们简直就是正义的化身,他们认真聆听各方当事人的诉求,公开、公正、高效地审理每一个案件。每位书记员也在扮演着越来越重要的角色。他们不仅要辅助法官做庭审笔录,还要承担整理卷宗、信息登录、文书送达等大量烦琐的工作,他们就像法官的左膀右臂,他们的工作情况直接或者间接地影响着法官的工作。法警,还有同我一起实习的其他实习生,他们同样光芒四射,是法庭不可或缺的一员,他们尽职尽责,兢兢业业地做好每一项工作。从每个人身上我都学到了很多东西,他们真的很棒,我要为他们点赞。感激相遇,让我有机会与他们成为朋友,友谊长存。

感激相遇,让我对未来充满梦想。通过一个月的实习,我对自己的专业有了进一步了解。虽然我们接触的只是程序上的东西,协助书记员做些辅助工作,但这些工作已经让我深深地感受到法院干警的艰辛和法律事务的烦琐,它要求我们在工作时必须细腻、耐心、专注。回头想想,其实哪一行工作不是这样?当初之所以选择法律这个专业,虽然有其他的原因,但是最重要的是自己真的喜欢,而我想喜欢就坚持下去好了,就努力下去好了,希望自己在未来的路上能一直朝着这条路走下去,虽然充满荆棘和不确定,但只要我始终坚持梦想,脚踏实地,就一定会走出一个属于我自己的法治春天。

法　问

西乡塘区人民法院　刘荣冬

法是什么？这个问题在我初跨入法学学府时第一次出现在我的脑海，但是当时的我不急于回答，四年的求学时光应该可以给我一个完整的解答，当年我如是想。

今天，当我站在人生新的起点，身处人民法院之内，此时法律于我不再只是冰冷的法条、枯燥的法理，此时的法已经被生活赋予了活力，被情理赋予了生命。对于这个问题，我也做出了属于我的诠释——文以载道，法以述理。

文以载道，表面上千古文章不过是只言片语，却经千年而不朽，历万世而弥新，这旺盛的生命力正是来源于文字背后所承载的大道。同样我们的法律也不是一时一地的存在，与文章同属千古事，它的存在必须经得起人民的审视和历史的考验，那什么才能赋予法这样的生命力呢？我想法所承载的理方是法的生命之源、力量之基。

理根于传统。中华文明传承千年，我们的法制传统同样历经千年的演变。延至清末，西方的法律制度随着坚船利炮传入我国。自清末修律，我国的传统法制开始失去主导地位，转而为西方的法律制度所代替。但是法律背后的道理依然根植于我们的文明传统中。任何民族都不可能完全摒弃自己的传统，在吸纳新的制度的同时，我们的千年法制文明所包含的积极因素也被内化成为人们的日常行为准则。虽然这些准则可能不再在法条中写明，但是它们为人们所恪守，升华成为检验现行法律善恶的标准。当现行法律遵循人们所恪守的准则时，法律必然得到正面的回应，赢得民众的普遍遵守。反之，法必属恶法，其效果可想而知。

理源于民心。法律的本质是社会规范，而规范的生命正源于民众的普遍接受。在此，理就是民众所认可、坚持的社会规范的精神实质。这也正是社会主义法律体系坚持法的人民性的道理所在。法不是抛开生活的纯粹头脑风暴,也不是立法者意志的叠加,它是民众为获得一个相对稳定的社会生活环境而坚持的行为准则的文本化、制度化、法律化。所以,从这个角度上讲,法律不是立法者的创造,而是人民的创造,而我们的立法者正是顺应民众的需求,发现了我们的法律。情为民所系,权为民所用,利为民所谋,坚持社会主义法律的人民性,是我们正视法律本源,坚持司法为民的出发点和最终归宿。

理面向未来。黑格尔说:“法律绝非一成不变的,相反地,正如天空和海面因风浪而起变化一样,法律也因情况和时运而变化。”这正是因为法背后的理是变动不居,面向未来的。一定时期内,我们的法律是稳定的,如此,保证了人们对自身行为的可预见性,它也是法在予人以不利益时的正当性所在。但是我们不能据此阻碍法律的演变,相反,我们应该主动地根据世情、国情的改变,根据社会主要矛盾的变化发现新形势下法背后理的变化,据此,制定新的适应环境的法律。如此,根于传统,面向未来方可赋予法以强大的生命力。

从家门到校门,再从校门到法院大门,我的生活是如此的简单,但我的疑问是如此的繁多。“法是什么”只是我在身入法门后的第一问,不过仅此一问也要我用一生的时光去回答、验证、再回答,如此循环往复。面对“法”字,有太多的疑问,正如屈子仰天而问一样,我用文字抒发疑问,用实践解答疑问,希望以此用一生可窥见法之大道。

我眼中的书记员

横县人民法院　王　恒

法院里，有这样一群人：每天重复做着琐碎、繁杂的工作，他们默默无闻、埋头苦干，甚至鲜少被当事人注意。他们，就是书记员。

从前，我对书记员的印象只停留在电视上那个默默地坐在电脑屏幕前，不停敲击着键盘的人物。2015 年我加入法院队伍，在法院工作将近一年后，我对书记员的工作内容才有了更多的了解。由于我不在业务部门，所以直到上周，临时被安排到行政庭做了三天的庭审笔录，我才开始切实体会到书记员的工作内容。

这是一个专业性很强的工作

难以忘记自己第一次做庭审记录时那手忙脚乱的情景。尽管开庭前主审法官已经教我熟悉庭审流程，提示我当事人缺席或未到庭等各种情况的注意事项，庭上也不断为我调低语速，但我还是问题频发。但也多亏这三天的亲身体会，让我认识到书记员工作的专业性。庭前，书记员应提前准备好庭审笔录模板，熟悉每个案件争议焦点，预判主审法官在庭审中的提问；庭审中，面对法官、当事人、律师等各种身份的人群的发言，书记员要在听清、听懂的情况下，大脑迅速记忆并形成法言法语，归纳总结好后快速地记录下来；若遇到来自乡镇的当事人，书记员在听懂地方方言的同时，还需要对社情乡情有一定的了解。此时考验书记员的已不仅仅是电脑操作能力和打字速度，还包括他的记忆力、反应速度、总结归纳能力和地方知识储备。由此可见，书记员工作是一个专业性很强的工作。

这是一个十分重要的工作

我了解到,书记员工作的好坏,直接影响到案件质量。每位法官撰写的裁判文书,依据的是案件事实、证据、法律,而这一切都以书记员的笔录作为前提和基础。可见,书记员笔录充实与否直接影响到法官裁判依据是否充分。在每一个案件中,书记员都要通过记录,将庭审、调解的过程形成文字材料,从而展现诉讼的全过程;从案件受理到审结,书记员既要独立也要配合法官完成多项工作,为的是给法官留出更多的时间专心书写高质量的裁判文书;书记员制作的卷宗,是永久性或长期性的档案材料,其中包括的各种笔录是衡量一起案件质量的主要依据。如此,书记员工作的重要性可见一斑。

这是一个磨练心智的工作

前段时间全院上下在学习上海法官邹碧华同志的先进事迹时,我了解到邹碧华同志曾经做了五年的书记员。原来,任何一名出色的法官都要经历做书记员的磨练。书记员每天不间断地做着相同的工作,收案、送达、记录、装订、统计……这些琐碎、繁杂却又必须集中精力做的工作,极其考验一个人的耐心和毅力。与此同时,书记员的工作内容似乎很难出彩、发光,所以社会上普遍认为书记员是任何人都能做的勤杂人员。因此,书记员只有正视本职工作,摒弃浮躁,沉下心来,正所谓"小事见功夫",终有一日可以成为一名沉着冷静的人民法官。

七年之痒　不忘初心

南宁市中级人民法院　黄影颖

转眼入职已经七年。七年，如果放在爱情或婚姻里，意味着到了“七年之痒”的时间窗。早上看到朋友在她的个人公众号上发了一篇文章《那么，你的初心是什么？》，忽然愣住了。那么，我的初心是什么，我还在坚持吗？

毕业前的公考，我一门心思想进法院，于是报考了现在的单位。没有像其他同学那样报考多个省的公考，或者选择其他竞争相对不那么激烈的单位，我对自己说，这是我唯一的选择。当时，我的初心就是做一名好法官，以我所学，为社会所用。

刚入职的时候我被安排在立案庭做内勤。内勤是一项非常繁杂的工作，大到给领导写讲话稿，写汇报、请示、总结等各种材料，一般有各种数据和报表统计、上下级沟通联络、会议安排，小到报账、盖章、领文具、签转文件等，还不包括作为新进人员每年或多或少的论文和调研报告任务。那时刚好遇到最高法院首次开展全国法院清理涉法涉诉信访积案活动，因为信访组人员不足，我还要负责初期的信访线索筛查和汇总分流等，所以那时候我大都穿着运动鞋上班，每天在立案庭各个办公室以及各个庭室穿梭，连上厕所都得快步小跑。于是第一年我就得了胃溃疡，体重也迅速掉下来。尽管如此，我仍不能容忍经手的工作有瑕疵，只要我能做到的都争取尽善尽美。我相信在立案庭的四年是一种历练。服从安排，恪尽职守，任劳任怨，我认为，这应当是“好法官”的一部分。

当一起入职的业务庭同事在第二年转正后开始独立办案时，说不羡慕那是假的。他们告诉我，办案没有想象中那么容易，遇到法律关系复杂的或者当事人难缠的，夜不能寐想着如何结案的时候，还不如做个书记员来得单纯。虽然当时我也开始办一些案件，但因为内勤工作的特殊性，所以我主办的案件数量并不多。但在我看来，这时我才能称之为真正意义上的法官。

办案后发现,好法官不是那么容易做的,因为我太容易把个人情感渗入工作中,往往为自己“找麻烦”。记得当时办一件离婚后财产纠纷的申请再审案。案情并不复杂:前夫在婚姻期间与他人生下一对双胞胎(暂且不讨论是否构成重婚问题),前妻此前诉请离婚,当时关于共同财产的分割问题,除了一套未取得房产证的房屋暂无法分割不予处理外,双方调解后基本达成一致,其中包括股票、存款、汽车以及婚姻关系存续期间购买的其他房产。而那套未分割的房产由前夫居住使用。用句通俗的话来说,前夫也算是“净身出户”了。那套房取得房产证后,前妻又起诉要求分割引发本案,两人闹得不可开交,甚至到了一见面就交恶的地步。这个案件一、二审判决事实清楚、程序正当、法律适用无误,直接驳回再审申请是再简单不过的了。但在审理过程中我发生了让我心头一紧的事情。在庭后向前妻的询问中,她哭诉因为离婚纠纷以及本案财产纠纷,她与前夫的紧张关系已经严重影响到其与前夫婚生儿子的学习和性格,从前乖巧的小孩变得易怒、暴虐,有时甚至对她恶言相向、大打出手。为此我专程向前夫了解情况,他证实了这一事实,并告诉我他还专程带儿子看过心理医生,儿子的确因此患上了心理疾病。后来我见到了这个孩子。我跟他说话,他沉默着不回答,他父亲轻轻推他一下,提醒他说法官跟你说话呢,他立刻对父亲暴跳如雷……此情景让我久久不能平静,我忘不了儿子那原本漠然的眼睛里因为父亲的一个动作忽然变得凶狠的眼神。于是我决定试着去调解,一来希望缓和前夫及前妻两人的关系,二来希望通过调解,让儿子看到父母和平解决问题的尝试,减轻儿子的心理负担,或许能够减轻他的病情。在其他人看来,这大概可以算得上“自找麻烦”的,暂且不说如果调解成功,在申请再审阶段的调解如何处理业已生效的一、二审判决的问题,就拿调解的工作量和制作一个驳回裁定书的工作量相比,时间成本也是显而易见的。我反复多次跟前妻、前夫以及前夫的现任妻子沟通,甚至在晚上加班时忽然想到一个切入点就立刻打电话给他们。虽然后来双方仍然不愿就房产问题做出让步,但为儿子的治疗和教育问题达成了共识,在最后一次约谈时竟然能心平气和地谈话和握手。调解没成功,我有些遗憾,没想到的是,他们离开法院后分别打了电话给我表示感谢,说他们能够重新坐下来沟通已经很难得了,谢谢我那段时间居中做的工作。我百感交集。我想,这就是我的初心吧。敢于"自找麻烦",对案件负责,对社会负责,我认为,这也是"好法官"的内涵之一。

后来换了庭室,开始专心办行政案件。行政案件有一定的特殊性,一般在审理过程中我们都会先尽量组织原被告协调。记得有一个房屋拆除行政强制及行政赔偿案件。原告周某租赁了某公司的商铺进行经营,双方没有签订租赁合同,但周某按季度向第三人缴纳租金。后因某项目建设,市政府作出房屋征收决定,某公司租赁给周某的商铺在征收范围内。该公司签订征收补偿协议后,告知周某因该商铺已被征收,公司不再向其出租涉案商铺,亦不再收取原告的租金,后又书面通知原告搬离该商铺。但周某未搬离,仍在涉案房屋继续经营。两个月后,经多次劝说搬离无效,项目业主对涉案商铺进行了强制拆除。这个案件的法律关系比较明显,周某与第三人某公司的租赁关系实际上已经解除,他来起诉对商铺的强制拆除行为,由于缺乏法律上的利害关系,他不是案件的适格原告。但因为还有货品存放在商铺内,拆除时造成这些货品被掩埋损坏,也的确给周某造成了损失。为了妥善处理纠纷,在争得双方同意协调的情况下,我动员被告行政机关支付周某一定的补偿,但仍跟周某要求的数额还存在一定差距。我反复跟周某做工作,向他释明法律关系,解释为什么他不具有原告诉讼主体资格,并且他主张的赔偿数额没有证据证明,希望他能够充分考虑补偿事宜,这也许是对他最好的结果。让我想不到的是,周某认为我"在帮政府说话",并称咨询过其他人,认为自己的主张应当得到支持,坚持不同意协调结果,甚至还对我心存不满。我当时哭笑不得,最后只能依法作出一审裁定驳回了周某的起诉,该裁定也得到二审法院的维持。之后不久的一天早上,我忽然接到大堂打来的电话,原来是周某到法院来找我,这回倒是恳切地说他同意一审时我给他协调的补偿金额,希望我继续帮他跟行政机关协调……这几年办案的过程中不乏遇到这样的"反转"案件,甚至被一些当事人曲解、误会,每每如此,我都暗下决定下次不要再做这些"吃力不讨好"的事,可再看到有协调余地的案件,仍旧会一如既往张罗着协调。在我看来,行政纠纷的处理,如果能通过协调沟通达到对相对人合法权利的充分救济和对行政行为的有效监督,使行政管理秩序得以及时恢复,才是行政诉讼的最终目的。行政案件的审判实践,让我对"好法官”的定义又有了新的认识。

七年间，当遇到难处理的案件，接触不好沟通的当事人，面对繁重的结案压力，或者被误解、受委屈的时候，不是没有过情绪，不是没想过放弃。让我坚持下来的，是不忘的初心。“好法官”的定义，随着社会经济、文化的发展以及审判经验的积累，内涵和外延会不断扩充，而我仍将以此为出发点和立足点，实现一名人民法官最初亦是最终的梦想。

那些年和我一起送达的332

横县人民法院　谢　添

332,是普通的人民法院警车车牌号

第一次坐上332,是我刚到法院报到不久,那是一个寒冷的季节。刚上车不久,带我去送达的孟法官说:“先别急着出发,要把车子热一热,这是一辆老车,不热车的话会熄火的。”我心里嘀咕:这都什么年代了,咱法院还有不热车就熄火的警车?我对332的好感顿时全无。别人看到332,以为是威风凛凛的警车,只有坐在里面的人才知道,这车是没有暖气的,为了不让前挡风玻璃起雾模糊,得开着一点车窗。那年的冬天寒风夹着雨水,车窗开着,寒冷的风雨就灌进了车厢,不免让人感觉战栗。332可以说是一辆普通得简直有点寒酸的警车了。

332,是一辆默默奉献的警车

“332,是2007年进入法院的,现在里程应该超过20万公里了,当时是配给附城法庭使用的,附城法庭撤销后,才回到院部使用。”曾在附城法庭工作的马法官如数家珍般说道。2007~2016年,8年之久,对一辆车来说已经是步入中年了。有时候我在想,332是不是也有四十不惑的感觉呢?我有幸驾驶过332,方向盘很硬,悬挂调教也不行,更别提那一踩到底才能挂挡的变速器了。可就是这么一辆服役8年的警车,默默地在法院送达的路上奔波,一跑就是8年,就像一个人从青年到中年一样,在司法为民的路上跑了半辈子。呵呵,在咱法院不是还有四五辆这样的警车吗?

332,平凡中的不平凡

也许有一天,332在完成使命后会退役报废,会有新的警车来接它的班。也许过了许多年以后,人们已不记得332奔驰在乡间田野的道路,为送达任务任劳任怨。也许有一天,当我回首往事,曾记否,那些年与我一起送达过的332?我联想到咱法院那些默默无闻、无私奉献的中老年干警们,他们在法院工作,从年轻人干到中年、老年,在基层司法一线,为社会公平正义守护了一辈子,为中国的法治事业奋斗了一辈子,他们是平凡而又伟大的。

人的生命只有一次,人的生命应该如何度过呢?奥斯特洛夫斯基的答案是为人类的解放事业而斗争。我的回答是当你年老时,不应为虚度年华、碌碌无为而悔恨,一个中国法律人的一生应该这样度过:他曾经为中国的司法改革和法治事业而贡献出自己的青春年华而无怨无悔,为全面依法治国战略的实现贡献了绵薄之力——为法律人的中国梦而奋斗。

新任法官调解手记："我听你的！"

邕宁区人民法院　曾春蝶

2014年7月4日10时至12时5分，我在南宁市邕宁区人民法院调解室完成了一起机动车交通事故责任纠纷案件的调解。原、被告在调解笔录上签字按手印、被告当场向原告履行案件款5000余元，双方的纠纷彻底了结。这是我开始承办案件半个多月以来审结的第一件案件。调解结案，不仅免去了我开庭审理和撰写判决书的工作量，也减少了当事人的讼累，我心里非常高兴。想起在组织调解过程中，当事人几次对我说的一句话："我听你的！"我内心泛起涟漪。

上午9时50分左右，原告跛着脚走进调解室门口，这是一位才四十多岁却已头发花白的残疾阿姨。我赶紧扶她在椅子上坐好，并给她倒了一杯白开水。这时被告也到了，前来参加调解的她带来了一女两男共三位家属，四人平排坐在了原告的对面。看到这架势，原告很紧张地问我："法官，我就自己一个人来，被告怎么带来那么多人？"我微笑告知原告："今天我们是调解，被告带家属来，可能是为了等一会调解时方便商量。大家来法院调解不是来吵架的，原、被告双方的诉讼地位平等，不管来的人多还是人少，都可以在自愿合法的基础上轮流陈述自己的调解意见……"还没等我说完，阿姨放下心来，对我说了一声："我听你的！"

我征求当事人意见，原、被告均同意由法院组织调解。于是调解开始了，先由原告陈述调解方案。她在诉讼请求中要求被告赔偿因本案事故造成的各项损失总额的70%，共计7000余元。考虑到被告在本案事故中也受了伤并支出了200多元的医药费、原告自身也承担事故次要责任等因素，原告自愿作出让步，要求被告一次性赔偿6000元整。被告立马表示反对，称其损失并不止医药费，还包括一周的误工费共计900余元；还指出原告的医疗费中，有部分费用与本案事故无关，不应由被告赔偿。被告要求双方损失进行相应抵销后,由被告一次性赔偿原告5000元即了结此案。

这时,原告从包里拿出离婚证和残疾人证,看着看着情绪失控哭起来,边哭边说:“我是个残疾人,也是个离了婚的女人。我现在一个人带着刚满10岁的孩子,很艰难。你撞伤了我,害我受伤住院,你为什么不赔我6000元……”谁也没料想到会出现这种状况,被告及家属愣在那里,四人面面相觑,一时无语,但反感的氛围慢慢弥漫开来。我担心原告情绪波动太大会影响其身体健康,赶紧安抚:“阿姨,你是残疾人,也离了婚。对你的不幸和不顺利,我深表同情。但是,你的残疾和离婚并不是被告造成的。被告在本案中是要承担赔偿你方损失的责任,现在她也有诚意来到法院跟你进行调解,提出抵销双方损失后,愿意赔偿你5000元。如果你不同意这个数额,大家还可以继续商量。请你不要太激动、太着急,一定要注意身体……”原告的情绪渐渐平复下来,她擦掉眼泪,又说了一句“我听你的”,并请求继续组织调解。这一次,原告主动再次作出适当让步,要求双方医药费、误工费等损失互相抵销后,被告一次性赔偿原告5300元,并由被告自行承担其电动车修理费、事故施救费等损失。

被告犹豫了,在另案起诉要求原告赔偿医药费、误工费、电动车修理费、施救费等损失与在本案中调解结案之间难以取舍。我允许被告及其家属到隔壁办公室商量,期间我对被告进行释明:“如果调解,双方的损失能在本案中进行相应的抵销,然后根据事故责任比例进行赔偿。如果今天调解不成功,你可以选择另案起诉,这是你的权利。但是另案起诉的话,你要抽时间来另外立案、预交案件受理费、开庭等等。总之,还要花费一定的时间、精力和金钱,可能要耽误你几天的工作。如果今天调解结案,等于是一次性解决了两件案件的纠纷……”听到这儿,被告爽快地说:“法官,我听你的!我愿意调解结案。”经过进一步协商,原、被告最终自愿达成了调解协议:被告当场向原告支付赔偿款5000余元,双方的纠纷彻底了结,今后任何一方不能再以本案事故为由向对方主张权利。原告将案件款一张张清点过后,在收条上签字按手印。

原、被告在走出调解室之前,均向我道谢,感谢我一次性帮她们解决了纠纷。原告甚至拿出100元钱要塞给我,说:“法官,你忙了一上午帮我们调解解决了纠纷,现在都超过下班时间了,你辛苦了！这钱你拿去吃个午饭、买瓶水喝……”我赶紧拒绝:“阿姨,你的好意我心领了。我也很感谢你们支持法院的调解工作,但这钱我不能收。帮你们处理纠纷是我的工作,我的工资由国家财政发放。如果我收你或被告的钱,是违反规定的,是犯错误、要受处分的……”还没等我说完,原告有点不好意思地说“这样啊。那我听你的”,然后把钱收好。我嘱咐原、被告今后开车一定要注意安全,目送他们走出法院大门。

原、被告在调解过程中共有四次说到“我听你的”我想,“我听你的”是当事人对法官和法院调解工作的由衷信任和好评。今后在做调解工作时,我还要像这次一样用心、耐心地为当事人法释析理,争取快速便捷地化解更多的纠纷。

初任书记员工作心得

马山县人民法院　袁志威

书记员，一个平凡而又忙碌的岗位，这是我曾经听到的对书记员最多的评价，然而我却从没有机会走近这样的一个工作岗位去体会它的不易。2015年秋天，我有幸走进了马山县人民法院，成为了一名真正的书记员，让我有机会在这样一个工作岗位上实践和探索。时光荏苒，在这半年的光阴里，通过自己的实践，我对书记员的工作又有了更深的认识和体会。时间虽短，但是我认为作为一名初任的书记员应当做到以下几点才能更好、更快地进入工作角色。在这里我就和大家分享我作为一名初任书记员的心得体会。

做好书记员的工作离不开精心的准备。

要保证一次诉讼的过程完整、有序、合法，作为书记员就必须踏实地完成庭前送达的准备工作。目前，应诉的法律文书制作一般都依赖于计算机业务系统的帮助，因此在制作这一类法律文书的过程中我们往往都没有很好地对文书的内容进行仔细阅读，忽略了其中的很多细节，容易造成法律文书语句的不严谨。在送达的过程中，许多当事人是不具备法律知识的，因此他们面对诉讼时心态是比较紧张的，这就要求书记员在送达的过程当中需要进行细致、耐心的讲解，如果本身对文书的内容没有了解透彻，在讲解的过程中很容易给当事人造成敷衍了事的印象，影响送达的效果。其次，书记员实际上也是审判工作整体中的一个组成部分，因此在每一个案件开庭前除了法庭布置等基本的准备工作要做好之外，还应该认真阅卷，并做好阅卷笔记，这样在庭审的过程中可以避免对案件所涉及的一些专业术语、数据的不熟悉导致记录速度跟不上等情况的出现，达到事半功倍的效果。我们所说的准备，除了实际操作过程中技术上的准备，还应当包括日常工作中专业知识的学习和积累。书记员虽然不是审判员，但是同样需要具备专业的法律知识。目前很多的书记员并不是法律专业的，因此在法律专业水平上参差不齐。但是这并不影响我们的书记员去学习和积累法律知识,因为在法院工作,难免会遇到法律适用的问题,只有书记员具备一定的法律知识,才能确保程序适用的正确和及时,也给法官的审理和执行提供了程序方面的保障。

做好书记员的工作还需要细致的服务。

我认为,一名书记员能否得到法官和当事人的认可,除了工作态度和能力之外,还应当具备服务意识并保持谦和自信的公务员形象。在诉讼活动当中有很多的工作需要书记员完成,这些工作其实就是为诉讼活动服务的一个过程。除此之外我们还应当为当事人提供服务,当事人来到法院参与诉讼活动,除情绪和平时不同之外,对法院的设置、规定也会有不明白的地方。如果我们能够以良好的态度、专业的服务对当事人进行引导,就可以缓解当事人的紧张情绪,也可以提升法院为民服务的整体形象。在实际工作当中,当事人在开庭前需要喝水、开庭过程中需要眼镜、签完笔录后需要纸巾擦手等情况都会出现,在我的实际工作中就曾经有当事人的孩子无人照管这样的情况出现。当然,服务的内容也可能是不具体的,例如开庭时间的安排上,也应当考虑到所在地区的风俗习惯,在少数民族地区会有比较多的少数民族节庆活动,虽然不是法定假期,但是我们在安排开庭时也应该充分考虑到这一点,避免因庭审时间和节庆时间冲突对当事人的情绪造成干扰。因此这就需要我们具备服务意识,在平时的工作中积累经验,做好充分的准备才能够在第一时间满足他们的需求。

做好书记员的工作最忌虎头蛇尾。

在经过庭前、庭审、判决等一系列的程序之后,书记员的另一项任务其实才刚刚开始,案件结束之后我们还需要做好档案的整理和装订工作,这时候更需要耐心和细心的检查。因为在实际工作中有一些资料是当事人双方或者是代理人开庭时才会提交或者是庭后才补充提交的,提交的方式也比较多,因此如果没有养成检查的好习惯就会造成材料的不完整。案卷的装订也是一样,过宽过窄的卷皮边宽都会造成案卷内页的移位,影响的不仅是美观还不利于保管。根据我自己的经验来看,作为一名初任的书记员如果对于卷皮的边宽拿捏不准,应该备好长尺、铅笔等工具,确定好案卷的厚度之后在卷皮做好标记再折好边宽,这样脚踏实地一步一步装订出来的案卷才能整齐美观利于保管,在熟练之后再凭借技巧装订。

书记员的工作只言片语并不能完整地概括,作为一名初任的书记员我的经验仍然有许多不足,但是在工作当中还会不断地积累经验,充实自己。在这里能够和大家简短地交流一下自己在工作中的体会心得,希望能够对工作有所帮助。

融洽和谐的邻里关系，我们任重道远

——一次下乡见闻

隆安县人民法院　叶晓飘

上午八点,我按时来到办公室,与未审庭的陈姐及书记员小赵一同驱车前往都结乡送达应诉材料。

汽车在笔直的道路上飞驰着,一眼望去,蓝天白云围绕着山峰,仿佛置身于仙境一般。山上的树木郁郁葱葱,一片翠绿映入眼帘,我们贪婪地呼吸着这新鲜的空气。对生活于高楼大厦的我们来说,不由羡慕生活在这里、时刻享受大自然馈赠的人们。一路上,我们一边享受这清新的空气,一边谈论这里的风土人情。听着陈姐讲述早年到都结乡下乡时受到村民热情接待的经历,我们由衷赞叹都结人民的淳朴、热情与好客。谈笑之间,不知不觉就到达了目的地——都结乡上雕屯。

在村口等候的是陈姐的当事人,一起相邻纠纷案件的原告——一名中年妇女。因为邻居新建了一口烟囱,原告认为烟囱对着其阳台会造成污染,遂要求对方拆除该烟囱。双方为此事多次发生争吵,经乡司法所调解,仍未能妥善解决,为此,原告起诉至法院。原告将我们带到她家后,就迫不及待地罗列被告种种不是,言语之中透着深深的敌意,要求拆除烟囱的态度也非常坚决,丝毫不肯让步。很显然,原、被告之间的矛盾并非一朝一夕形成的,属于历史积怨,烟囱问题只是一个导火线,如果简单判决了事,势必会造成两家变成仇人。

为妥善处理这起邻里纠纷,我们在向原、被告双方送达材料的同时,当场测量原告房子与被告房子之间的距离,并观察烟囱走向,以初步判断烟囱对原告生活是否造成影响。此外,亦实地考察被告厨房内灶台的布局,研究烟囱是否可以改向等。经过实地勘察,对于烟囱是否影响原告生活以及应否予以拆除的问题,我们心中已经有了答案。但我们并非机械地按程序判决了事,而是倾听被告对此事的看法以及处理方式。被告对于原告阻挠其新建烟囱的行为非常不满,也感到非常委屈:按照村里习俗,烟囱都是建在房子后面,别人家的都可以建,唯独他家建的时候遭到原告的阻挠,原告纯属故意刁难。原本被告打算将烟囱延长至楼顶,但原告不同意,被告不得已停工,现原告竟将其告到法院,还扬言花10万元打官司,一定要告赢。原告欺人太甚,被告绝不退让。被告房子后面原来有条排水沟,被原告填掉了,现在只要到下雨天,雨水都冲湿被告的房子,如果法院强行拆除,被告将把原告告上法院,要求原告恢复被其填掉的水渠……被告的一番控诉,再次印证了之前判断的两家矛盾系历史积怨的事实。这起相邻纠纷,判决结果无非是强行拆除或者驳回原告的诉请,但无论是哪一个结果,均会导致原、被告矛盾的升级,无法平息纠纷。在此次情形下,唯有调解才能够修复原、被告的邻里关系,和谐化解相邻纠纷。为此,我们立即分别对原、被告开展调解工作。一方面,通过倾听双方诉求,从情、理、法等方面耐心劝导双方,平息双方激动的情绪;另一方面,找准利益平衡点,提出将烟囱改向、加高烟囱至屋顶等方案供双方选择。经过一个多小时的说服工作,双方初步同意由被告自行拆除烟囱外露部分,仅留洞口排烟。看到案件有调解成功的希望,我们大家会心一笑。此刻看了看时间,发现已然到了下班时间。虽延误了下班时间,影响中午休息,且都已饥肠辘辘,但我们都不觉得累,相反觉得很轻松,感觉自己做了一件有意义的事,内心特别坦然。

在回城的路上,想到早上的所见所闻,自己感慨颇深。随着经济的发展,农民的收入也随着增加,农民也越发注重住房条件的改善,房子变得越来越漂亮。但由于没有整体规划,村民或在原有旧房基础上翻建,或占用村屯道路、填埋排水沟等新建房屋,导致房屋之间空间狭窄,通行、排水、排污等问题日益突出,村民邻里关系变得日趋紧张,加上历史积怨以及日常生活琐事的争吵,导致矛盾不断升级,矛盾纠纷难以自行调和,当事人只能通过诉讼解决。这些案件的共同特点是极易引发群体性纠纷。因此,我们在处理这些纠纷时,不能机械办案,应尽可能地促成当事人达成调解协议,以便和谐化解矛盾纠纷,确保邻里关系和谐相处。

蓝天白云、绿水青山、鸟语花香是大自然的馈赠,而融洽和谐的邻里关系及团结互助的农村新风尚,需要我们法律人通过案件审理加以宣传、支持、引导。我们任重而道远。

一次特殊的庭审

邕宁区人民法院　曾春蝶

2014年6月24日,南宁市邕宁区法院巡回法庭来到辖区内的中和乡中和社区祥旦坡小学,在该校篮球场开庭审理了一起相邻通行纠纷案件。我作为该案书记员记录了该案的庭审过程。当着几百号旁听人员,露天进行的这次开庭,对我来说,是一次特殊的庭审,感触良多。

上午8时许,细雨刚停,承办法官、书记员及随行法警等人员到办公室汇合后,带上笔和笔录纸、印泥、笔记本电脑、打印机等大件小件基本办公用品出发了。大家一路上享受着雨后乡村道路上清新的空气,同时都在祈祷老天爷不要继续下雨,以免影响巡回法庭开庭。当我们到达预定的开庭地点祥旦坡卫生室时,中和社区的一名干部对我们说,由于请求参加旁听的村民太多,卫生室办公室及室外场地无法容纳那么多人,希望法院到祥旦坡小学的篮球场进行开庭,也算是为村民们上一次法制课了。我们欣然同意,并迅速往篮球场转移。篮球场上已经挤满了前来旁听庭审的几百号村民。看到我们来了,他们中的一些青壮年还主动帮忙摆放法官、书记员及双方当事人和代理人在庭审中要坐的桌椅和要用的其他办公设备。

很快,设备和桌椅摆放整齐了。审判员、书记员、原被告及代理人的台牌相应摆放好,一个简单而又完备的露天小法庭呈现在村民面前。我起立宣布法庭规则和法庭纪律,略显热闹的人群顿时安静下来。法官宣布开庭。原告是一名将近80岁的老人,被告也已年逾60周岁,两人都不善于用普通话表达。为了使当事人能充分行使诉讼权利和流畅表达自己的意愿,也为了庭审顺利进行,在征得双方当事人同意后,法官使用南宁白话组织庭审,当事人也用南宁白话陈述庭审意见。原告没有委托律师或法律工作者参加诉讼,对庭审程序不甚了解,法官适时予以释明与引导。原告陈述诉讼请求、被告答辩、双方围绕争议焦点举证、质证……庭审各个环节相当顺利地进行着。几百名村民聚精会神地旁听着庭审,没有人插话,也没有突然响起的手机铃声,庭审没有因为旁听人数众多而受到任何影响。

到了法庭辩论阶段,原本有点阴沉的天气晴朗起来,太阳出来了,热辣辣的阳光直照在我们每个人身上、脸上。考虑到原、被告均为老人,为了避免他们被晒受热影响身体健康,法庭准许他们的亲属分别为他们送上遮阳伞。部分旁听人员移到球场旁的大树下,拿出蒲葵扇一边扇风一边继续听双方当事人激辩。不久之后,我额头上冒出的汗珠顺着脸颊留下来,后背的衣服也渐渐被汗水浸湿了。但是,当事人正在激烈辩论,我来不及擦一把汗,快速地敲打着键盘……双方的争执坚持到了最后,谁也没有让步,原告坚持诉讼请求,被告请求法庭驳回原告的诉请。在法庭调解阶段,法官动之以情、晓之以理,对原、被告说:“根据庭审查明的事实,原、被告既是邻居,也是远房堂兄弟关系。现在因为双方相邻房屋之间的通道产生了纠纷,希望双方本着互谅互让的原则,在自愿、合法的基础上协商解决纠纷。不要让一条通道成为邻居和兄弟情谊的鸿沟……”由于原、被告当庭陈述的调解意见分歧较大,法庭当庭组织调解未能成功。法官告知双方庭后可以继续调解,随后宣布休庭。

双方当事人在核对签字时均对法官和书记员表示感谢,连说:“你们辛苦了!”旁听人员大多数意犹未尽,在我整理笔录及当事人核对笔录、签字期间,久久不愿离去,还有人展开了谈论。当事人签字完毕,我穿过人群往停车的方向走时,听到有人说:“原来开庭是这样的,在法官眼中,原告、被告是平等的,谁都可以说话。只是要按庭审顺序轮流进行。要说事实、讲道理,还得摆证据……”又有一个说:“法院迁就和方便我们村民和老人,不辞劳苦地跑到这里来晒着太阳开庭,真不容易……”还有一个搭话了:“法官调解时说,不要让一条通道成为邻居和兄弟情谊的鸿沟。这句话说到点子上了,都是邻居和兄弟,能协商解决纠纷多好啊!希望咱们村以后不要再出现这样的纠纷,不要有兄弟邻里闹上法庭……”

我们上车离开前,社区干部过来道别,连称佩服我们顶着太阳暴晒坚持庭审,同时感谢我们既方便了案件当事人,也为村民们带来了一场生动的法制课。

车子启动,我们回程。跟平时坐在室内法庭吹着空调开庭相比,这次到乡下晒着太阳进行的巡回庭审多少显得艰辛，脸和胳膊被晒黑了。然而，今天的经历让我有了切身的体会和感悟。巡回审判是个很好的工作方法，开一个庭就能教育一大片，能获得很好的社会效果。基层群众对法律是尊重的，对法官是信任的，从他们认真专注旁听庭审的整个过程就能看出来。能亲历这样特殊的庭审，我觉得很值！

小法官的工作感悟

青秀区人民法院　林　滢

许久没有像今晚这样，放下手中的案卷，独自一人在院里漫步，仰望月朗星稀，看着车水马龙，听着虫林鸣叫，身上的压力忽然得到完全的释放，思绪被拉到五年前……

预备法官培训班结业后，刚踏进法院的我，如此憧憬着这般美好：对视之间，早已洞察案情；谈笑之间，早已冰释前嫌；落款处，公平正义早已得到伸张。回归到现实工作中，法官并非如此洒脱！

经验不足，当事人签收送达回证不合法，需要重新送达；由于紧张，庭审中语言表达不畅、庭审驾驭不够；粗心马虎，原被告的基本情况未列正确，庭长将判决书一改再改……工作一团糟。我简直无法想象庭长是如何面对像我这样毛手毛脚的新手了。每当我遇到困难，向庭长寻求帮助指导的时候，作为全区法院办案标兵的她，总能和风细雨地给我解答，化解我心头的疑虑，一一指出需要注意的审判要点和难点。“宝剑锋从磨砺出，梅花香自苦寒来。”渐渐地，在庭长柔中带刚、刚柔并济的办案风格影响下，我粗心毛糙的性格也逐渐磨练成为细致缜密的风格。

办案开始上手后，我怀揣满腹热情和十足的动力，全身心地投入到工作中，享受着“法官”这一称呼。买卖合同纠纷、承揽合同纠纷、借贷纠纷……都一一被我化解。当事人一句简单的致谢，一个热情的握手，一张满意的笑脸，都足以让我兴奋半天，恨不得每天再多开几个庭、多写几份调解书。

然而，荷花总有出泥日。随着司法体制改革的深化，堆积在桌上的案件从小砖头变成小山头，审判系统中未结案件由个位数变成三位数，总有写不完的判决书，办案压力越来越大。面对着彷徨、迷茫、烦乱的负面因素，若淡然处之，持之以恒地坚持理想，定能华丽转身；若信念不定、思想混乱，将会一错再错。

终于领悟到，作为一名法官的不易：要不断学习新的法律知识，才能适应群众日益增长的司法需求；要熟悉当地的风土人情，才能在解决矛盾纠纷中积累群众工作的经验；要向先进法官学习，吸收他们成功经验……

人们常说："法官是刀尖上的舞者。"虽然法官之路肯定会布满荆棘、充满坎坷，但是扪心自问，这条路既然已经选择了，路上充满挑战，同样有缤纷的彩虹，更能遇到更好的自己。

不知不觉，我已经快走到家门口了。皎洁的月光照亮了我前方的路，我想，法官之路，是理性之路、公正之路，能够净化、美化心灵，能够指引迷途的心灵回家。所以，我坚持走这条让心灵回家的路。

以移山之志忠诚履职

——谈谈如何做合格法官

江南区人民法院　李华思

社会主义法治社会的法官,在原有语意下被赋予新的内涵。法官作为国家机关工作人员,是依法行使国家审判权的人员,肩负着国家赋予的重要使命。法官在庭审中的基本职责是查清案件事实,正确适用法律,作出合理裁判;更深层次的职责是定分止争,维护社会公平正义。法官是公正、独立、中立的司法审判人员,是是非纷争的裁决者,法律运行的实践者,公平正义的维护者,法治文化的传播者。在国家赋予了法官强大的权力和艰巨的任务同时,做合格法官,提高职业素养,维护法官良好形象,对于党团结带领人民进行具有新的历史特点的伟大斗争,坚持和发展中国特色社会主义,改革和推进社会主义法治建设,具有十分重要的意义。

做合格法官须有坚定的职业信仰

习近平同志一再强调领导干部的理想信念这一精神之“钙”问题,对于法官来说,加强党性修养,坚定理想信念,是从思想上解决社会主义法治社会司法目标价值定位的基础和前提,是每个法官终生的“必修课”。党性是共产党员的立身之本,没有党性的人不会是一个真正的共产党员;党性不强或党性不纯的人也不可能成为一名合格的法官。法官这个职业,一方面欠缺丰厚的经济报酬和生活的安稳舒适,另一方面还要经常面临超负荷的工作压力和超常人的道德要求,唯有树立起坚定的理想信念才能支起公平正义的事业坐标,才能在“司法为民”这条路上走得长远。崇高的理想信念对法官来说如高山仰止,它让法官的内心变得强大,在面对疲惫和挫折之时能迅速调整,在面对诱惑和抉择之时能把握住方向；理想信念对法官来说是动力源泉，它让内心变得坚定，在面对困难和失意之时能重拾希望，在面对倦怠和沮丧之时依然能迎头奋进。

做合格法官须将司法核心价值观的基本要求内化于心、外化于行

邹碧华同志曾说："法官的责任意味着什么？我认为它首先意味职业价值观。"一个人只有拥有了法官的价值观，才会对这个职业的价值目标有深刻的体认。2010 年 3 月 11 日，最高人民法院院长、中国首席大法官王胜俊在第十一届全国人民代表大会第三次会议上庄严地提出了新时期人民法官共同遵奉的核心价值观：公正、廉洁、为民，从而为社会主义核心价值观体系增添了崭新的内容。

为民。做合格法官，就要求法官牢牢把握司法核心价值观的根本宗旨，在司法活动中以人为本，在司法工作制度、原则、方法、措施上广泛推行或体现便民利民、亲民爱民的价值追求。法官应当在思想意识和具体行动中发挥能动作用，以维护好发展好群众的根本利益为出发点落脚点，将为民理念体现在立案、审判、执行等法院工作的各个环节中，尽量方便群众，减轻群众诉累，增强服务意识，取信于民，使老百姓以看得见摸得着的方式切切实实地感受到司法核心价值观。

公正。"法者，平之如水。"法官的不偏不倚、公正严明体现在三个层面：首先是遵守宪法和法律，平等对待各方当事人；其次，在法律适用过程中，应当存在精雕细琢，精益求精的一种理念，将其情怀、其态度、其信念倾注于手中的案件；最后，着重培养和树立法官对职业的敬畏、对工作的执着、对案件和当事人负责的态度。这种对审判工作痴迷的精神和态度，正体现一名合格法官在司法事业中对公平正义的究极追求。

廉洁。《礼记·大学》曾有记载："物格而后知至，知至而后意诚，意诚而后心正，心正而后身修，身修而后家齐，家齐而后国治，国治而后天下平。"一名合格法官应当手握戒尺，心存敬畏，修身律己。不管是在对待当事人的态度上面、在庭审规程的礼仪上，还是在审判过程中的程序和实体问题上，法官

都应该时时处处铭记一名法官的形象不仅代表其个人，更代表司法公信力，任何贪污受贿、买卖人情、以权谋私的情况都可能导致全社会对法治信仰的轰塌。

做合格法官应具备强大的职业担当

仅仅有明确的职业价值目标还不够，做合格法官还要脚踏实地从自身努力实现司法的价值目标。如移山不可一蹴而就，当从点滴做起，从细微做起。积每一行之廉、积每一民之仁、积每一友之义、积每一谋之智，不断强化自身能力和水平，从而取得人民群众的信任。

敢为，做新时代紧跟时代步伐的积极进取型法官。我国社会处于转型期，深化各项改革、推进司法改革需要法官有积极竞争的意识，做与时俱进的积极进取型法官。勇于承担案件任务，敢于承担法官责任，是合格法官的题中应有之义；在司法改革中，不断探索和勇于参与到司法改革工作中，与时俱进、开拓创新，对改革面临的法院职能定位、法官员额、权力运行、责任追究、人员分类管理等棘手问题进行调查研究，抱着一切为了人民法院事业的长远发展的目的去啃下一个又一个“硬骨头”，更是合格法官的内在要求。

能为，做孜孜不倦求知学习型法官。法学作为社会科学，法律的适用技术不可能一蹴而就，理论指导实践的技能需要法官在不断学习和总结中提高。在法治本土化进程中，在社会经济发展转型时期，旧有沉疴弊病及突出矛盾导致各种新类型案件层出不穷，前有“法治燃灯者”邹碧华同志，二十年如一日持续不断在丰富着自己的研究成果，他常讲：“对法官来说，积累是一种过程，而多看书才能培育理论素养。”后来者认识到，只有孜孜不倦的学习才能让法官具有广博的知识、开阔的视野。书本之外，向群众学习也是法官在司法活动中贯彻党的群众路线教育实践活动要求的主要体现。只有不断总结学习提高，将群众对于社会生活的宝贵经验转化为司法实践的法学方法论，才能真正将法治理论与司法实践相结合，更好地服务经济社会发展大局。

善为，做能有效化解矛盾纠纷的务实型法官。“心心在一艺，其艺必工；心心在一职，其职必举。”法官的职业担当对于调动司法能动性、深化审判方式改革、裁判文书改革和执行方式改革都具有重大现实意义。集法官群智群力引入的各项改革措施如案前介入调解；圆桌审判、网上审判；判后释明，如在判决书后附加温馨提示，判决后的帮教跟踪；做好案件评审和错案排查机制；简化诉讼程序，降低诉讼成本，提高诉讼效率，开通法律援助和法律救济绿色通道；建立诉调对接机制；设立便民电话，方便群众诉讼；加强法官业务素质培训等，都是法官为提高办案质量、办案效率和办案水平，有效化解矛盾纠纷的有效途径和手段，凝结着法官的汗水和智慧的结晶。

有为，做推进社会主义法治进程的创新开拓型法官。锐意进取，创新求真是新时代法官的显著标志。在传统社会管理模式存在诸多与国情不适应的情况下，人民法院法官积极主动参与社会管理创新，及时更新司法理念，创新审判执行方式，在法律明显存在滞后、缺漏和相互矛盾等问题时，运用司法实践技巧弥补法律缺陷，是时代的需求，也是一名合格法官的必备技能。一名合格法官还应当锻炼和提高开展司法宣传的能力，要能够通过巡回审理、法律咨询、送法下乡等形式进行法制宣传，扩大加深公众及当事人对法律和诉讼知识的了解，扩大裁判在社会公众和当事人中的可接受度，促进服判息诉，引导社会公众自觉遵守法律、法规和政策，教育引导人们依法办事、依规诉讼，增强人民的法律意识，预防违法犯罪，推动社会管理创新。

一名合格法官毕生所追求的法治事业好似愚公移山，以志坚不在表象，虽似愚实则智慧，不畏艰难更有克难之效；志坚不在山高，着眼于细微之处，累积点滴方是制胜之道；志坚不在眼下，一时之志实为勇，长久之志方可坚而不摧。

岁月的感悟

江南区人民法院　蓝　彬

时光荏苒,转眼踏入法院已是20个年头。20年如履薄冰,感受了2000多个案件中的众生百态,收获的不仅是白发,更多的是历练。而最让我感动且惶恐不安的是组织赋予我的许多荣誉。这些荣誉,既让我感到光荣,又由衷地惭愧。我和同事们打拼在一起,大家都一样付出了努力,荣誉和光环给予了我,意味着很多同事把无声的工作和默默无闻的奉献承担起来。我是一名法官,更是团队的一员,每一个法官都在独奏,但我们更应该追求法官队伍的合奏,在各自的岗位上弹奏出一部法官的交响乐。

多年的审判实践,让我深深体会到,做好一名法官,我们需要做到十二个字:一是方向,必须始终坚持党的领导,坚持党的各项路线方针政策不动摇,坚决贯彻落实"公正司法,一心为民"的指导方针,公正高效地行使审判权,维护最广大人民群众的合法权益。二是,信仰。法律信仰是支持我们搞好事业的精神动力,更是保证我们国家成为法治国家的基本精神力量。在当前司法改革的大氛围中,有人丢盔弃甲,有人惶惶不安,有人充满期待,只有心中坚持法律信仰,才能抛弃计较,坚定前行。三是,智慧,社会转型时期,许多纠纷都不是纯粹的法律纠纷,只有将法律和政策结合起来才能妥善地予以解决,我们不仅要善于从案件中研究案件,还要善于从案件之外、案件之上多角度分析思考问题,透过案卷看民生、民主、民权问题,这就必然要求法官不仅要有知识,而且要有运用知识的能力即智慧。四是良知,法官审理案件的过程,实质是一个道德选择的过程。我们在职业生涯中,只有敢于对着镜子、对得起自己的良心,经得起道德的拷问,才能最终对当事人、对社会有一个满意的交代。五是责任,案件无小事,百姓利益无小事,小小的一纸判决,承载着正确解释法律、充分宣示正义、合理判定冲突的重要功能,我们必须要摆事实、讲道理、明法理、掂轻重,对自己的工作有强烈的事业心和责任感,勤勉敬业,才能为社会和谐留下完美的句号。六是经验,我们不但应该是精通法律的专家,也应该是具有丰富社会生活经验、通晓人情世故的练达之人。从我国国情出发,我们必须在案件的审理中兼顾法律效果和社会效果,并最大限度地实现两者的统一。

选择了法官,我们就必须不负重托、不辱使命,以昂扬的斗志、饱满的精神,努力工作,为我市的法制建设和人民法院的审判事业贡献应有的力量,奏响法官队伍的新篇章!

深化司法体制改革　做人民合格法官

南宁市中级人民法院　余家丞

2014 年 12 月 10 日，邹碧华同志将自己的生命永远地定格在了年轻的 47 岁，他放下了他一直奋战到生命最后一刻的工作。他的离开不是结束的悲鸣，他的英灵依然盘旋在这片司法改革的天空；他的精神幻化为冲锋的号角，激励着我们勇于担当，指引着我们砥砺前行；最高人民法院追授邹碧华为“全国模范法官”；中宣部称他是“时代楷模”；《人民日报》把他比喻为“燃灯者”——燃烧自己，不求回报；习近平总书记呼吁广大党员干部特别是政法干部以邹碧华为榜样。他的坚定信念、忠诚敬业、坚守法治、锐意进取、勇于创新、乐于奉献掷地有声，深深地打动了这个法制时代，回响在中国大地。邹碧华不是个案，而是这个时代众多优秀法治工作者的代表，全国各地涌现了许多优秀法官、优秀律师、优秀法学，他们都在为建设中国特色社会主义法治呕心沥血，他们让我们清楚地看到这座延绵万里的血肉城墙仍在构筑。

至 20 世纪 80 年代开始的司法改革，现已进入第三轮重点深化阶段，此时此刻，作为一名法院的年轻政法干警我是激动的，我们踏着前人砌筑的高墙在为更远的路添砖加瓦，我为将来能成为一名法官而心中暗自骄傲。

时代对法官的要求是一个动态的标准，党的十八届三中全会明确指出深化司法体制改革的目标，即加快建设公正高效权威的社会司法制度，维护人民权益，让人民群众在每一个司法案件中感受到公平正义。所以在深化司法体制改革阶段，做一个“合格的法官”除了要拥护司法改革外，第一要务就是使自己符合深化司法体制改革的总体目标要求。“让人民群众在每一个司法个案中感受到公平正义”是司法体制改革的外在反映，是改革的实际社会效果，之于法官个人，秉持公正、高效、庄重威严、司法为民，让公民感受到的法律权威，则是法官司法素质的流露。所谓公正，就是公平正义，是法的最核心价值，柏拉图曾说：“正义是智慧和善，不正义是愚昧和恶。”西塞罗则指出：

"正义的源头在于法律,因为法律是自然的力量;法律是聪明人的智慧和理性,是衡量正义和不正义的尺度。"所以要追求正义的真善美,忠于宪法和法律是基本要求。19世纪英国政治家威廉·格拉德斯通说"迟到的正义是非正义",剖析了正义是受到一定时空条件的限制的,兼顾效率的正义才是法治社会追求的公正,所以要求我们公正与高效兼顾。中国是实行民主集中制的社会主义国家,国家权力来自人民,国家法律即是人民的法律,维护人民权益必然也是法治中国的根本价值追求,把人民利益作为司法体制改革的出发点与落脚点也是对司法工作者提出的基本要求。

现阶段深化司法体制改革的目标要求我们要做一个公正的法官,宪法和法律是我们必须唯一忠实的执业圣经。作为一个司法工作者,我们的本职工作意义就在于执行法律对社会的评价标准,"有法必依,执法必严,违法必究"已经形成法律人的共识,一切的执法行为应当在法律的框架内,任何人不得凌驾于法律之上。我们在恪守社会主义法治理念的同时还应当注意到,法院作为国家的司法机器,应当表现出自己应有的秩序性,这种秩序性的规范就是纪律。法官队伍建设是深化司法体制改革的必由之路,作为一名合格的法官,我们应当竭尽所能把纪律挺到队伍建设的首要位置,忠于法律,并以高于法律的标准严于律己,严格遵守党纪党规,端正作风,坚持以共产党为领导的队伍廉政建设,反对腐败,反对官僚,反对奢靡,把法官队伍建设成一支道德楷模的部队。

现阶段深化司法体制改革的目标要求我们要做一个高效的法官,专业素质和工作方法必须常做常新。随着世界多极化、经济全球化深入发展,文化多样化、社会信息化持续推进,我国进入了经济社会转型的关键期和深层次矛盾凸显的敏感期,产业结构转型是新经济环境下中国面临的机遇和挑战。保持经济快速、稳定的发展,谋求中国经济能在"弯道超车",法律作为上层建筑要为经济发展保驾护航。司法应变经济快速发展的同时,法官面临的执法环境也在日新月异,在新经济形式下,一个合格的法官应当不断提高自己的专业素质,及时学习新法新规,积极更新办案方式,勇于探索、创新,利用好信息化新科技,适应好飞速发展的中国发展新形势。但为了效率而放弃程序正义是竭泽而渔、饮鸩止渴,我们应当在程序合法的前提下提高效率,追求节约司法资源。

现阶段深化司法体制改革的目标要求我们做一个心系群众的法官，一切以人民群众的根本利益为出发点，围绕人民群众的根本利益，切实维护好、满足好、处理好人民群众的利益问题。在中国封建时期，地方的行政长官，也负责地方司法审判事务，数千年的中国文化把司法长官与行政长官紧密地联系在了一起，所以法官在人民群众的眼里也是个“官”。作为一个“官”，法官应在司法领域身负官责，我们应当以百姓父母官的心态管理他们的司法事务。具体到我们每一个法官自身上来，我们应该对我们负责的个案提高积极性，在每个案件的当事人眼里，我们就是他们直面的公正，我们就是他们接触到的法治中国。所以提高办案积极性是执法为民的应有之义，而做到这一点，除了刚正不阿、一视同仁外，我们还应当给予当事人一种法律的人文关怀。具体来说，当事人往往不熟悉法律，对法院内部的流程和要求更是了解甚微，那么作为一名合格的法官，我们应当主动向当事人提示办案流程，反馈办案进度，讲解办案程序，让当事人有“官”可告，有“官”可靠。在诉讼中注意保护弱势一方的诉讼权利，诉讼当事人或犯罪嫌疑人的基本人权，体会、谅解当事人急躁的心态，设身处地，循循善诱。

现阶段深化司法体制改革的目标要求我们做一个庄重威严的法官，勇于对歪风邪气亮剑，不吝于对人民群众说理，欣然接受他人监督。近年来，群众对司法不公的意见比较集中，反应强烈的原因一方面是人民群众的权利意识、法律意识不断增强，一方面也源自于社会监督的力度、深度加强，网络信息传播进一步加快。不论如何，我们要意识到我们的司法是被无数双雪亮的眼睛注视的司法，其投射的阳光创造了一个无菌的司法环境：在阳光下，我们只需要站直身子，影子自然端正肃然，我们只需要秉公执法，任何软硬暴力都会百毒不侵；与此同时阳光也把司法中的瑕疵曝露出来，对我们政法干警提出了更高的要求：面对阳光，我们自身要经得起监督，自身技术要过硬，还要勇于直面阳光的火辣。新时代阳光司法要求我们要不骄不躁，不卑不亢，能用法律、法理解释每一个案件，并将之投入社会的目光中检验，经受得起群众的质疑，在每一个个案中彰显司法公正。只有这样，人民群众才能对案件产生认同，对法官职业产生认同，对中国法治产生认同。

现阶段深化司法体制改革的目标要求我们做一个积极参与中央深化司法体制改革的法官,优化自身素质的同时,要积极配合改革工作,为司改减少阻力。为推进深化司法体制改革,全国各地正在紧锣密鼓地展开试点工作,北上广深等一线城市已完成试点工作计划,正在推行试点司改。观察司改试点城市不难发现,司改措施最难推进的无疑是涉及司法干警切身利益的举措上,如果一个法官自身拥有了高素质,却不能为国家法治发展添砖加瓦,甚至成为阻力,他也不算是一名合格的法官。"文革"以后,我国法制建设得到慢慢复苏,司法体制改革至今已进入前所未有的重点深入阶段,我们作为新时代下司法改革的法官,更应把司法改革的脚步传承下去,甚至需要加快节奏,毕竟改革的春天已被期待太久。

总结而言,现阶段的司法体制改革要求一个合格的法官应该能够内外兼修,内修法律内功,外修语重心长,经得起监督,受得了"阳光",做好自己本职工作的同时提高工作积极性,更好地将自己投身于深化司法体制改革的浪潮中,严于律己、不骄不躁,做好中国法治的一滴水,汇与司改长河之中,激流勇进。

知行合一，勇于担当

——做一名合格法官

南宁市中级人民法院　李姝雯

今年抓细抓实开展的"两学一做"学习教育,是"面向全体党员深化党内教育的重要实践",要积极巩固拓展"三严三实"专题教育成果,并深化党的群众路线教育实践。领导高度重视新形势下优秀法官的技能与担当。19日,我们通过最高人民法院视频会议的形式听取了福建芗城区人民法院先进人物黄志丽同志的事迹,获益匪浅、感悟颇深。在普通的岗位上兢兢业业干一阵是小事、干一辈子是大事,而黄法官就是这样全心全意为当事人排忧解难、调处纠纷、化解矛盾的,她用自己的实际行动诠释法治理念,是我们学习的榜样、前进的标杆、行动的指南。黄志丽以自己的行动告诉我们要勇于担当、敢于作为,在工作、学习和社会生活中起先锋模范作用。

伴随司法改革的浪潮,我们从学校毕业考入法院系统,一方面圆满了儿时的梦想,另一方面也是肩负使命的开端。离开象牙塔,我们必须尽快成长起来,学会勇敢、敢于独当一面。在迷茫期,我们不仅仅需要先进模范的指引,更需要紧跟司法改革大旗,坚定信念、严守纪律。

为了做到学用结合、知行合一,我利用业余时间拜读了《法官如何思考》这本书,借此角色转换之际,给初出茅庐的我对法官这个职业一个宏观的理解与感悟。这本书是我国著名法学家苏力翻译的理查德·波斯纳的著作,书中作者以法官的视角来审视法官这个群体、群体中的个人以及如何使群体中的人与制度相匹配、相呼应。同时,作者将英美法系中典型国家法官体制的构成、法院职能分工以及法官的选任遴选制度等作了详细的阐述与论证。正如苏力所说:"法官首先不是自助售货机,是而且必须是有利益追求、兴趣爱好、性格特点和能动性的人,他们在司法中不可能仅仅消极适用法律,尽管法官独立,法官仍然受制于具体的司法制度。”苏力认为:“波斯纳的这一研究因此也就与中国过去30年来,特别是过去10年来的司法改革、有关司法改革的论著联系起来了,使我们可以更强有力的凸显思考、讨论和改革中国司法时无法回避的中国因素,有助于中国司法的有效改革,推动中国法学研究的深入和务实。”结合这本书的知识,我们更加能够理解依法治国大环境下司法改革的重要性,也更能清晰地看到我们年青一代肩负的使命,更加敢于探索,更加勇于担当。

改革即是变化,它意味着权力的重新调整、利益的重新分配,也意味着观念和习惯的改变。司法改革提出了“实行立案登记制”“全面推进审判公开”“推进法律文书说理改革”等一系列的改革措施,这无疑对法官的履职能力提出了更高的要求。

司法改革“让审理者裁判,由裁判者负责”,法官的独立性空前增强,责任也将更大。过硬的法律素养将成为检验我们真功夫的试金石,提升法律素养,我们要注重对法律知识的学习和更新。随着我国法制化进程的不断深化,新法相继出台,旧法不断修订,法官作为这些法律条文的践行者,更要树立工作学习化、学习终身化的理念,不断更新法律知识储备,优化法律知识结构,树立正确的法律观念。逆境顺境看襟度,大事难事看担当。

目前,司法改革与在立案大厅工作的我,关系最密切的当属改立案审查制为立案登记制。立案登记制实施近一年时间成果显著,它要求对人民法院依法应该受理的案件,做到有案必立、有诉必理,保障当事人的诉权,加大对虚假诉讼、恶意诉讼、无理缠诉行为的惩治力度。立案登记制改变以往立案审查制度对法院对当事人起诉的审查尺度不一,甚至进行实质审查的弊端。因此,我们要顺应司法改革的发展方向,培养自己为群众指引服务的能力、与到访者良好的沟通能力、应变突发事件的能力,能力体现着智慧,更塑造着形象。

在司法改革的大背景下,年轻人要不辱使命、不忘初衷、坚定信念,烧水担柴、禅在其中。我们应当从一点一滴做起,不断提高自己的工作水平与能力,在资深法官的带领和熏陶下,传承中院的良好工作作风,传承老法官身上独特的办事经验,从而使自己真正成为适应未来审判工作需要的专业人才,能担当、敢担当。

谢屋村的苦瓜成熟了

兴宁区人民法院　罗欧阳

前方，五塘镇谢屋村，已然映入眼帘。

还是熟悉的热情，还是一股脑的释怀，我走进了这片满是苦瓜的海洋。

干了这碗“族老”递上的水酒，已是几分微醉。趁着些许清醒，我撒欢般地跑向往路边，就是想多看看这满眼苦瓜。

谢屋村的苦瓜是很有灵气的，它滋润着西云江水库的水，已然密密麻麻。

对着办公室，正是一片苦瓜园子。

于是，在谢屋村精准扶贫的这段时间，闲暇时的我随手就搬张凳子坐下，见证苦瓜的成长。

——临冬，略显肃萎，即使是失去了绿叶，但还是使劲向下，用日渐粗壮的根系牢牢吸住脚下的红土。

——归春，借助蔓藤，约明约暗的嫩茎微微探出头后，便使劲向四周生长，愈发地粗壮。

——入夏，粗藤上长出了果实。这果实先是嫩里一点红，后就成了饱满的油绿。

——如今，苦瓜的长势越来越好。满园沉甸甸的果实，已然装点出丰收的盛景。

我突然联想到成长，犹如这片红土地上的苦瓜，自己何不向下接气，何不向前延伸，何不向上突破。

走出校园已然四年，虽小有成就，但更多的是不足与差距，也需进取，更需涅槃。

精准扶贫，短短半年，付出多，收获更多：

从“键盘法官”到“泥腿法官”，逐一走访贫困家庭，深入探查每家所耕种土地和家庭收支情况。

坚持法治下乡和巡回审判相结合，“族老”在法庭上的“敲边鼓”化干戈为玉帛，让发展软环境的优化助推谢屋村苦瓜产业的发展。

从村头大路延伸到田间地头，电动小三轮飞驰在新修的水泥硬化路上拉着刚采摘下的苦瓜畅通无阻，打通着谢屋村民致富路上的最后一公里。

谢屋村的苦瓜熟了，就如自己，经过半年的辛勤耕耘，又获得了丰收。

谢屋村的苦瓜成熟了，我也愿自己如苦瓜一样扎根基层，适应更快，成长更好。

谢屋村的苦瓜成熟了，我对未来的憧憬，也会如这满园的苦瓜一样，繁花似锦。

幸福的生活方式

把读书当成一种生活方式

南宁市中级人民法院　周　腾

今天参加座谈会,听了大家的发言很受教育与启发。有一点同志们的感受是一样的,即读书是一件让令人愉悦的事。借此机会,也想和大家分享自己的学习体会和读书心得。

把读书作为一种生活方式,是中院党组开展"争创学习型法院,争当智慧型法官"的"读书与思考"活动的本意,旨在倡导法官读思合一。在常态社会和民主法治的现代国家里,法官应当是社会精英的一份子。所谓"精英"体现何在?我想最重要的不仅是对法律专业知识的掌握及职业技能的专精程度,最重要也最核心的还是文化及其所代表的价值。作为一名法官,如果文化内涵丰富、价值高,代表着社会发展的先进方向,那才具有了被称为社会精英的资格。为培养我们法官都具有这种精神特质,很重要的手段就是提倡阅读。这里用的是阅读而不是读书,其中有讲究。刚才很多同志讲了读好书,多读书,但有些不太好的书也得读。只要站在正确的立场,用正确的观点去剖析,从中也能引发更全面的思考进而得到启示。比如马克思是对世界历史发展产生了巨大影响的德国人,但我 2003 年参加检察机关培训班在德国学习期间接触过的德国人,包括服务的司机、接待的检察官,闲聊时问起谁是最著名的德国人,大多回答是希特勒!这样一个二战元凶为什么在德国至今仍有这么大的影响力?要了解这个问题不妨看看他的《我的奋斗》。我没有读过中译全本,只看了书介书评,感觉他鼓吹的国家社会主义主张,对于一战后魏玛社会内政外交窘境下的德国民众还是很有吸引力和麻痹作用的。也就是说希特勒的思想有一定的社会基础,当时的德国存在酝酿法西斯主义的合适土壤。再比如,学习中国革命史一般都是读经过官方审定的教材或领导同志的文章、讲话和回忆录,这当然是历史真实的主流。但还有一套被称为"灰皮书"的"现代稀见史料书系",其中有王明的《中共五十年》、张国焘的《我的回忆》,有机会看看可以帮助了解党内斗争的真实面貌,加深对正确路线在千锤百炼中最终形成的认识,从而更加坚定自己的信仰。所以我说读好书,但并不反对读些不好的书,就当是反面教材吧!当然,读好书也可以理解为“把书读好”,侧重点落在“读好”上,那么也就包括读各式各样的书了。

我个人认为,通过读书与思考来提升法官的精神特质有两个作用:一个是培养大众情怀或曰平民情怀。通过博览群书,广泛涉猎、增长见识,可以培养包容、宽容和仁慈之心,富于平民的精神情怀。审判执行是一项社会性工作,法官在工作和学习中必须接触大量的人和事,需要非常的亲民,能够为大众所接受。人们要求你应当在精神与世俗表现上都符合主流道德规范。第二个作用就是提高精神境界。读书属于精神生活,最终的目的是让大家从普通人的心态或精神状态上升到更高的境界,即高贵的层次。在一个常态的社会,法官的心灵应该是高贵的,我相信我们绝大多数的法官精神生活也是高尚的。你的情怀可以大众平民,但是思想境界应该比一般的水准更高一些,而且两者要结合起来。从这点考虑,我个人认为必须要培养法官完整、健康的人格,也就是经常讲的要注意三个方面的加强:情商、智商、法商,三者不可或缺。过去更多的都是讲情商、智商,不太讲法商,但是法官要讲法商。在启动“读书与思考”活动仪式上推荐给大家的两本书,就比较好地融合了这三方面的内容。如从《信心与希望——温总理访谈实录》这本书,可以看出温总理是一个很有智慧的人。他的很多讲话很精彩,如“信心比黄金更重要”、“公平正义比太阳更有光辉”。当然也有大白话、大实话,夸柳州“山清水秀地干净”,但并无损于他的大智慧。总理在回答记者提问的时候,即便面对很尖锐的问题、很棘手的个体,也从不回避,而是非常真诚地回答。这是一个智商和情商都很高、也很温情的总理,他真诚地对待工作与生活、对待同事和老百姓,这从书里面可以看出来。另外一本书《中国如何练成软实力》,是法学家、法律名家谈法治在国家建设、民族振兴中的作用与地位。之所以推荐给大家,就是希望通过阅读此书进一步坚定法律信仰。法律信仰对法官很重要,我们现在面临着纷繁复杂的说法或曰思潮,不保持清醒极易动摇。改革开放至今三十多年,一些大是大非的争论又回到了原点,如关于法律科学化和人民性问题。从本质而言,司法的人民性和科学性相辅相成,不可分割。

但有一段时间,法学科研乃至司法实务部门有些同志脱离国情而热衷于空谈法治建设与国际接轨,片面强调法律科学化和普世价值,而忽视了我国现阶段社会主义法治的本质特征和基本国情、民情,进而导致司法实践出现了一些偏差,甚至走了一些弯路。目前最高人民法院更多的是强调“为人民司法,为大局服务”。有些同志就觉得风向变了,从一个极端走到另一个极端,误读为“人民法院判决要以人民满意为标准”。此等说法在宏观理解上并无不当,但生搬硬套在个案审判上难免失之偏颇,会在逻辑上误导出科学性和人民性不相融的错误结论。今年是党中央提出“依法治国”方略十一周年,这是我们改进党的领导、转变执政方式的重要发展方向,也是建立现代化发展中国家、实现民族振兴的必由之路。我们必须坚定这个信心,并且自觉地反映到日常工作和具体的案件办理当中。有些党政或外系统的领导爱强调“讲政治”、当政治家,多是不自觉地割裂了政治与法律的关系。在当今法治社会,仅仅强调政治显然是不够的,法律本身也是一种政治,是政治的特殊表现形式。因此,作为法官和其他工作人员一定要理直气壮地说法院就是要讲法律的地方,坚持《中华人民共和国宪法》和法律就是最大的政治。最近中院审委会讨论研究了一起五个农民涉嫌敲诈勒索的案件,该案被当地党政领导强调一定要当成“政治案”来办。现在案件起诉到法院,全体审判委员的意见还是严格坚持按照法律来评判,因为我们的判决不仅要严格依照现行法律规定,还要经得起历史的检验,还要接受社会舆论的监督。在司法实践中,无论是公安机关还是检察院、法院,都应当立足本职岗位为党政机关和领导同志提供准确的法律意见,而不能以“讲政治”来放弃责任,盲目地迁就缺乏法律支持的领导决策。只要法律信仰不动摇,就可以保持清醒的专业头脑、理性的执法思维,做好各方面的工作。因此,只要有机会我就会对一些党政领导讲:法院当然要讲法律,如果不讲法律那还是法院吗?党政领导与司法干部要相互学习,在涉及稳定大局的大是大非面前,法官要多讲政治,党政领导要多讲法律,这样就互补了。如果不读书,没有法律信仰,我看也就没有这样的智慧,推荐这些书的初衷即在于此。

至于读书与思考活动,我们想把它变成法官的自觉行动、变为一种生活习惯,这需要组织与个人的共同努力。作为党组织和中院的领导,会尽量给大家提供良好的读书学习的条件。首先,文化建设对培育法院和法官的良好精神风貌具有巨大的促进作用,通过组织读书活动还能从中发现人才。现在自上而下都十分重视文化建设,自治区高级法院还专门部署了“文化五室”的建设方案。建设“文化五室”只是外在形式,真的要提高文化水平,自觉的常态化的阅读更重要。读书不是任务,而是健康的生活方式,用于提升精神生活的质量;其次,读什么书的问题。前面也提到,如果有条件的话正反方面的书都可涉猎,这样有利于全面思维、独立思考。就个人而言,我读书的经历还是顺利的。读中小学的时候正值十年浩劫,不易接触外国文化作品,许多中国优秀文学作品也被打成了“大毒草”,可选择的书籍比较少。主要是鲁迅的作品,包括杂文、小说、《中国小说史略》等。其他偶然得到也多是私下传阅的小说,如所谓“三花”(《苦菜花》《迎春花》《山菊花》)、《青春之歌》《野火春风斗古城》《红日》《林海雪原》《烈火金刚》《三家村》、巴金的《家·春·秋》三部曲等等。外国的高尔基人生三部曲(《童年》《我的大学》《在人间》)、《高尔基中短篇小说选》《牛虻》《钢铁是怎样炼成的》这些也可以看。奥斯托洛夫斯基还有一本《钢铁是怎样炼成的》的姐妹篇《暴风雨中的骑兵师》等等,都是比较正面的。读高中以后,随着改革开放一些外国优秀书籍进入国内,如《大卫·柯波菲尔》《悲惨世界》《基度山伯爵》《堂吉诃德》《海上劳工》《莫泊桑短篇小说选》《莎士比亚戏剧故事集》以及勃朗特三姐妹的小说等。在恢复高考前后几年,新华书店都是城市人气最旺的场所,一旦有新书上架,书店里人声鼎沸排队抢购的场面,恐怕今后难得再见。那的确是一个特殊的历史时期,反映了思想文化长期被禁锢后,人们对知识渴求迸发的热情。当时书店、学校里常常可以看到“为中华崛起而读书”的标语,相信是大多数人读书的动机。当时开禁选的书非常严格,世界名著反映的主题都是正面的、积极的,现在想来是件好事。在少年时期,多一些英雄主义、爱国主义和集体主义的正面教育,对于引导建立正确的世界观、人生观、价值观有好处。上大学后,具备了较强的是非辨别能力,又恰好可以接触到更多的反映不同价值观的书籍。比如在读大学时,商务印书馆组织分辑刊行了“汉译世界学术名著丛书”,分为历史、哲学、法学等几个系列,我由此系统地读了孟德斯鸠、贝卡利亚、卢梭等法律名家著作。后来在四川大学进修研究生课程时对博登海默的书印象也很深。在这套丛书里最喜欢的还是伏尔泰的历史著作《路易十四时代》。此书大气磅礴,反映了法兰西政治、文艺、科技的盛世时代,但在奢华繁荣之后法国就开始走向大革命的前夜,以史为鉴,读罢抚卷,令人沉思。当然,尽信书不如无书,书中的观点并不见得全然正确,但彼时已学会独立思考,断不会人云亦云、盲目接受。由于所学专业方向,一度还很喜欢看推理小说和谍报方面的书籍:克里斯蒂娜系列、福尔摩斯系列、朱逢甲《间书》、理查德·迪肯各国《谍报史》系列、K. 辛普生《法医生涯四十年》、平托上校《我的反间谍生涯》、别尔金《刑事侦查学随笔》等等。有时阅读目的性不强,所谓"不求甚解"也有这个意思吧,只是感到能读自己喜欢的书真是快事!所以自认为读书生涯还是比较顺利,对身心的健康成长大有帮助。更幸运的是,自小我父母就给家里长期订阅大量的书报杂志,从《解放军报》《光明日报》《参考消息》到《大众电影》《连环画报》《读书》《诗刊》都有,所以至今我还能保持从读小学起养成的阅读和逛书店的习惯。参加工作后因时间关系,看的书只能是有选择性的了。很多文学作品难以一一拜读,就选有影响的如获得茅盾文学奖的来看,前几届的《东方》《李自成》《白鹿原》《穆斯林的葬礼》《尘埃落定》都看过,遗憾的是近年来都放弃了。此外,还喜欢看书评、随笔之类,因为文体夹述夹议、信息量大,可以在较短的阅读时间里了解很多知识、思想动态和人生哲理,如杜渐的《书海夜航》、陈原的《书林漫步》、丰子恺的《缘缘堂随笔集》、秦牧的《艺海拾贝》、邓拓的《燕山夜话》、钟叔河的《书前书后》、叶灵凤的《读书随笔》、张中行的《负喧琐话》、王小波的《我的精神家园》,乃至周作人的《知堂书话》和《知堂序跋》也都读得颇有趣味。我读书的兴趣比较广泛,但以文史、社科方面居多。2005 年即将从自治区检察院调到百色工作时,处里的同事问想要什么纪念品,我提出要一套《剑桥中国史》,他们觉得很自然,因为都知道我就是这样的人,过生日也有人给我送书作礼物。我还很喜欢看些美术鉴赏方面的文论。在文学方面,我认为作为中国人,应当具备起码的传统文化基因。因此,中国古代四大名著,还有什么"三言二拍"、《聊斋志异》《封神榜》《搜神记》《山海经》以及古代范文汇编《古文观止》之类都值得反复阅读。有文言文基础的话不妨适当了解"四书五经"等国学典籍。通过阅读古典文献,可以很好地了解中华传统文化，知晓传统社会道德标准、思想信仰、中国式智慧、人际关系、职（官）场潜规则、市井百态。汤显祖《元代戏剧选》里有很多案例，其中的判词写得颇具哲理智慧，相比现在的裁判文书有趣得多，这些我们都可以借鉴。还有外国名著，托尔斯泰、雨果、海明威、高尔基等等都是大文豪，读他们的作品有什么好处？这些名著是支撑西方文明的精华部分，通过阅读作品可以了解进而理解不同的文明、共同的人性。提到托尔斯泰，大家可能对《战争与和平》《安娜·卡列尼娜》《复活》比较熟悉，这些的确是伟大的作品。托翁之所以被称为世界的良心，除了前述小说折射出的人性光辉外，给我印象更深的是他一本车臣穆斯林题材的中篇小说《哈吉穆拉特》，作者以超越宗教、文化和种族的精神境界描述了一位受到外族强权和本族对手挤压的悲剧英雄，由此对车臣人民的苦难给予了深切的同情。这与另一位俄国文学大师、诗人普希金形成鲜明对比——在普氏的作品中，车臣人往往是以邪恶面目出现的。对待宗教与文化差异是排斥对抗还是宽容尊重？联系到目前车臣现状，一个多世纪前托翁的思想犹显深邃，引人反思。除了文学名著之外，值得一读的还有《圣经》。基督圣父、圣子、圣灵"三位一体"是西方世界的核心宗教，西方人的思维方式和社会观念大多来源于《圣经》，不了解圣经故事，就难以和西方人交流、沟通进而相互理解。另外，房龙的人文地理作品读起来也颇有趣味。最近随高院领导到西北三省考察学习，参观了一些博物馆，我注意到《古兰经》也是一部伟大的经典作品，它不仅是宗教典籍，还集阿拉伯文化艺术之大成，思想性文学性都很强，个人也很想抽时间拜读一下。读书可以增智，读史可以喻今。我喜欢看历史方面的书，比较偏重于看传记。伟人成长的经历很有意思，读后多有收获。中学时就看过《戴高乐将军传》《卡扎菲上校》等，比较好看的传记是丘吉尔的，他本人也是著述甚丰的历史学家。当然也会抽空看看《安徒生童话选》《格林童话选》《希腊寓言选》等比较轻松的书，现在有空我还会看一看，因为要使自己思维永葆青春活力，就要对事物保持美好、健康的态度，看童话有助于自己童心不泯，对新事物保有好奇心和探究欲。近年读的杂志主要有比较前卫也很严肃的《三联生活周刊》，还有对磨炼思维有益的《杂文选刊》，以及大众的《读者》《幽默大师》。此外，也会关注《世界是平的》《货币战争》之类的畅销书。关于社科名家演讲录方面，向大家推荐两套还一直在出的丛书《北大讲座》和《在北大听讲座》，分别收录了近年来国内外名家名师在北大的演讲录，涉及政治、军事、外交、民生多个领域，信息量大、观点前沿、内容精彩。阅读杂一点还是有好处的。

事实上，推荐书目是件难事，好像温总理在访谈中也有这样的感觉。因为每个人情况不一样，不宜仅以推荐人的个人喜好作为被荐的标准，所以就免去硬性推荐或指定，只谈谈我的阅读习惯和方向，大家自己去找。现在书很多，在网上也能搜索出大量的读书信息，有很多网站是推荐书的。现在“读书与思考”活动只是开了一个头，应该说两级法院的组织工作还不到位。《中国审判》杂志介绍开展读书活动做得好的还是湖北省随州中院，我们要向人家学习。以后类似的座谈会要经常举行，但不一定搞这么大的规模，也不一定非要领导到会，可以考虑“民办官助”的形式，成立一个读书兴趣小组，由有阅读兴趣的同志们回去抓落实。总之，中院党组将全力支持把“读书与思考”活动长期坚持下去，把它作为法官工作学习的积极向上的导向。组织上要积极支持和创造条件，就个人而言希望大家尤其是领导干部要积极参与。当每个人把阅读作为自己的生活习惯、把读书作为一种生活方式，才能真正把真善美内化于心，转化为自己心灵上的营养；才能外化于行，改进自己的言行举止。长此以往，个人的气质风貌和精神状态自然会发生根本变化。而当每一个人的精神风貌都更为积极向上之时，我们的法院文化建设才真正达到了目的，做到了以人为本、促进审判工作全面科学发展。

（作者2010年9月9日在南宁市法院“读书与思考”学习活动座谈会的发言）

一个宠儿居住的地方

武鸣县人民法院　韦　良

在广西中部大明山下,武鸣县城一隅,有一个常年水温在摄氏 23 ~ 24 度之间的恒温湖。传说能够在灵水湖浸润的人们都是大地的“宠儿”,于是灵水湖有“宠儿居住的地方”的美誉。我无法用语言来描述灵水湖的灵秀,只知道她是一个几近于人间仙境的地方,一个童话般的世界。

灵水湖之灵,在于她的绿。一年四季绿树如荫,芳草菁菁。郁郁葱葱的树木及半掩半隐的亭台楼阁将整个湖包围起来,使整个湖都是绿的,绿得让人陶醉。

灵水湖之灵,在于她的纯。灵水湖的水源来自于地下泉水。源源不断的泉水喷薄而出,水质清流澈,晶莹剔透,纯洁得犹如少女的脸,纯得叫人忘了尘世杂务。据说她的泉水浑浊度几乎接近零度(国家规定浑浊度不能大于3),稍加消毒后水质就完全符合国家城市生活饮用水卫生标准。

灵水湖之灵,还在于她的善。灵水湖不大,但却是全国仅有的三大恒温泉之一。有史以来,灵水湖与湖畔的人民唇齿相依,养育着一代又一代的武鸣人民,武鸣人民因有灵水而自豪,武鸣县因灵水湖而享誉全国。民国时两广总督陆荣廷就出生于此,他曾在距灵水湖畔不远处修建了风格迥异、精美灵秀的三个景园——明秀园、春霞园、秋霞园,可惜现在已被开发商买断另作开发,游人已不得入内游玩赏景。陆荣廷还在南宁市望仙坡修建了一个炮台,上安一座德国造大炮,炮轨可转 270 度,而炮口不能指向之处就是其生长的武鸣。如今,灵水湖已经成为武鸣人、南宁人、广西人、甚至全国各地南来北往的人们消暑御寒的好去处。

徜徉在灵水湖畔,单是那个让你神迷心醉的湖,就能让你迷失自我,我醉过酒,醉过茶,但没醉过景。而躺在灵水湖中,你不能不醉。我相信灵水湖典藏已久的童话岁月,梭罗曾经说过:“一个湖是风景中最美丽、最富有表情的姿容,它是大地的眼睛,观看着她的人同时也可衡量着他自身天性的深度。”在如此美妙的风景里,你最想感谢的是造物主的神来一笔,你最想倾听的是大自然的声音,你会发现放下一切烦忧其实并不难。

在武鸣,我结识了许多当地的住民和与我一样交流来工作的同志,他们为有这样一个美丽的灵水而欣喜,更为了能时常与灵水的“亲密接触”,接受夏凉冬暖的贴身呵护成为大地“宠儿”而欣慰。

时间,我不知道它的起始,也不知道它是否有终结。我是凡人,我所能感知的只是它的一小段,所能了解的只是历史长河的瞬间——瞬间的良辰美景,瞬间的心灵慰藉。灵水,虽然我与你只有短暂的结缘,但却已一目定情,你童话般的纯粹,你醉人的清澈……将长留在我心间。我只愿她在我的生活中永远玲珑如画。

装满行囊，扬帆启航

宾阳县人民法院　肖春露

我的家乡靠近美丽的大海，小时候最喜欢的一件事就是跟妈妈去海边玩，听起起落落的海潮声，眺望宽广无垠的大海。我常常想，海的那一头究竟是什么样子，另一边的岸上会有什么风景？是不是也住着长得和我们一样的人，会不会下雪，有啥好吃的东西？想啊想啊，在心里描绘出无数种可能的图画。我忍不住问妈妈："海的那头到底是什么样子呢？"妈妈总是笑笑说："我也不知道海的那头是什么样子，等你长大了，自己坐船去亲眼看看，就会知道啦！"

而今我已经长大，丰富的地理知识足以让我知道，海的那头有怎样的国度、有怎样的风土人情，但是小时候那种对彼岸的设想和憧憬仍然留在心底，总觉得还是如同妈妈说的那样，要坐上船去看看，才能知道到底会有什么在前方等待着我。这条航程有太多的未知也有太多的希望，也许会阳光万里，也许会惊涛骇浪，可就连海上风雨的挑战都那样令人神往。对可能遇见的风景充满了无比的向往，对心目中的彼岸怀揣着热烈的想象，这些都促使我收拾行囊，准备踏上航程。

可是，当我来到法官队伍这艘巨大的轮船前面时，我突然踟蹰不前。这艘巨轮的规模之大、航程之遥远，都大大超出了我的想象。仰望着它，我不禁问自己：我准备的行囊是否足以应对可能到来的挑战？我是否真心向往这段艰苦的旅程？

我在码头上停下脚步，整理、翻看我的行囊。

当我翻开我的行囊，看到行囊中已装上了法律的技能。我回想起自己踏进大学校园在法学院学习的日子。我们在象牙塔里筑下法理的基础，学习各项部门法的理论，探讨着疑难的问题以及法律的缺陷，在实践中尽可能多地锻炼、提高自身的实务能力。我们在课堂上汲取老师传授的知识，在图书馆里畅游浩瀚的书海，在自习室埋头备考……四年寒窗，不懈努力，无非是希望在大学宝贵的学习时光里多给自己武装一些知识，多完善自己的技能，能够在面对踏入社会后迎来的挑战时无惧无畏。而我也深知“活到老，学到老”的道理，特别是在法官的职业道路上，祖国的法治在进步，人民的法律意识在进步，我们的社会在进步，这对我们法官的自我建设和提升也提出了更大的挑战。学习是永无止境的，也只有不断地学习才能跟得上时代的步伐。

行囊里还有我沉甸甸的法律信仰。一个没有信仰的民族是悲哀的，同样，一个没有法律信仰的法官在他的职业生涯中便如同行尸走肉般。正如伯尔曼所说，“法律必须被信仰，否则它将形同虚设”。对法律的信仰使我们选择了这条道路，它是我们内心的坚守，是我们职业的基石，也是我们精神的食粮。在我们内心彷徨的时候，在我们面对诱惑的时候，法律的信仰能够提醒我们莫忘初心，及时纠正我们的航向。对法律的信仰如同灯塔一般，无论前途多么黑暗，它都能指引我们到达心中的彼岸！

我没有忘记给行囊带上青春的勇敢。青春是每个人年华中最绚烂的时光，最飞扬的时光，最勇敢的时光。正是因为年轻，充满了无数的可能性，所以才有更多的勇气面对挑战，有更多的耐心等待机遇。年轻的我们面对未来的路也会感到害怕，那是因为我们的肩膀还不够宽厚，怕承载不了那么多的挑战，可是我们的步伐却仍然坚定，因为我们怀抱着勇敢前行。在青春的年华里，害怕未知与挑战是没有意义的：年轻人，如果不趁青春去奋斗、去尝试、去挑战，你要青春有什么用？青春只有一次，凡事宜早不宜迟。若错过最好的奋斗时光，将来的回忆便只能回忆早已是暮年的青春。

我的行囊还装满了其他的必需品，比如自信、坚强。此时的轮船已经响起了汽笛声，我不由回想起进入法院的这段日子里，在面对繁琐的工作时自己的定位，自己对未来的种种思考。我忽然定下心神，扎好行囊，一步一步向前，踏上了船梯。

也许有人会问我，是否准备好行囊就不会害怕？答案当然是否定的，没有人可以说对未来未知的事物做好了充足的准备，也不可能预料到一切的艰难险阻，可是那又怎样呢？我们有职业的理想，有法律的梦想，我们这个群体守护着法律这个“公正与善良的艺术”，所以我们愿意为之付出，我们愿意踏向远方。而且,比装满行囊更重要的,是从现在出发,一路向前。任你有再充足的准备,不去实践、不去经历,一切都将只是设想,最终也只能成为空谈。

现在的我坐在船上出海,望向远方的大海。海上吹着冬日的风,多少有些凛冽,但是阳光洒满海面,那么耀眼,那么迷人,我用笔写下我心情的文字:

我已装好行囊,
踏上这艘满载的轮船。
前方的航程,
充满未知与希望。
年轻的我,
轻蹙眉头却无惧风浪,
带着对未来的想象,启航!

享受孤独

横县人民法院　卢才德

自从进入法院第一天起,我就深有体会地感受了法官生活的孤独。因为我的法官生涯是从一个边远、贫困的农村法庭开始的。

农村法庭的生活单调孤寂,白天骑着一辆破旧的自行车穿梭在崇山峻岭之间送达、调查取证;夜晚,所居住的地方除了从各家各户窗外透出的灯光还能感觉到是一个小城镇外,周围一片孤寂,既没有文娱活动,也没有什么好去处,时光真是难以打发,多少个孤寂难耐的夜晚,不是挑灯苦读,就是夜读人生,除此之外,别无选择。我曾经不止一次地对着山峦叩问苍天,这难道就是法官的生活?就在我最彷徨、最失意的时候,当年,发生在我院的一件事深深地震撼着我,使我感觉到法官的生活虽然孤独,但是我还是坚定地选择法官职业的这条道路。

事情是这样的:我院的一位青年法官的妻子生小孩,他所在的法庭由于审判、执行案件很多,任务非常繁重,使得这位法官无暇顾及妻儿,甚至连给妻子煮鸡蛋的时间都抽不出来,这位年轻的妈妈愤怒了,初为人母的喜悦一下子冰凉到了极点,这位妈妈便找到庭长,劈头就问:“你们法院的工作真的那么忙吗?如果偶尔一两天的加班加点情有可原,而如今长年累月都是这样,我就是不相信,你要给我作出解释。”庭长听罢也是满腹苦楚啊!庭长看着他手下的爱将整天摸爬滚打,个个疲惫不堪,他何尝不心疼啊!庭长多想作出解释,但是千言万语从何说起!为此,庭长决定召开一次干警家属座谈会,在会上向家属们介绍法院工作的性质、任务和庭里每年审结、执结的案件,当一串串数字呈现在家属的面前时,她们落泪了,她们纷纷啜泣地说:“我们的‘那一半’干嘛从没向我们提起他们的工作呢?我们是错怪他们了。”以往的恩恩怨怨和误解,都随着一掬眼泪给化解了,家属们纷纷表示,将一如既往地支持丈夫所从事的审判事业。

请相信,这绝对是一个真实的故事。因为进入法院这么多年来,种种的酸甜苦辣和社会上对法官种种不公平的流言蜚语,我都经历过了,也都感受过了,我相信普天下的法官也不例外。正因为我们从事的是审判这份职业,而使我们远离了多少社会上五光十色的生活。我们孤独,因为我们是法官,别人能说的话,我们却不可以说,别人能做的事,我们却不可以做,别人能去的地方,我们却不可以去。我们在忍受孤独的同时,家属也备受同样的煎熬。有时,当亲朋和好友有求于我们而不能时,看着亲人那愤怒的面孔和朋友那拂袖而去的背影,我们也倍感心酸和无奈。可是,正是因为我们心中始终有一份坚定的信念,才使我们能支撑起一片法律的净空。

曾记得,多少个月明星稀的夜晚,当万家灯火亮起,多少个家庭正享受着天伦之乐时,而我们刚从田间地头调查取证匆匆踏上归家的旅途。感受着从窗外传来孩子们的嬉闹声,我也分明地感受到我妻儿的企盼。饭菜热了又凉,凉了又热,如此多次的机械重复,都习以为常了。回到家里,看着熟睡的妻儿,我也多想美美地睡上一觉,可是,为了明天的宣判,我却无心向眠。当我伏案疾书,任凭思想的奔流在自由地驰骋时,突然在寂静的夜里传来我孩子的梦语:“爸爸,带我去公园玩吧!”我奔腾的思绪戛然而止。天啊!又是一个星期天,我怎么又给忘了呢?看着孩子那略带幽怨的脸庞,我真想摇醒他,再给他许个诺,以使他的梦更甜。可是,因为我一次次的许诺而又一次次的失约,我真担心孩子在梦中会再说:“法官也会撒谎吗?”他要是再这么说,我真的无语以对。可是,孩子,我也真想对你说,谁叫你是法官的儿子啊!是法官,就注定要远离喧嚣,注定要淡泊名利,注定要忍受孤独,注定要远离友情、爱情甚至亲情。

生活上孤独,但是我们的灵魂绝不感到孤独!我们既然选择了法律,也就意味着选择了庄严。当我们身穿法袍端坐在审判桌前敲响法槌的时候,我们不仅仅是法官,更是会说话的法律,而此时,我们所代表的也不再是我们自身,而是代表着国家的意志,在当事人的眼里,我们就是正义的化身!还是回到庭审,做一次愉快的倾听吧!法官,作为一名法律争议的居中裁判者,在庭审中更多的只能接受倾听,而不许过多地发表见解,这正能体现出一位中立者的地位和法律意义上的公正。而此刻,在寂静的庭审中,你会发现,总会有一些新鲜的思想在不时地绽放，但是，即使是天下最富有感染力的诉状，也无法扳倒我心中的天平，因为我是法官，法不容情，法律不相信眼泪。当审判长铿锵有力的宣判声响彻在审判大厅，看着当事人那写满笑意的脸，这分明是向我们昭示着：公正了！公正了！这不正是我们一生所要追求的那一刻吗？此情此景，还需何求！当宣判的声音在寂静中缓缓飘落，多么优美，多么从容，这也是我们法官一生都在追求的艺术。看着当事人及旁听人员的渐渐离去，我们又坐在审判椅上静静享受着孤独，享受着一刻的宁静，多么惬意，多么自豪。而此时此刻，我没有想过我自己做得有多好，而是更深切地感受到法律对于老百姓是多么重要！

这就是我们法官真实的生活！成功的背后是付出，辉煌的背后是奋斗！其实，我们早已习惯了在赶考一样的效率中感受神圣，习惯了签发法律文书时的挥洒激情，习惯了庭审之后坐在审判椅上静静享受着孤独，习惯了警车一次次呼啸而去的执行。昨天，我们所作出的一个个判决都已成为经典而永载流金岁月，而今天、明天，我们同样面对源源不断的开庭和宣判，必须作出选择！这种选择，能超越梦想，坚定信仰，圣洁灵魂。如果我们的心中永远都有一个梦想，有一份坚定的信念和一个圣洁的灵魂，那么，我们的生活就充满阳光，我们就不会再感到孤独，友情、亲情、爱情，会重新向我们走来！让我们美好的理想偕长风曼舞，在艰难中迎接收获与朝阳！

家　长

隆安县人民法院　张　琦

说到家长,首先想到爷爷。他最给我威严的印象。

那时他还在世,我们还小。提起他,差不多让人回到婴孩的辰光。他不是一个和蔼的人。一切老者的可亲可近的形象,他一点都没有。身材不算高,但壮实。一张丰腴的圆脸,并不虚肿,额前的头发两边褪掉,余下形成两座小山包的形状,两侧的眉毛从外折回,眼睛射出一种犀利的亮光,小孩子初次见了,未免望而生畏。

外貌和脾气出奇的符合。他有一种旧时家长的专制,什么全是他说了算。

我们在院子玩耍,只要看见身影,或者听见声音,马上我们不放肆了,收敛起来,静静等候这位族中唯一的大人物走过,方才继续。他的声音带有一种违抗不了的魄力,他吩咐人、骂人,好像一个兵支使手下,来不得半句唯唯。不仅小孩子,大人也怕他。我亲耳听见三哥说不愿意见到他,怕他说教,来上一通训人的辞令。

说到他,我感觉左腿好像还隐约作痛,虽然打的不是我。一次,我和弟弟在楼梯底下玩。弟弟拿着一把剪刀,在面前挥舞,一不小心,刺了我的额头,流了血。他在一旁看到了,不说二话,立即跳将起来,抄起竹鞭,狠打了弟弟一顿。弟弟疼得直赖在地上。爸爸在屋里裁衣,听见哭声,才救他出来。其实我不觉得疼,看看额头,疤好像也不在了。可是,他打弟弟的竹鞭,好像落在我身上似的。

还有一次,是清明节,我们家男男女女去扫墓,在村子西南的山坡上,面前是一座水库,小孩子出外踏青,见了野景松树,见了白茫茫一片水,自然欢喜雀跃。我捡起坟前的碎土块,朝水库扔去,用力过狠,手脱臼了。回来后,大伯央人找了一种什么植物缠上,可不顶事,还是疼。临到围桌吃饭(在旧伙房，大家围得挤挤的），他吩咐把手伸出来看看，他捏了捏，摇了摇，忽然趁人不意，猛力一拉，奇怪，一下子好了，我的手也不疼了。大家才热热闹闹继续吃饭。

这是最显长者风范的两个例子。

其实，除了威严，也有可爱的一面。他很喜欢给我们几个孙子做小玩意。比如用蜡丸的蜡，放在炉膛烤，蜡熔了，捏成白鹤的模样。还有就是，削龙眼的低枝，做弹弓给我们玩，三人每人一个。全经心在意，一刀一刀修削，好像做给他自己。

我听过最严厉的一件事，是吃饭的时候，他不许饭粒掉桌上，若掉了，他一定要你捡起来吃掉的。

到我父亲那时，情形两样了。他从来不在这些小事上较劲的，若掉了，他最多声明两句，叮嘱往后注意，也就此罢了。他所以教训我的，全是一些关乎重要的大事。记得四五岁时，我和一位叔叔去水库划船，回来后，挨了父亲一顿打，我还不清楚是怎么回事，原来是弟弟告密。他还夸弟弟情报及时。还有一次，村里抽水浇田，我到池塘摸鱼，天黑也浑然不觉，等到上了岸，才发觉路上行人稀少，偶尔走过一个两个牧牛人。我还没踏进门口，一副凶狠的面孔就扑面而来，几句盘问，我支支吾吾……拍拍拍，还不能哭出来，那种滋味，怕是我们那个年代的人经常领受的。

一晃二十几年。

现在，我也做了家长，一个没有任何部门任命的正职，在我担过的职务里，这是最大的一个。它有实权。小儿子不听话，可以拉下脸来，喊到脚边，训两句。他若读书时擅自离座，我还可以老师的身份要求他，学生不能不专心，更不能离位。他若只顾玩游戏不吃饭，我大可厉声训斥，缴了他的玩具枪械。他要为一家之长，必须有某些东西辅佐。太软，没有男人气概，没有家长的颜面，太硬，容易流入专制。他要中，中庸之道的中，同时要言必中，这样，即使面对任何突发状况，家长也可以应付自如了。

他还寄予某种期望，指望儿子来日成材。

我算明白了他们的所有用意。

我晓得为什么不经请示去划船被打，煮饭晚了被打，撒两句娇也被喝住。

他们全要保持一家之中的权威,如果受到挑战,那么家长一职,尽可以辞职不做了。所以有时候,当着家小,我不得不摆起家长的面孔,为的不是显得有多大的生杀大权,而是,假如太温柔了,那小儿子会撒起泼来,于是,你越骂他越反,到时候,两个女人也无能为力了。

是家长,必须以身作则,有担当。儿子不能做的事,自己先不做。他妈妈常在儿子面前玩手机,我老实不客气,指出这是坏习惯,孩子往后会学坏的。因为言必中,所以并没遭到辩驳。我感到了作为家长的一丝丝骄傲,或者说自豪。我讲的话开始慢慢发生效力了。

古时候有一句话,叫做“父严子孝”。面对这块家训似的横匾,我更多的是羞愧。我们做不到先贤的苛求。只是到爷爷一代,依然奉守先贤的某种德行,我还见到一点点影子。到我父亲那代,已经渺微到几乎可以忽略不计了。

空灵凤凰·脉脉沱江·水边的故事

西乡塘区人民法院　滕　骞

在中国生活近60年的新西兰老作家路易·艾黎曾说过,中国有两个最美丽的小城,一个是湘西的凤凰城,另一个是福建的长汀。

凤凰,是一个能勾起无限遐思的烈火中的精灵;凤凰城,是一个美丽而涂满浓郁神秘色彩的地方。她位于武陵山脉中段,湘渝黔交界处,东北仰望张家界,西南俯瞰梵净山。

俗话说:"桂林山水甲天下。"但面对遍布凤凰城内繁星点点的古迹、鳞次栉比充满浓郁民族风情的精致临江吊脚楼、一派古朴幽深的静谧覆盖着的青灰色古石板路、城外深情环抱山城的鬼斧神工造就的突兀青山、雄壮地趴着山脊俯瞰红尘的苗疆长城、脉脉潺流清澈如怀春少女眼眸的沱江水,我想桂林也会在心中油然生起一股敬意吧!这也难怪蜚声海内外的"鬼才画家"黄永玉每在回忆空灵纯粹的凤凰故土时,不免老泪盈眶感慨万千:"在天涯海角我都为凤凰骄傲,它就该那么小,那么精致而严密,那么结实。它也实在太美了,以致以后的几十年我到哪里也觉得还是我自己的故乡好……"

且不说那城外沿江伸足于清冽水中的一排错落有致的吊脚楼几千年以来一直在默默散发着古老苗族的质朴与蛮勇,也不论那战国末期廪君种巴人为"避秦人乱"而栖居的桃花源那份与外世隔绝数千年的古朴悠然与精巧玲珑,单就城外那条有"静静的河水即或深到一篙不能见底,却依然清澈透明,河中游鱼来去都可计数"的文字描写的、浮沉过无数浪漫故事的沱江便足以让这座湘西小山城赢得世界无数真诚的赞叹!

在凤凰人最大的骄傲,"赖一脉清波养育生命,滋润灵魂,放大人格"的"中国乡土文学之父"沈从文先生的《边城》里面,明眸善睐像金银花一样清新明丽的小翠翠与她那尽职尽责几十年如一日普度世人的老祖父、老实忠心的大黄狗,相依为命于这条小河边,日复一日地用荡悠的方头渡船来表达对诸神、对充满灵性的所有生命与非生命的景仰。

当然,有了思春少女以及承载传达浪漫的小河与青山,自然少不了那执著敢爱的湘西少年——傩送。在爱情的两个极端方向:一边是王团总以一座新碾坊与日后的富足但庸俗无聊的生活作为嫁妆的王家小姐,一边是只有一只渡船与终身劳苦于沱江上那穷窘却温馨浪漫的生存为嫁妆的小翠翠。这位傩神送来的孩子毅然作出了抉择:“我不要得那碾坊,想要那只渡船。”因为“我命里注定要撑个渡船”。可令人惋惜的是,这首被沈从文自己称为,在“充满古典庄严与雅致的诗歌失去光辉的意义之时,来谨谨慎慎写的最后一首抒情诗”,有了一个难以称为“结局”的凄凉落寞的结局——傩送因同样爱恋着小翠翠的大哥天保的溺死而深深自责,最终痛苦地将对翠翠的一往情深化为一次没有明确归期的远航,以逃避心中那股浓重罪孽感的纠烦;而那于雷雨之夜失去了相依为命老祖父的小翠翠,便在那“这个人也许永远回不来了,也许明天回来”的期待中默默同忠实的黄狗摆弄着象征她与傩送爱情的渡船,等待着梦中的男孩成为眼前的存在——可是,傩神终究没有成全这对有情人……凄婉与悲凉,便成为这首“抒情诗”的基调……

每次看完《边城》,我心里都会不期然地泛涌起一股酸楚,那一叶弯弯的小舟,又怎么能承受得起这许多生命中难以承受之悲哀呢?沱江,一条容纳过一位多情少女苦涩眼泪与辛酸心情的小河……

在湘西人看来,生命具有神性,非生命充满灵性。脉脉沱江自旷古洪荒以来,一直以一首有曲无词的歌在不息地吟唱着傩神对天地万物的祝福。沱江绿水为媒、江边古树作证,多少对有情人在这条江边山盟海誓约定终生。在江边,没有身份,没有家族地位,没有金玉褴褛,有的只是一对滚烫的心与两双蕴含无限温情的眼眸;在江边,我是你的情郎,你是我的阿妹,浪漫无可争议地战胜了一切而完成了对万物的主宰。在江边,喜剧的浓彩完全掩盖了悲剧的淡墨——这,也算是博爱的沱江的馈赠吧?

脉脉沱江,给了历代凤凰儿女一个悠然恬淡的领地,一个虽偏远却不荒落的摇篮。漫踱江边,随处可见三五身着漂亮民族服饰或现代时装的苗家姑娘、土家妹子在洗衣、择菜、淘米。这时,你千万不要凑近细看,否则一旦被她们那苗条的身材、娇美的面容、纯朴清新的气质所迷倒,那可就真的麻烦了。

而江中央,则是机智蛮勇的伢崽逞雄称豪的天下。如是夏季,游泳更成了他们每天的必修课。凫水追撵得鸭鹅乱叫的伢崽家通常顽皮至极。如果你是陌生的外地游客,就千万不要因为好奇而妄自接近他们,而要与其保持数丈的距离。否则,劈头盖脸一身凉洌江水便是你一意孤行的下场。但也不要因为他们爱恶作剧而在心中生起浓浓厌恶与鄙夷,说不定几十年后,他们会是凤凰的又一代"熊希龄""沈从文""黄永玉",在历史舞台上叱咤风云呢!

脉脉沱江,恰如多情少女脉脉的眼波,多少回在梦里望着我,使我于这千里之外的异乡,也能感觉到她依旧的明丽与清新。心弦被乡情所触动,我无法遏抑思念之情,故为一文,咏之以志。

肩负天平，心如明镜

宾阳县人民法院　肖春露

学院的夜晚是静谧的。低低的虫鸣声给夜色平添了几分趣味,我独自漫步在学院的小道上,感受着难得的安静和舒适。

小道的路灯旁种有菩提树,在晚风的吹拂下轻轻地摇曳着。许是沾了佛教文化的灵气,一看到菩提树,心境顿时生出祥和之感,不禁想起了唐代禅师神秀的偈语:“身是菩提树,心如明镜台。时时勤拂拭,勿使惹尘埃。”许多人都拿它与慧能的偈语作比较,认为“由来无一物,何处惹尘埃”更有意境;我却偏爱神秀的版本。我并非希望像佛祖一样顿悟出世,而是希望自己能够在繁琐的工作和时时变化的生活中,能够保持一颗明镜般的初心。

生活在这个世界上,年轻的我们时常会面对意想不到的情况、遭遇各种各样的挑战,也会有迷茫、困顿、挣扎、犹豫。现实生活是残酷的,在纷繁复杂的世间,总难免有动摇与妥协的时刻——妥协了,也许生活会更容易些;坚持着,前路却未必平坦。如果说每个人的心原来都是一面明镜,向往着纯净、光明、真实,那么在人生的道路上,我们在遭遇种种境况后所发生的变化,也许就会让原来如同明镜般的心染上纤尘,甚至完全失去光泽。能否使自己保持这份最初的坚持,就要看能否将“尘埃”“勤拂拭”了。

一路向前走,回想在法官学院学习的一个多月的时间,我们不仅通过学习审判业务加强自身的职业素养,同时也在塑造自身的品格。从老师的言传身教中,我常常感到法官肩上的责任重大,不仅需要优秀的专业知识,更需要一颗维护公平正义的心。而作为青年法官的我们在刚刚进入法院之际,对于职业的规划还不够明晰,面对现实和理想的冲突往往会产生迷茫的情绪。特别是在面临司法改革的滚滚潮流下,我也时常思考,扪心自问:我应该如何去做才能不落伍于时代,才能真正称得起“法官”这一称号?毫无疑问,专业素养是一名法官必备的,我们必须不断研习新的法律法规,完备自己的法理知识，以期做好审判工作；然而，除此之外在工作中的法官们——特别是我们青年法官——还需要常常去清扫那些落在我们心上的灰尘，清扫那些令人迷茫、抱怨、止步不前的尘埃，让我们的心明净透亮，轻松前行。

我见过这样的尘埃，它使人徘徊、困惑。面对即将到来的司法改革，未来的路应该怎样走？我想有很多人和我一样，抱有同样的疑惑。成为法官的道路是艰辛的，心上的怯意往往会使我们止步不前。可是如何才能够让我们更勇敢呢？我想是我们的热爱以及对法律的信仰以及对我们这个职业的追求，只有它们能拨开尘埃，让我们认清自己的道路。就像你遇到了心爱的人儿一样，只有热爱才会使你奋不顾身地前行。在改革面前，我们必须不断地完善自己，使自己更加优秀，更符合人民对于法官的期望，唯有如此，才能肩负起法槌的重量。

我还见过这样的尘埃，它使人计较、埋怨，只顾眼前。在平时的聊天中，有些同事，包括我自己都免不了这样抱怨：在法院工作量大，收入却不高，尤其和做律师的同学相比差了不少。抱怨往往就在这样的对比中不断滋生，这些尘埃如果不及时清扫，便会加重我们的负担，压迫我们的心灵，在工作中时常觉得烦躁，甚至因为一些偏执的想法而走向歧途。事实上，面对这种差别时我们更应该做的是让自己成长，成为更优秀的自己。当更优秀的我们组成一个更为优秀的群体的时候，社会不会对给予法官更高的回报而生出抱怨；除了物质上的回报，我们获得的精神的成长、社会的肯定将是更为丰厚的财富。

走着走着，幽静的小路将我引回了住处。我回头望了望那棵菩提树，它仍旧安静、坚定地站在那里。这条路虽已走完，人生的道路却还很长。感谢今夜与菩提树的相遇，让我重新审视自己的内心，看清了自己的方向。也许在今后的工作和生活中我仍将面对种种意想不到的境况，也许这条路会比我想的更为艰辛，但我将勇敢地前行，以一颗明镜般的心，持一杆公正的天平。

翠竹青青

南宁市中级人民法院　容　骅

周末搬家，在房间收拾东西，阳台上那一盆青青的翠竹映入了我的眼帘，虽然历经了一整夏的日晒雨淋，却一直顽强地挺立在那里，片片竹叶与杆杆竹身，青翠如常，不改往日美颜，给空旷的阳台带来生命的绿意。那份久违的记忆不禁又浮现在脑海，久久不能释怀。

去年3月的一天上午，我正在办公室上班，隐约感觉有人影一直在窗外晃动，透过门缝我看见一个衣衫褴褛六十岁左右的妇女正战战兢兢地站在门外，似乎犹豫着想进来又不愿意打扰到我的工作，便一直在门外徘徊。

我把门打开，主动问她"您好，请问有什么事吗？"

"请问法官在吗？"妇女用不太标准的普通话回答。

"请问你找哪个法官？"我边问边招呼她进来。刚落座这位妇女还没说话声音就已经哽咽，眼眶发红布满泪水。通过她断断续续的讲述，我终于得知事情的原委：她的儿子小勇因为故意伤害罪被判刑两年，现正在监狱服刑。入狱后家人已经整整一年没见到他，而她的丈夫却在不久前被检查出患上癌症晚期，生命只剩下不到一个月的时间。躺在病床上的丈夫此时最大的心愿是能在生命最后的日子再见儿子一面。

我仔细地打量眼前这位妇女：两鬓的头发已经花白，脚上穿着的解放鞋上还粘着黄色的泥土，衣服已经是很多年前的样式，颜色发白，袖口已经磨破却还没来得及缝上。她的一只手紧紧握着上衣的口袋不曾放开。突然她从口袋里拽出一张东西，然后扑通一声跪在我的面前。"法官，求求你帮帮我们吧。"她把那张纸摊平在地上，是一张皱巴巴的有很多折痕的旧版五十元钱。

"我刚把家里养的那只给孩子他爸补身体的母鸡卖了，现在只有五十元钱，同志请你一定收下"。

"阿姨，你赶快把钱收起来，法官是不会乱拿群众一分钱的，你的情况我马上向领导反映，我们一定会帮助你和家人解决困难。”我赶紧把她从地上扶起来。

小小的办公室，四目对视，扶着她的双手，看着眼前这张遭遇家庭巨变、辛苦工作而变得沧桑的面孔和那长满老茧的双手，我的眼睛湿润了，心灵被这份伟大的母爱强烈的震撼着，心里也渐渐有了主意。

送走她，我立即向领导汇报这一情况。领导了解此事后，也非常重视，基于对服刑人员人性化关怀及弘扬中华民族传统美德，与司法、监狱等相关部门协调。很快，经过各单位领导的深切关怀和热情帮助，小勇在法警的护送下回到家乡与病重的老父亲相见。

病房里，父亲用颤抖的双手抚摸儿子的脸颊，眼中充满了欢喜、感激、欣慰的泪水，嘴里不停地叮嘱要他好好改造，重新做人。小勇也满脸泪水，不停地点头、轻声应和：感谢法院的关心帮助，我一定会重新做人。此刻一家三口哭成一团，抱在一起相互鼓励，珍惜这难得的团聚时刻。

一旁的我明白，这一刻的泪水是幸福的！

又是一个雨天，那位妇女再次来到我的办公室，手里捧着一个小塑料盒，放到了我的办公桌。“孩子的父亲走了，带着微笑走的，谢谢法院领导，谢谢法官！”说罢给我递上了这个塑料盒。我把盒子打开，是几株青青的翠竹。我的眼泪夺眶而出，做了一点小事，老百姓却记在了心里……我没有拒绝这份礼物，因为我知道，这盆小小的翠竹蕴含着老百姓对法官的情和意。

翠竹相伴的日子，无论工作、生活遇到烦恼，只要我回味翠竹的气质和品格，心就豁亮许多。

我小心翼翼地把翠竹放进箱子，带到新家，期待今后的每个日子能天天看见它们。更期待在某个不经意间，在奔波劳累一天后下班回家开门的刹那间，那份曾经久违的感动和温馨再度扑面而来。

（本文获广西法院成立60周年征文活动一等奖）

在上海“压马路”体味万种风情

邕宁区人民法院　韦　玮

外滩、淮海路、南京路步行街、城隍庙……似乎这些俨然成为了现代上海的标志与缩影，但也同样给了人们太多喧嚣。我对于人流密集、商业气息已经非常浓厚的地方多少有点提不起兴趣，甚至有些厌倦，里面满满透露出来的不是文化，而更多的是商业。一个城市的核心，往往隐藏在最不经意的角落。在上海，你会在不经意之中惊喜地发现身边某条马路、弄堂乃至老式建筑、店铺，以大隐隐于市的从容之态隐匿在钢筋森林间，才是这座城市的真正精粹，才是上海最迷人最有特色的地方。我想要找寻的，正是能够让时间慢下来，隐匿在闹市中历史和文化的沉淀。

老马路承载的是一座城市的过去和未来，通过马路才感觉到整座城市的脉搏在跳动。中国近代百年历史的风云造就了上海的每一条马路，各色人等都在上海的马路上或多或少留下了他们的气场和故事，或浓烈或淡雅，或激扬或平静。不妨穿上平底鞋，用双脚去发现这座城市，寻找它的前世今生。

多伦路——“一条多伦路，百年上海滩”

在中国近现代史上，这条五百米的街道居住着众多的文化名人：鲁迅、瞿秋白、陈望道、赵世炎、茅盾、叶圣陶、冯雪峰、周建人、柔石等，曾经位居国民党高位的孔祥熙、白崇禧和汤恩伯也在这里占据了几幢颇为精致的西洋建筑当做自己的公馆。多伦路可称得上是一个卧虎藏龙之地，即使看上去并不起眼的建筑，实际上都有来头。

走近正门，迎面是一道上海典型的石库门建筑风格的牌坊。抬头看看上面，“海上旧里”“多伦路文化名人街”这几个深黑色的正楷字，更是透出了这条街浓厚的人文底蕴。牌坊后，是昔日里四大家族之一孔祥熙的奢华府邸“孔公馆”。虽然没有进入内部参观，但外面的气势已经是让人感到蔚为壮观。公馆呈平面扇形布局，沿街立面做弧面处理，具有伊斯兰及西班牙建筑的风格,雕刻装饰及彩色贴面佐以阿拉伯纹样,圆顶、尖塔、马蹄形拱、石造花窗格,透着浓厚的阿拉伯情调,极尽当年权势显赫的地位。多伦路 210 号,多伦路上“三大公馆”的另一座公馆“白公馆”,当时南京国民政府国防部长白崇禧的私家寓所,现为海军四一一医院体检中心。“白公馆”是一座以白色为基调的花园别墅,建筑平面呈凸字形,四根二层楼高的巨形圆柱组成门廊,两侧各有一只白色大理石雕琢而成的半圆形壁,公馆入口门廊上方为二层露台,呈弧形突出,并围有图案精美的铸铁栏杆,典型的法式新古典主义风格的建筑,外观典雅、气势恢宏。多伦路 208 号与 210 号之间的一条东西向小弄是四川北路 2023 弄,2023 弄 35 号则为曾是国民党将领汤恩伯的豪宅“汤公馆”。建筑风格同“白公馆”,也是法国新古典主义风格,建筑平面呈现门字形,对称布置,入口正门廊也有四根巨柱,两侧有凹进的半圆形壁龛,为白色大理石雕刻而成,红墙配上白色的檐部,十分壮观华丽。

当逛到接近多伦路另一端入口时,一幢建筑很是惹眼,它有着中国传统宫殿式外表,其实却为基督教堂。基督堂有着这般中式外表,却是很罕见的。这座教堂名为“鸿德堂”,于清光绪年间创立,为基督教新教差会美国北长老会在上海设立的传教机构。教堂平面为长方形,正面为方形钟楼,顶部为楼阁式、覆盖重檐四方攒尖绘彩画,侧廊间采用券柱,门窗洞口呈部分也采用半圆状,“上帝爱世人”五个金色大字散发着仁慈的光芒。

多伦路上伫立着众多名人雕塑,这些塑像突破了传统肖像雕塑的单一模式,雕塑置于环境和生活场景中,让人不得不端着一颗谦卑的心,采取仰视的姿态。两侧随处可见的是一些鳞次栉比的“文化铺子”,售卖着各式各式各样的货品。有卖古玩的,诸如什么南京钟、奇石、文房四宝等;有卖手工艺品的,有卖饰品的,如玉坠、手镯、项链、女人的丝巾等等。一间间铺子真是犹如私人博物馆,藏品琳琅满目。大多数属于小本经营的状态,生意并不一定红火,但正所谓“缘分会让你遇见你想遇见的人、物或者事情”,商家们从不急躁,优哉游哉地等着“同道中人”的来访。

街道上往来较多的,其实并不是我们这些游客,倒是这条路上的居民们。如今很多洋楼别墅已经不再高贵,早已成为了普通民宅,融进了百姓日常生活,人们在其中重复着平淡而匆忙的日子。他们或者在楼道口谈着一些家长里短,或者是穿着睡衣闲散地在街上遛狗,或者在路边的长椅上也可看到几位银发的老人正悠然享受阳光。因此,在多伦路上,一定要拐进主干道旁的弄堂小巷,那是一个市井化的生活场景,更能接触上海人生活最质朴的一面,在我看来,比多伦路更真实。

甜爱路——上海最浪漫的一条路

甜爱路南起四川北路,北至甜爱支路,就在多伦路的附近。甜爱路也是不长,宽也不过是数十尺的单行道。甜爱路的浪漫,不仅仅体现在路名,更是缘于道路一侧由中外著名爱情诗篇组成的"爱情墙"。路边挺拔的水杉、墙上攀援的花草,围墙内异国情调的老民居,让这条路十分寂静与舒缓,特别适合恋人悠闲地散步。所以总能看到路上对对双双的恋人,牵着手贴着"情人墙"悠闲漫步,常有情侣从头走到尾,用心朗读墙上爱情诗句,甜蜜之情溢满心头。特别要说明的是,路口设有个爱情邮筒,邮筒下面的地上印有"LOVE",从这里投出的每一封信函,都将被敲上一枚英文爱的邮戳,让收件人通过这个邮戳感受一份爱心与浪漫,留作永久的纪念和收藏。情侣们不妨从街尾走到街头,读过墙上的一首首情诗,去附近的邮局买来信封邮票,到该路上一间同样名为"甜爱"咖啡馆写一封信,投到街另一头的爱情邮筒,一路上满是爱情的芬芳。

武康路——上海最优雅的马路之一

武康路,骨子里透着优雅与沉静,是上海独有的气质。从淮海西路进入武康路,淮海西路一面热闹非凡,武康路这面立刻安静下来。当转过一个繁华的路口,一头扎进这些安静的小马路时,那种瞬间的时空转换感让人倍感惊喜。

如今的上海,高楼大厦越盖越多、越盖越高。时代的步伐越是迅速,我们越是怀念那些端庄沉稳的老建筑,钟情于老洋房,那时候的建筑,包含了设计者的诚意和心思,充满了美感和质感。路口的武康大楼,这幢犹如一艘即将远航的邮轮般欧式风格的公寓,便是这样的建筑。武康大楼旧称诺曼底公寓,也叫东美特公寓,是上海最早的外廊式公寓建筑。建筑外形为法国文艺复兴风格,由匈牙利设计师邬达克所设计。1942 年之前,这座公寓里没有住过中国人,大多是在电车和自来水公司供职的外籍职员。抗战胜利后,孔祥熙的女儿孔二小姐把这座大楼买下来，做了最大的业主，自己则住在新楼里。抗战胜利后，有“东方第一母亲”之誉的电影演员吴茵入住武康大楼，电影演员王人美从1945年起居住在武康大楼，直至上世纪50年代调京。20世纪30年代著名的电影艺术家郑君里、赵丹也曾居住在这里。武康大楼楼身狭长，沿武康路一面，设计师没有延续平直的设计，而是有意分了三个单元出来，设计相当合理，精巧。第一、二两层为商铺，水泥仿石墙面，连续半圆券廊。我最爱那挑阳台和三角形古典山花窗楣，独具灵巧细腻的特点。武康大楼高贵不奢华，而且小有情调，其所独有的沧桑感和贵族气是如今的高楼新贵们无法比拟的。有时候恋上一座城只是因为一种情愫，同样的，而恋上一条路，可能就是因为她的独特建筑。

武康路上的房子都是极为漂亮的，往往楼底下都有着“市级建筑保护单位”“徐汇区登记不可移动文物”这样一块牌子，每一栋都有着十分悠远的历史。一百多年前，这里是许多国外官员、商人和上海上流社会人士的居住所在地，一个个小小的院落，别致的法式别墅和院墙中偶尔探出的一枝枝茂密的树叶，似乎都在诉说那个时代上海的达官贵人最令人羡慕的奢华生活和崇高的地位。这些房子紧紧地挨着，有的成了普通人家共居的筒子楼，有的稍加改造，成为了创意Club、艺术Salon、露天的Café、洋房餐厅……这些商铺餐厅因为有了历史的渲染显得更有情调。而有的则大门紧锁，似乎在历经风雨后被人们所遗忘。而正是这种遗忘和忽略，造就了这里独特的宁静和安详。忽然，一辆红色跑车疾驰而过，如一阵风，像一团火，但瞬间，马路上又恢复了平静、安宁和优雅，似乎在张扬中略显收敛，在温情里蕴含暧昧。旧与新、传统与潮流、怀旧感与现代性交叠融合，浸透着优雅与沉静的武康路经过岁月的洗练，依然气韵飘香。

“魔都”上海，一个“魔”道出了她的魅力，有人说，她是最好，也是最坏的城市。亦如《午夜巴黎》的巴黎，《中央车站》的里约热内卢。上海的好与坏，或许只有自己的感受能告诉你。

法律人眼中的“琅琊榜”

横县人民法院　覃柳琼

“遥映人间冰雪样，暗香幽浮曲临江，遍识天下英雄路，俯首江左有梅郎。”这部当初在网络上爆红的小说《琅琊榜》，最近在荧幕上热播的势头还引发各地风景区抢注“琅琊阁”之名。作者选择了南北朝时期作为历史背景，架空虚构了一个故事：南朝大梁名将之子年少得志，随父征战沙场屡建奇功，逐渐遭到梁帝的疑心和猜忌，终于在听信小人谗言后，梁帝派兵围剿刚与大渝结束一场苦战的赤焰军，致使七万忠魂饮恨梅岭。这位少帅虽侥幸生还，却身染顽疾，命不久矣。他化身江左盟宗主梅长苏，利用自己因病易容的优势和过人的智慧与隐忍，在余下不长的生命里，上演了一场为冤死之师同朝平反的完美逆袭。

无论小说还是电视剧，在网络上都是读者、观众们激烈讨论的话题。姑且不论历史爱好者是如何忍受凭空窜出来五代十国之一的南楚在边界兴风作浪，毕竟作者强调这是架空的故事。令地理爱好者困惑的是，按照作者描绘的大梁国边界图，云南和梁都金陵（今南京）是怎么做到不接壤还能同属一国版图的，更奇怪的是分列两侧的大渝和南楚每天看着云南王府一干人等在自己眼皮底下来去自如奔走于宁滇之间还能无动于衷。文学爱好者则宽容许多，王谢袁萧作为南朝时期四大名门望族，曾是显赫一时的顶级门阀，直到隋统一中国后，才由盛转衰。作者设计宁国侯姓谢，大梁王族姓萧，还是有一定考究的。那么，法律人眼中的“琅琊榜”又是什么样的呢？

历史上南梁只存续了五十五年，历经十四朝皇帝，在位最久的是梁武帝萧衍。宋、齐、梁、陈四国因是汉人政权，其统治思想和法制发展多承袭魏晋主张。在《晋律》的基础上制定有《梁律》《陈律》，但立法成就都没有明显的进步和突破。不同于北朝是异族入主中原，对汉家文化兴趣浓厚，在律令编纂时，更体现少数民族习俗与儒家文化交融后对法的指导作用，因而产生了

《北魏律》和《北齐律》这样杰出的作品。总体来说,南北朝的统治阶级为了巩固和保护士族的特殊利益,立法上普遍强调“贵贱有等,长幼有序”的“礼治”思想,将儒家礼教进一步与律融合,重视“纳礼入律”“礼法合一”的立法效果。因此,作者在设计一代鸿儒周玄清进宫与太子党朝堂论礼这一情节时,是考量过当时社会背景的。

“庆国公滨州侵地案”

相信很多观众一开始在看剧的时候,会对主角们频频说起的“庆国公滨州侵地案”感到二愣子摸不着头脑,这跟剧情有什么关联呢?其实,侵地案只是引梅宗主出场的一个楔子,但在法律人眼中看来,这背后体现的却是当时的土地制度:南梁土地政策沿袭晋朝的占田制,士家大族通过兼并土地扩张势力,进行田庄式生产。当时的皇帝碍于门阀势力,对士族侵地占田的行为持放任的态度,而剧中梁帝非要下令查办庆国公侵地案,笔者推断多半是因为田赋问题。农耕文明时期,税收才是国家的第一生产力。魏晋南北朝时期推行田租户调制,即收税按人头不按地,剧中的庆国公不会因为多占了田地就多缴税,而那对老夫妇的地被占了,田赋还是照常要缴,缴不起税,最终影响的还是皇帝的利益。

中央政府机构设置

剧情每进展到一定阶段就会有一个类似仪式的场景,梅宗主面容凝霜,跪坐在暖盆前,将刻有字的牌子丢进炭火里,冷眼看着火舌将牌子逐渐吞噬。牌子上分明地刻着吏、户、礼、兵、刑、工,一块一块化作灰烬,预示着六部人员新旧更迭。我们所熟悉的三省六部是隋唐至宋的中央最高政府机构,在此之前,秦汉实行的九卿制,因魏晋以后尚书机构迅速发展,分曹治事,导致其职权趋于弱化。南梁时期,尚书台改称尚书省,置尚书令为长官,左右仆射二人副之,下设六曹,分理政务,逐渐形成六部的前身,然“曹”真正确立为“部”始于隋唐时期,且名称也不尽相同。而剧中曾提到的“凤阁”也是唐武则天时期中书省的更名。

审判与刑罚

当刑部尚书蔡荃查到大理寺卿朱樾与“私炮坊爆炸案”有关时，鉴于位阶相同，便入朝力请梁帝命刑部主导，廷尉司派员监察，户部协理一同三司会审该案。“三司会审”自明清以后得到广泛使用，实际上，汉代以来，凡遇重大案件，便有提请“三司”共同审理的先例，颇有现在适用普通程序依法组成合议庭的意味。每个朝代“三司”所对应的部门，各有不同，以大理寺为官署名，大理寺卿为官名是在北齐确立的，大理寺纳入“三司”之列也是隋唐以后。南梁武帝曾将廷尉一职更名为大理，而后又复用回旧称。所以，南梁时期，廷尉和大理指的都是同一个职位，断不会出现两职并立的场景。魏晋南北时，尚书权力虽有扩大，但九卿制也沿用未废，两种官制的职权常有交叠，职级难分高低，断案决狱仍以廷尉为主，尚书可详覆，刑部是说不上什么话的。对于地方官员审判的案件，设立有“察囚”制，由皇帝或其指派的官员到各地向囚犯讯察决狱情况，听取陈情，纠正错案，体现了审判权的高度集中。刑罚上有了明确、固定的刑期和等次，以宫刑为代表的肉刑逐渐减少，基本上确立了以劳役刑为主的五刑制度。南梁时五刑沿袭两晋的死、徒、笞、赎、罚金。

魏晋南北朝在历史学家眼中被称为最坏的年代，也是最好的年代。战乱纷争，局势动荡，导致经济衰弱，民不聊生，却又因为没有形成一个长期稳定的统治局面，而使得许多学术思潮得以在这样的环境下夹缝生存，发展壮大。这一时期的法制发展承秦汉启隋唐，对完善整个中华法系有着重要的意义。最后，用一首打油诗来描述这部褒贬不一但让笔者回顾了一次法制史的作品：

一纸锦囊出琅琊，江左梅氏展雄华，平冤挺立新君侧，烽烟不绝殁北伐。

城市森林

兴宁区人民法院　罗欧阳

城市,高楼林立,犹如水泥结构的森林。

道路交错,华灯初上;车流如虹,如蚂蚁般在城市森林中缓慢爬行。

城市森林中,诗人、咖啡师、房产中介、房产中介,在我面前一一掠过,还是缺少一些震撼:

诗人卖给我一本《不抱怨的世界》,说是心灵鸡汤、有大师开光;

咖啡师卖给我一杯卡布奇诺,说是远洋太古里同款,值得拥有;

房产中介恭敬地递给我一张名片后,就滔滔不绝地说起她所谓的“新生代中产置业计划”;

出租车司机也是用“滴滴”叫的,上车、睡觉、到站、下车,然而这也只是一个流程。

城市森林中,每天我都有机会跟别人擦身而过,我对他们一无所知,但每一天都需要他们。仿佛他们生来就为等待,被那轻轻一叹化作尘埃。

城市森林中,周而反复,浮华、缥缈、虚浮,以至于法律人妗守呵护着的法治思想无处安置。

想静一静回味下自己刚经历过的一天,确实需要找一座广场,那里无比空旷。

“叔叔,你知道法治广场在哪吗?”

一个孩子的话撩醒了沉思中的我。

是的,城市森林的深处,就有一个法治广场:

那里,刑鼎、法槌、登闻鼓、天平、明镜、獬豸、利剑、束棒、蒙眼女神,一件件器皿弘法明志;

那里,廷尉罚金、居官守法、正法直度、执法如山、折狱龟鉴、棠下决狱,一个个镌刻在磐石上的法治典故议古昭今。

城市森林中，只是冰冷冷的说教，没有言传身教，在孩子的内心中泛不起一丁点法治的涟漪。

我希望带给孩子的不仅是一座现实中的法治广场，更是一座思想的法治广场。

法律人挣脱世俗、回归责任，思想的法治广场其实并不遥远：

法律人捧起一本本部门法，在孩子们好奇的目光中将社会主义法治理念讲得深入浅出，孩子们就可以在脑海中构筑起从宪法到部门法、地方性法规和行政规章的法律完整框架；

法律人用PPT课件展示新型毒品，就可以让孩子们对恰特草、摇头丸、病毒和麻古等新型毒品的性质、特征以及危害有更加直观、深刻的了解。于是，孩子们在“抵制毒品，从我做起”承诺书上的签名也会更为有力；

法律人深情地朗读服刑中的少年犯用真心写下的一封封感谢信，回访帮教以更直观的效果呈现出来，让孩子们对法治“用真情感化边缘人、用理性引领迷路人、用信任挽救失足人”的初衷就有更深刻的认识。

城市森林中，法律人相信自己讲的每个故事，努力论证之前的质疑，奋力冲向思想的法治广场，任由阳光把曾迷失的自己晒干。

于是，当思想的琥珀被取出，被燃烧的那一刻，城市森林中曾充斥着的浮华终于被一点点剥落。

——是这个味道吗？

——是的，我等了很久了！

留恋凤凰

宾阳县人民法院　莫郁梅

去凤凰古城,是大学时候的事了。那年 4 月,我们还在求学的路上,大三。宿舍六人讨论着集体出游,已经讨论很久了。最后决定去湘西凤凰,是因为她的名字,以及她的影响力。说到名字,凤凰,是我国古代传说中的百鸟之王,常用来象征祥瑞;说到影响力,凤凰古城是我国历史文化名城,曾被新西兰著名作家路易艾黎称赞为中国最美丽的小城。这么一说,不去拜访这个小城,那可就十分遗憾了,趁着周末,我们收拾行李待发。

双手举起前往吉首的火车票,背上行李,我们六姐妹集体出发。我们先坐火车来到吉首,那会儿前往吉首的火车还是绿皮的,设备有些简陋,但却丝毫没有影响我们的激情。火车窗户是可以打开的,我们两个人或三个人坐一起,迎着风,看着熙攘的乘客,或是看着窗外美景,这感觉比坐任何车都开心。第二天凌晨,告别了绿皮火车,我们转乘大巴直达凤凰古城。大巴停下来的那一刻,我们欢呼起来,内心的兴奋和喜悦洋溢在脸上。找好了旅店,来不及整理行李,我们便不约而同地跑到街道,迫不及待地拥抱这座小城。

和我们期待的一样,比我们想象的更美——日思夜想的小城呈现在我们面前!看,小城依山傍水,清浅的沱江穿城而过,红色砂岩砌成的城墙伫立在岸边,两边建筑飞檐斗拱;曲径通幽的深街长巷,身旁紧紧偎依的一幢幢青瓦木楼,浓浓的古意古韵,透出古街深厚的民族文化底蕴,仿佛在述说着几百年来小小古城的富庶繁华。如果说故宫是帝王的天堂,那么凤凰古城则是平民的乐园。我们沉浸在美好的意境中,就连空气都飘荡着一种“古老”的味道!深呼吸,啊!这美丽的凤凰古城!

沿着小城内青石板街道,看着江边木结构吊脚楼,带着向往,我们穿梭在人群中,一路游览古城里的每一个美好的瞬间。小城的南方长城,以及古城博物馆、杨家祠堂、沈从文故居、熊希龄故居、天王庙、万寿宫等建筑,无不具古城特色;在石板街旁买花的婆婆、在江边洗衣服的大娘、现场制作姜糖的大叔,以及为游客推选纪念品的大姐、现场弹唱的美丽少女等等,无不透着古朴和亲切的味道。

最让我们留恋的,要数古城里的石板街道了。这青石版街,宽不足5米,自道门口往西,经十字街、东正街、西正街、回龙阁等一路延伸,街道两旁的建筑、街巷,都能让你饱览古镇的万种风情。傍晚,徜徉在光可鉴人的古城石板街道上,摩肩接踵的游客没有了惯常闹市中的喧嚣,而是全都悄言细语地感受这古朴民居的无限韵致,你会觉得古城有一种超然人寰的宁静,是另一种美丽画卷。

暮色渐浓的时候,虹桥洞中的灯最先亮起,古城的热闹又随着璀璨的灯光渐渐开始了。霓虹灯下的凤凰古城更是妩媚,如浓妆艳抹揣着晚礼服的少妇;沱江的水被染成了金色似的,在奔放着流淌;倒映着的木楼和塔在水里舞动着动人的身姿,为她伴奏的是从木楼中传出的音乐。

当夜幕降临的时候,无尽的兴奋与期待都消融在这无边的夜幕之中。夜色中的古城,也是一个美妙的梦境,或轻愁,或挟一怀平和。穿过影绰人群,随便寻一处临水而设的茶肆酒吧,或钻进岸边吊脚楼苗家人餐馆,一人独饮或亲朋偕欢,古城都能为你圆一个心中常驻、世间鲜有的曼妙梦境。我们六个来到了虹桥下的一家酒吧。不瞒你说,这是我第一次进酒吧。酒吧里面汇聚了来自四面八方的游客,或是饮一杯茶悠然欣赏窗外的古城夜景,或是来一瓶啤酒为台上的自由歌手欢呼呐喊,这些,我们都试过了。酒吧,也是来凤凰不可错过的一站。

来到凤凰,不可不提的就是美味小吃和工艺品。凤凰的大街小巷有很多美味的小吃,可以说是个吃货天堂。从毛主席爱吃的臭豆腐到凤凰最著名的血粑鸭,从油炸小螃蟹到湘西牛肉粉,我们都尝了一遍,难忘这湘西美味。古城里也便是各种小店,店铺中陈设着琳琅满目的民族工艺品,别的没选,我们每人买了一条绣有凤凰的披肩,披肩上的凤凰可谓栩栩如生,披在肩上既暖和,又好看!

在凤凰的时间是短暂的,但是回忆却会伴随我们很久,很久。回来的路上,脚步又踏上了青石板小路,我还在恍惚着,留恋着,犹如梦境。顺着青石板小路,我们踏上了离开的大巴。

三年的时间过去了,如今又提到这段旅程,是因为记忆犹新、回味无穷。之所以记忆犹新,是因为印象太深刻;之所以回味无穷,是因为凤凰韵味十足。我想,我还会再去拜访这座古城的。

凤凰,再见,再相见!

情迷暹粒 品味吴哥

邕宁区人民法院 韦 玮

旅行，是一种不治之症，一旦感染了就再也无法摆脱，欲望在心里蠢蠢欲动，迈开脚步才能获得短暂的身心安宁。

对我来说，每一段美好的旅行是一份珍贵的回忆，游走在柬埔寨的美好时光，化作一抹古朴的色彩，点缀在人生记忆的长河里。和闺蜜约定好一起休假的时间和旅行目的地，先是把机票买了，然后参考网络上驴友们的游记和攻略，设计出兼顾时间安排和费用经济的路线方案，盼望着、期待着，最后也就成行了，这也是旅行的意义和乐趣之一。先做点什么，总比老转发那种“一生一定要去一次的地方”之类的文章要来的现实。

探访柬埔寨这个神秘的文明古国，了解历史和文化是第一步。为此出行前阅读了《柬埔寨：五月盛放》，这本书为初游者提供了很多实用的讯息及简单的历史背景与知识。如果不了解柬埔寨的历史，随随便便地走马观花，很快便会视觉疲劳。在吴哥，我们面对的不仅是精美的建筑和雕刻，还有背后的历史和故事，这样看起来才会更有意思，毕竟那么多寺庙晦涩的名字还是难免让人迷茫的，既然不辞劳苦地奔向这个神秘的国度，为什么就不花一点点时间了解一下它呢？

吴哥遗址群寺庙众多，好些寺庙不是记不清就是搞混了，都是在旅行结束后拿着照片对着书本一点一点“复习”的。现在回想，一路上我们过于行色匆匆，其实不一定非得紧扣计划安排，倒不如放慢脚步，好好感受你身处的地方。下面介绍的寺庙是遗址群中著名的、重要的也是让我印象比较深刻的寺庙。

吴哥寺(Wat Angkor)

吴哥窟,泛指整个散落在暹粒附近的众多寺庙古迹群,其中,吴哥通城俗称大吴哥,吴哥寺又叫小吴哥,而在大多数人的观念里通常所说的"吴哥窟"即指吴哥寺。毋庸置疑,作为世界上最大的印度教建筑,小吴哥是吴哥景区的精华所在。踏上通往吴哥寺的石桥,脚下是清澈的河水。吴哥寺外环绕着护城河,雄狮和七头蛇巨型石雕横亘于护城河桥头。传说雄狮代表守护,七头蛇代表吉祥,七头蛇颀长的身体连接着人间和天堂,人们希望借助神的力量步入天堂。吴哥寺基本的布局是祭坛和回廊的结合,全貌就像一座方形石城,层层回廊纵横相连,构成一个套一个的正方形。正中是寺庙的最高层,矗立着莲花般的五座宝塔,这是印度神话中须弥山的象征,中央一座,四个角各一座,从正面看只能看到三座,吴哥窟最有名的标志,便是三座塔的影子。若要登上塔顶,得攀爬"天梯","天梯"的阶面狭窄,梯级又高,攀爬起来是要手脚并用的,真是难以想象,数百上千年前,建造者是怎样将这些巨石堆砌上去的。登上塔顶,层层阶廊尽收眼底,远处原始森林环抱着这座须弥塔群,感觉自己仿佛像吴哥王朝的历代君王一样把一切掌控在手中。

个人认为吴哥寺最具特色的便是长廊了,长廊壁上的浮雕题材主要取自印度的两大史诗《罗摩衍那》和《摩诃婆罗多》,深邃无尽、美轮美奂,如时光隧道,纵深地走入,仿佛离现实世界却越来越远。重重叠叠的回廊和连子窗,阳光透过石缝散落到幽暗的室内,有种光阴触手可及的感觉。置身于这座气场强大的寺庙当中,内心却极为容易沉浸到平静的状态之中,因为一切的事物都透露出其至高无上的宗教氛围,人们不忍惊扰。如果时间宽裕,我倒乐意在回廊看尽每一面浮雕,或在石窗前发呆以及静静地思考。

巴戎寺(Bayon)

巴戎寺的外观似乎与吴哥寺很相似,但巴戎寺是佛教寺院,它的整体构成是以传说中佛教最高境界的须弥山为样本的。远远乍一看巴戎寺,如同一座残破的石头山，近看才发现，每个石塔的四面上都刻有一张张微笑着的脸，原来，“高棉的微笑”就藏于此。巴戎寺的石塔共计49座，中间一座最大，高约40多米，其余48座如众星捧月般全部簇拥在它的周围。这49座石塔顶都刻有巨大的四面佛像，是巴戎寺的标志。四面佛像的四个面分别代表慈、悲、喜、舍，一张张眼睑下垂、眼睛微闭、丰厚双唇、上扬的杏仁眼组成巨大的面庞，有人说这是建造巴戎寺的神王阇耶跋摩七世的面容，大气且霸气，从世间所有方向监视着他的臣民，彰显着王的威严；也有人说这是大慈大悲、救苦救难观世音的化身。穿行在众佛塔间，无论身处任何角落，都会发现有双含笑的眼睛注视着你，凝神望去，众佛像嘴角上扬，神秘的笑容让你莫名的心动与感触：千百年来，这块神奇的土地上发生了无数的变革，而今破败如斯的身躯、满目疮痍的面庞，唯有笑容依在，众佛用淡然处之的微笑来看待人世间一切的纷杂。

巴方寺（Baphuon）

从巴戎寺出来，往北走就是巴方寺，它是11世纪中叶真腊国王优陀耶迭多跋摩二世为献给湿婆神于1060年修建的国寺。巴方寺在整个吴哥遗址中不算最出名，却是我个人钟情的寺庙，缘于寺庙前那座长长的廊桥。沿长长的廊桥向巴方寺走去，巴方寺在夕阳下如金光万道的佛教圣地，犹如时间隧道带领我们步入那久远的岁月，心境自然干净了许多，自然而然地产生参拜的愿望。廊桥两侧有对称的方形水池，现池水已干涸，可以试想，如果廊桥两侧的水池充满水的时候，这条廊桥一定会给人一种漂浮在水面上的感觉，而巴方寺也会呈现出一种海市蜃楼的胜景。走近一点，可以看出巴方寺仍然采用寺庙山的结构。廊桥的尽头是巴方寺的大门，门廊不大，但身后高大的台基和层层回廊，显出了他霸主的气势。一层的回廊和廊窗，纵深、狭窄，层层垒砌，巴方寺宏伟的须弥山式金字塔，沿阶梯层层高升，若要爬上去还是要费点力气和时间的，可惜当时天色渐晚，我便驻足于廊桥上感受它的幽静和壮美。

女王宫(Banteay Srei)

从这名字,不免会与女王的身份地位联系在一起,其实它与女王毫不相干。关于名字的由来,有两种推测。一种说法是寺庙中的雕刻巧妙细腻、温柔逼真,特别是主殿中"阿帕莎拉"女神像呈现出高贵、秀雅的丽质,人们误以为这是女王居住的琼楼玉宇就叫做了"女王宫";另一种推测是吴哥王朝时经常与邻国发生战争,因此需要在远离王城的地方建造宫殿,以便在战争时供后妃居住。女王宫的门框都比较低矮,必须低头躬腰才能通过,这也许是为了表达对湿婆神的谦卑,因此,整体的规模设计也似乎呈现出躬卑之感,不像其他寺庙那样为了标榜君王至高无上的地位,把庙堂建筑在高耸的石阶上,让朝拜者五体投地爬上石阶去朝觐君王神位,而是低调地将其建造于平地上,低调地用矮门框、小殿塔的形式表达谦卑。女王宫尽管在规模设计上躬卑,内涵实则不然。建造女王宫的材料用以红砂岩为主的砖石代替了以砖为主的砖石,该砖石附着性好的性能便于建造者更好地在雕刻细节上下工夫,所有的石柱、屋顶、房檐、门楣甚至基座,凡目光所及之处,都雕刻了极其精美的花纹和图案,其中许多都是立体的浮雕,坚硬的石块,竟能如雕刻木头般琢凿出层次分明、线条柔纤的精细作品,不论门楣、石壁或窗棂,都刻镂得一丝不苟,刀工流畅细腻,造型繁复圆润,线条纤巧柔美,色彩鲜艳妩媚,巧夺天工而妙不可言。游览女王宫后,之前寺庙的一切雕刻都瞬间被秒杀了,真不愧被称为"吴哥建筑的明珠"。

塔布茏寺(Ta Prohm)

塔布茏寺是者耶跋摩七世为母亲修建的寺庙,电影《古墓丽影》让这里名声大振。塔布茏寺如同睡美人的城堡,完全被丛林吞没。寺庙里的参天古树是该寺最显著的看点。古树生长力极强,盘根错节的巨树无所不在,紧紧缠绕着佛塔,撕裂围墙,掀开石阶,占领了长廊,几乎与庙宇浑然一体,你中有我,我中有你,它们可能一定程度地破坏了寺庙,同时却也一定程度地支撑了寺庙,到了今日更是再也无法将它们分开,造就了“老树妖”与古庙“缠绵”的奇特现象。颇为遗憾的是,游览时寺庙正在维护修葺,很多部分不对游人开放了。

当游走于沧桑恢宏的文明遗迹,游走于落寞的繁华,“吴哥窟”三个字变幻成一座座建筑,刹那间丰满了起来。所有的一切都沉积于历史的长河之中,你会感叹于古人那神奇的文明和智慧。吴哥古迹遗址群留给了人类太多的遐想和疑惑:一个如此繁复庞大的建筑,是何人修建的?巨大的石头是如何搬运的?一个曾经如此盛极一时的王朝,为何突然之间消失在历史的长河中?虽然我们看到的只是一座座废墟,但那些残垣断壁仍令人震撼,仍令人深深感受到那一页页辉煌的历史、精湛的文明,仍使人能抚摸到高棉民族曾经创造的伟大艺术、崇高的美。

高棉微笑的迷人不只是雕刻在石头上的千年不朽,无论是石壁上的微笑还是途中邂逅那些人的微笑,感受着每张真实的脸孔,都让人在再回首时,感觉温暖无比。其实,只要带着谦卑的心态去感受、去领会,那不经意的“高棉的微笑”会出现在任何地方。

走出心灵之沼

宾阳县人民法院　王忠贤

散步是一项有氧运动，我喜欢散步，它几乎成为我饭后必做的事情，已构成了生活中的一部分。虽然三三两两去散步可以说说笑笑，说南道北的，但我更喜欢独自散步，一边走，一边或听音乐，或思考问题，或洞察身边的人和事。

最近连降大雨，天虽然很热，但空气很清新。一眨眼，一年又已过半，工作特忙，思绪万千，心情就像冬日的雾霾天一样，灰蒙蒙的。我趁着夜幕降临，决定独自到正在建设中的凤凰湖公园里走一走，散散心，梳理一下心情。

置身于公园中，环视着四周，园里的亭台廊阁古香古色，与白色的石拱桥相互映衬，尽显出古典之美，环湖的高大建筑物则被闪烁的霓虹灯勾勒出唯美的轮廓，远望街道，车水马龙、流光溢彩，夜幕下的县城很美。

因公园未正式对外开放，里面的人很少，沿着湖堤边走，边听音乐，几乎无人惊扰。说实话，我虽然爱听音乐，但对音乐却一窍不通，这并不影响我对于音乐的享受。喜欢听一些古典音乐，特别是古筝，我钟情于它的筝音，优美而婉转，旋律清澈如水；钟情于它那节奏，优雅而带点慵懒，素雅而带点淡然。《春江花月夜》《高山流水》《秋思》都是我常听的曲目。

沿湖走了一个多小时，确实有点累，就在堤岸边上的石块坐下来歇歇脚吧。此时的月亮正在悄悄地爬高，于是就选了一首古筝《月儿高》单曲循环。这是一首描述月亮东升到西沉的过程。我感觉到曲目，筝音优美婉转，韵律急缓有度，高低起伏，有时如同大风掠过平静的湖面，不断地翻起层层波浪，拍打着岸边的瘦石，震撼着内心，令人神情激昂；有时又如同春风拂柳一般，是那么的轻柔，那么的平静与淡然。

思绪跟着筝音流转，不知不觉流了眼泪。也许是人生的经历与情感与曲目中节律和所表达的意境有相似之处，才以至于自己热泪盈眶。

回想起刚刚步入社会的那些岁月，在那段全身心投入基层工作的日子里，我一次又一次迎接新同志的到来，又一次一次目送他们离开，我的心里曾期待过，也迷茫过，泪也流过，但工作热情依然如初。我想，也许这里的工作更需要你去做，也许这里的人民更需要你在这里服务。人不能索取太多，要淡泊明志，才能宁静而致远。想开了，心情就豁然开朗了；想开了，心就淡然了；想开了，心就安了。

我觉得一个人在安静的时候，心里总是想得很多很多。回想自己作为一名法官，所走过的路、工作中的经历和表现出来的情感世界与此乐有相似之处。当他面对于外部的各种利益诱惑时，而无动于衷，静如止水；当工作遭遇到亲情、说情或阻力时，他因秉持公平正义而变得铁面无情；当工作中遭受到无端的指责与谩骂时，他会心中含泪而脸带笑容，心平如镜，不厌其烦地做好接待与解释工作。我想这种心境，源于人民对法官的期待，也源于法官自身的涵养与职业道德的操守。

也许是在工作接触形形色色的当事人，处理各种各样的案件，目睹更多的人间的冷暖、无情、无助的缘故，通过日常的工作，更能体现出法官丰富的情感。他为能挽救回一个完整的家庭，废寝忘食而感到心安；会因终结一段姻缘而轻叹；为步履蹒跚的白发老人老有所养，会对不尽孝子女而怒发冲冠；他无法忘掉留守儿童对父母之爱的渴望眼神，并因此而感到心酸，对孩子们施以父母般的关爱，帮助他们实现微心愿……我想法官丰富的情感，源于法官内心世界里高度的责任感，体现了法官心存善念，多行善举、仗义执言的司法情怀，彰显了法官的理性与睿智。

也许是这天籁之声与我的人生和工作经历有着感同身受的地方，才深深地触动了我的内心。我曾读过一本书，记得书中写道：每一个人心中都有一块沼泽地，它或多或少蛰伏着贪婪、恐惧、迷茫、悲观、自卑，并将真诚、善良、美丽和信念逐渐吞噬，丧失斗志，只有走过这心灵的沼泽地，才能站稳脚跟，挺起腰板，燃起希望。我觉得这话写得很好，在现实生活中确确实实是存在着这样那样的利益诱惑和一些负面的因素，这就决定了人生不可能一帆风顺，要经历风风雨雨和磨难，因贪婪、迷茫、悲观、自卑就容易掉入泥沼中而身陷囹圄，或失去信心；只有坚定正确的信念，增强信心，在风雨中坚强，在磨难中成长,砺其心智,才能走过心灵的沼泽地,才能挺起腰板做人,理直气壮地做事,也才能丰富人生的内涵。正如音乐的一样,节律高低起伏,才能演奏出更加动人的乐章。

又是一轮曲终,心情像该乐曲平缓的结尾一样平静。抬望眼,月亮还当空挂,月光依然是那么皎洁。夜虽未深,但该回家了。

遇见更好的自己

宾阳县人民法院　董　金

前几天，和友人一同去看了《我的少女时代》，影片开头林真心的一句话“没有人告诉我长大以后的我们会做着平凡的工作，谈一场不怎么样的恋爱……”戳中了我的心，也描述了我的状态。有一段时间，我觉得自己过得太糟糕，因为一份平凡而忙碌的工作，因为经常让我囊中羞涩的收入以及岁月渐长还待字闺中的尴尬状态。

我常常在想：现在的我是不是最糟糕的自己呢？

也许在我们小的时候都有这样或者那样粉红色的瑰丽梦想……我会成为一名书卷气满满的大学老师，我会成为一名自由穿梭于世界的旅行杂志记者，我会做一名文采飞扬的编剧等等，然后成功成为白富美，等着那个脚踏着七彩祥云的白马王子来迎娶，进而走向人生巅峰。

现在想来真的是天真。

我现在每天埋首于案卷中，整理、打码、盖目录、装订案卷、记录庭审，和系统作斗争，没头绪地坐着各种琐事。

我只是一个小小的书记员，一个忙着琐碎事务的小内勤，然后每天胡乱扎着马尾，不修边幅地上班，记不清已经多久没有主动化过妆，打扮过自己，可能是由于自己日渐肥胖的身材和渐渐的自卑感。

我已然从心理和生理上变成了土肥圆。

说不清自己有多久没有完整地看完一本深刻的书籍，有多久没有旅行。常常为了家里一个催婚的电话烦心不已。

真的不喜欢这样的自己，就在这样一个路口，找不到方向。我们是不是要自怨自艾地过着这种生活，埋怨着自己？

就像林真心一样，我会想起我的少女时代。那时的我，表面乖乖女，内心自由地像一匹野马，我喜欢读张爱玲、徐志摩、胡适、李敖、王朔、韩寒……我愿意每天接受和学习新鲜事物，在那样一个课业紧张的时候，我和我的同桌总是在热烈地讨论香港电影、张国荣、罗大佑以及唱着王菲的歌。那时我有勇气为了维护自己的观点和语文老师争辩，有勇气表达着我的喜欢和厌恶。我喜欢这样的自己，那么真实和恣意。

不管那时候我们的青春里中是否有着徐太宇，我们都把青春时期懵懂的感情变成了美好的回忆。可是是不是青春越绚烂，成年后就越灰暗了？为什么我们越来越不喜欢自己？当我们看到这物欲横流的世界，当我们总是被和别人家的孩子作对比，当我们永远逃不开工资、房子、车子、男朋友等等话题时，我们越来越不喜欢自己，不喜欢自己的现状，觉得自己真的糟透了，我们真的很糟吗？这是来自我26岁时的拷问。

本以为就会这样下去，可是最近两件事情，改变了我。

一是朋友莫的生日，朋友陈送了她一本书，书里写着“我们是最好的自己”，临睡前，小莫读到了这一段，我听完心里一震：对呀，现在的我们不就是最好的自己吗？二是相处两年多的好朋友肖找到了自己的幸福，当看到她成为新娘走向幸福的红毯时，心里好激动，我突然意识到原来平凡的幸福就在我们身边。是的，我们总是会被这样或者那样的事情遮住双眼，感觉自己混混沌沌，当有一件事情轻轻触动心灵时，才发现自己为何不能如别人般如此潇洒，豁达。

我的工作平凡忙碌，我的外貌一般，我的感情也许依旧空白，可是我还是我，我还是可以读我喜欢的诗句，还是拥有爱我的家人，还是有志同道合的好友，还有我心中一直存在的理想。我与我的少女时代告别后，我依然是我，岁月的历练带来的应该是另一种成熟之美，不是吗？这种成熟之美建立在自省中，建立在对自我的认知中，建立在自信中，一切只因为我们就是更好的自己。

前几天和一个小妹闲聊，她带着玩笑的语气说：“姐，你现在26岁，工作又累，还有点胖，又没有男朋友，家里人不着急吗？你不烦恼吗？”我没有想要灌她心灵鸡汤的打算，我只是说：“如果都那么糟糕了，那我是要大哭吗？”说完一起大笑。如果不能坦然自嘲，如何正视自己。

我就是更好的自己，我努力过着我的小日子，每天安心工作，结束工作后,看看书,煲煲剧,周末煮煮小菜以及计划我的下一次旅行。

不论岁月如何改变我们的容颜,改变不了我们最初的那颗心,那颗闪闪发亮的心,不愿意蒙尘的心。不自诩自己是否有着优越的环境、高收入的工作、安逸的生活、如王子公主般的爱情,但也不妄自菲薄。曾有人问我如果有一个机会,你是否希望穿越回到从前,现在的我只想说,我不愿意,不论我之前是否后悔过自己的选择。马东说:“这世界不会变得更好或者更坏,这世界本来就是这个世界,一直是这样。”所以,顺其自然,接受现在。

希望和我一起在路上的你们,能在这一个路口,遇见更好的自己。

故园之思

隆安县人民法院　张　琦

不经意间走进童年玩耍的后园，好像时光倒流，孩提的人事骤然回到记忆。我家住在桂南农村。祖屋是爷爷建的，砖墙瓦顶，家家后头有一方小园，叫做后园。不是种果种菜，就是养鸡喂鸭、堆放柴火。

后园种着许多果树，有青梨、番石榴、龙眼。一株青梨，一株沙梨，分列祖屋两侧。立春前后，梨花开了，引来成群蜜蜂。梨花隐在绿叶底下，映着碧空，清清楚楚。

这是我们儿时的天地，从前那样大，如今那样小。伙房不见了，几根石柱孤零零的指向晴空。往日躺睡的青石板，差不多没入土里。曾经，我们为了 个青梨吵架，甚至打架。父亲在屋里裁衣服，听见响动，走出来，嘱咐我们平和相处。

三、四月间，田野长一种春菜，叫雷公根。小孩子踏进田里，俯下身，仔细寻找。小孩子不大爱吃，不过大人喜欢，土话叫做“钱菜”。后园的西北角就长着一片郁蕤的雷公根！

有一年，沙梨叶子生了一种大青虫，满树都是，不由让人起鸡皮疙瘩。连四十岁的老妇人也“谈虫色变”。我和弟弟，还有四叔，拿着竹竿，一下一下打，虫子打下来了，我就丢下竹竿，一条条扔进瓦罐，倒到鸡笼里。

后园西北角有一间废弃的砖屋，是二爷生前住的。番石榴似黄未黄的枝叶，轻轻挡住松垮的木门。睹物思人，我想起了他生前的一些小事。

他娶过两个老婆，前一个不知怎么死了，后一个在三年困难时期也饿死了。孩子在六岁的时候掉进鱼塘淹死了。梅雨天气，他躺在床上望着抹布一样的天空，自言自语：“这雨不知道下到什么时候。天晴了得晒晒被子。”像祈求，像希望，又像是说给死去的老婆孩子听。

夏天黄昏，院子里的蚊子乘势飞扑。屋里闷热，蚊子更凶。他坐在矮凳上吃晚饭，一边吃一边拍，骂道：“该死的！”不一会，钻出门口，身子靠住门前的老苦楝，来回剐蹭。我奇怪的是没有蹭破他的老皮。

每天下午五点钟，他拄着拐杖，从村头打酒回家。一只脚已经跨过二门，像记起了什么事，退回来，扭头看一看墙上的挂钟。喝过酒，等到夜深人静，全村入睡，他就自言自语，讲过去的典故，有一种秋夜浴月的宁静。

园里的木瓜、青梨、黄皮，六七月，瓜果渐渐成熟。果园是他管理的范围，未经同意，不得私自采摘，否则准挨骂。“不要去摘那里的果！让他骂你！”母亲总这样叮嘱我们这群淘气鬼。“该杀的，又来了！还不赶快滚！”他眼睛瞪得既大且圆。摘果的多是五六岁的小孩子，见他钻出门口，立即狗一般的逃散了。随后远远向他吐着小红舌头。

几个小家伙怕他，可我不怕。我知道果树是爷爷种的，不是他种的。有一回，为了在兄弟们面前逞英雄，我骂他，说他不要脸，老婆孩子都没有……没等话说完，我意识到自己的鲁莽，伤了他讳莫如深的感情。

如今他死了，埋在村西的坟地。

这些遥远而熟悉的往事，经故园的触动，像布景一样，一道道闪过脑海，如今变得那样温馨，又那样遥远。

我把思绪拉回现实这边。春天来了，花草生机蓬勃，绿意盎然。祖屋让花木一衬，反而越发精神。尤其是后门那一副鲜红的对联，在春日的阳光里，格外耀眼夺目。

退出后园，穿过堂屋，漫步窄小的村道。这里已不是过去老人说的“污烂泥泞”，而是干净整洁的乡村小道。离开后园，来到祖屋前面的稻田，几年前，村里人搞起了合作社，租了出去，为了观赏，种起了荷花。我站在土岸，望着这片平静如镜的水面，想起了一句诗：映日荷花别样红。

是啊，祖屋后园，祖屋前头，一个包含我过去的记忆，一个展开新农村的生动画卷，合起来，成为一种温馨的乡愁，不仅有故园的沉郁之思，还有由衷的赞叹之情，故乡，多少让人魂牵梦萦！

乡愁一直牢牢驻在我的心里！

窗内的灯光

上林县人民法院　陈　燕

远远的，便看见了那盏灯光，氤氲、朦胧，孤独地守在远处的窗边。夜幕下的路漆黑、漫长，似乎永远也不能延伸到尽头，风从北面吹过来，冰冷、无情。

冬天的夜晚漫长而寒冷，路上零星地有几个人地走过来，又走过去，谁也没有看一眼路边那些买卖的摊贩。在这样的夜晚里，无论是匆匆的过客，或是为生计忧愁的摊贩，心中最想念的也许还是那个亮着温暖灯光的家。我收回远望的视线，转回眼前的书本上，这是一本英国作家莫里斯芳写的书，名字叫《哦！冬夜的灯光》。书中描写了在一个冬大的夜晚，一位医生到一个偏僻的农场去出诊，在人生路不熟的黑漆夜晚中，沿途的一户户农家为他亮起了灯，照亮了他去生病婴儿的农民家的路。这亮起的一盏盏灯，照亮的不仅是那位医生的路，也照亮了人与人之间沟通的桥梁。在那个荒凉、偏僻的小镇，灯光就象征着光明、温暖，驱走了冬夜的黑暗、寒冷。

灯光在，家也便在，深夜里亮起的灯光，能给人继续向前的希望和勇气，能安抚一路归去的疲惫。在现实生活中，每个人心中都有一个温馨的家，有一盏亮起的灯，有一个属于自己的温馨故事。我时常在路上经过一些矮小的瓦房，那些房子窄小、阴暗。有时候我总是好奇地驻足不前，然后转过身去看一眼那屋里的样子，看看他们的故事。昏黄的灯光，大人和小孩聚在一张小桌子上吃饭。那就是他们的世界，贫穷但快乐，那黯淡的灯光在点亮着他们漆黑单调的世界。我也见过大城市里豪华别墅里透露出来的灯光，明亮而绚丽，那些屋里的人，在美丽的玻璃窗内沉浸在自己的世界。无论是穷人或富人，无论是简陋或豪华，只要那些屋子里有温暖的灯光，只要那屋子里有浓浓的亲情在等候，那么归家的人总是幸福的。

夜睡去了，一切归于宁静，街灯早已熄灭，只偶尔响起一阵汽车驶过的声音,窗内的灯光却依然透过窗子孤独地亮在冰凉的夜色中。窗外的风拍打个不停,像要穿破玻璃涌进来。夜晚的时间就是这样流去,夜晚的世界就是这样宁静、安谧,无论外面的温度降到多少度,无论外面的风是多么的大,无论外面的世界是多么的残酷,室内总是温暖的,室内的灯光总是明亮而温馨。

只一窗之隔,窗外与窗内,两个不同的世界,两种不同的温度。窗户外面是千万户人家,千万户人家中有千千万万扇窗子,可是哪一扇窗子是为你而打开?哪一盏灯才是为你而亮起的?

糖

武鸣县人民法院　姚息文

在过去,糖在我们小孩子心中,是难得的宝贝。

那时,有糖吃有两种情况:一种是母亲去赶集,另一种是家里来了客人。母亲去赶集时,一定买糖回来,供给我们几兄妹享用。可那时家里“掌权”的是父亲,去赶集的人大多会是他。他去,是不会买糖回来的。那时家里也很少有客人来。我总是抱怨日子过得过于平淡,为什么家里或者家族是都不发生出一些事情来,好让客人来登门。

村里的孩子嘴馋时总是想方设法地满足自己的渴望。

我们家的菜园边,种着一排排的洋芋。洋芋开花时红艳艳的,漂亮极了。可在当时,我并不懂得去赏花,而是一朵一朵地把花摘下,就用嘴去吮花里的露水,尝到了很短暂的甜蜜。

有人告诉我,干竹子里有一种叫做“螵”的虫子,体内蕴藏着大量的糖分。于是我就房前屋后地瞄着有洞眼的干竹子。发现了这样的干竹子,很小心地把竹子破开,我就迅速地捉住了虫子,迫不及待地用嘴巴去嘬它的屁股。没料到,这家伙竟然蛰我的嘴唇,嘴巴顿时就火辣辣地痛,瞬间就肿得像个馒头似的。晚上母亲收工回来就盘问不休,一定要人承认是不是在外面乱讲话,才被别人打肿了嘴。而我却不想告诉她,是被“螵”蛰的,太伤人面子了。

父母告诫我们在外面千万不要吃陌生人给的糖,就是掉在路上的也不要捡。因为有一种专门拐卖小孩的人贩子,在糖里放了药,迷倒孩子,然后装进布袋里,拿到很远的地方去卖。这样一来,偶尔在路上捡得几颗,想吃又害怕。我就快速地跑回家,关紧了门窗,躺在沙发上,舒舒服服地吃。

当然,也有自己弄到糖吃的时候。那时不时会有人来村里收破烂,可以以物换糖。收破烂的人一来,孩子们就往垃圾堆里钻,刨得一些烂铜废铁,拿去换糖。在我运气不好时,看着别的小朋友又吸吮得起劲,就脱下脚下那双半新旧的凉鞋，卖了。甜蜜过后就回去跟母亲说："妈妈，我的鞋子又弄丢啦……"

村里的华哥外出当兵好多年，回来探亲的消息不胫而走。我们做小孩的就赶去看热闹，把他家的门口围得水泄不通。华哥拿出了一大袋的糖来发给孩子们。我合着小手去接，仍有几颗掉到了地上。于是就想：长大了我也要去当兵，天天有糖吃。

日子慢慢地流逝直到现在我长大了，有了工作。通过劳动，换来了可以自己支配的收入。我可以随心所欲地买自己喜欢的糖，坐在电视机前悠然地品尝。那逝去的种种，化成了一缕缕淡淡地情丝，仿佛一串串色泽鲜明的冰糖葫芦，看在眼里，甜到心上。

父爱无痕

宾阳县人民法院　王忠贤

这些年来,我一直想提笔写一写父亲,尽管这种愿望十分强烈,但始终没有落笔。直到有一天,我闲来无事往家乡走一走,刚进村,村里人就告诉我,父亲比我早一小时已回到了村里。

在知道父亲回来后,我不急不忙地走回家。刚进家门,便看见在泥房的门前架着一把长长的木梯,直通房顶,有一个人头戴着草帽正蹲在房顶上,这身影是我再也熟悉不过了,他就是我的父亲,这就是我 72 岁的父亲!他一个人趁来年的雨季到来之前,为家乡里的老泥房葺瓦补漏。于是,我走到梯子前,扶住木梯,语气平和地向房顶上的父亲叫了一声,然而此时的我,心里却自责起来,寻思着,他这把年纪,在城镇里可是退休享清福的年纪,为什么还要亲自爬到房顶葺瓦补漏呢?这是他该干的活吗?对父亲记忆在脑海里不断涌现,内心无法平静,鼻子顿然酸起来,泪已盈眶,我悄悄地低下头,生怕父亲发现。

父亲一生勤俭、朴素。父亲有八个兄弟姐妹,其排行最小,有四位老兄在外省工作。在过去,父亲的衣服多半是省外的兄弟寄回来的已穿过了的旧衣服,虽然陈旧,但是很干净,穿坏了还要打补丁,我们兄弟俩的旧衣服,也成了父亲的新装。他平时很少添新的衣服,我们拿钱给父亲让他去买新衣服,却总是不见新衣服穿在他身上。悄悄地问母亲,才知道,原来父亲认为没必要买新衣,而是把钱寄给了外甥,作为外甥的学杂费用。父亲总是要把钱用在最需要的地方。前些年老兄在县城里盖新房子,我的房子也需装修。因为我们兄弟俩的身体处于亚健康状态,体质不佳,对于清理杂物、装运建筑垃圾,实在是干不了,便让父亲去雇些工人来干活。但是后来我们才知道,父亲认为自己的身体很硬朗,子女因建房买房花了大钱,为了多给子女省点钱,他没有去雇工人去清理,而是自己动手干,他几乎每天都骑着自行车去到工地里,忙这忙那,一点一点地干,硬是把房子清理得干干净净。后来,他快乐地对人家说,一年瘦了十多斤,千金难买老来瘦。因此,对于年事已高的父亲独自爬到房顶葺瓦补漏的用意,不言自明。我父亲就是这样一个勤劳俭朴,为了子女的幸福劳而无怨、爱而无痕的农民。

此情此景,回忆涌上心头。家乡人是以瓷器业家庭作坊谋生的,因此,孩提时代,我家的生活过得比较清苦。每逢赶集的日子,父亲就往镇上赶集,采购一些生产生活用品。他赶集的当天,每到傍晚时分,我们兄弟姐妹四人便到村头,一边玩耍,一边猜测着父亲要买给我们吃的东西,大家不安的眼神张望村口,盼望着父亲早点进入视野,待父亲出现便狂奔去迎接。父亲当然也从未让我们失望,他通常买一些廉价的糖饼来打发我们,物质虽少,但这也足以使我们的心灵得以安慰,从儿时起,就能感觉到父亲能给家庭生活带来美好的希望。

有一年,家乡里的瓷碗特别滞销,以致所生产出来的产品堆满了仓库及村边的道路,当时年关已近,但生活已陷入将要揭不开锅的窘境。父亲在跟母亲商量后,当晚就去向村上兄弟借了一点钱,次日清晨就到镇上请了一辆汽车,将自产的瓷碗拉到云贵一带去销售,以便度过窘境。这是父亲第一次独自远行他乡,人生地不熟,当时的通信非常落后,家里人都很担心。在父亲远行的日子,愈近年关,思父之心愈浓;母亲则整天唠唠叨叨,表现出平日少有的担忧情绪。经过十六个日夜的企盼,父亲在销售完产品后终于在大年二十九的深夜里回到了家中,他的归来,又给家里带来了生活的希望,家庭生活也因此恢复了平静。在我眼里,父亲是家庭责任的担当者,是家庭里顶梁柱、风向标,他别系着家庭美好生活的希望。

父亲小时候曾经在县里的卫生学校就读过两年,学了些医学知识,原本有机会到镇上工作,但在那个强调阶级成分的年代,由于当时村公所里的干部认为我父亲的兄弟们已有多人在外地工作,因此他们没有给予我父亲进城工作的机会,父亲只好在农村里当了个地地道道的农民。因他略懂医学知识,也曾在村公所做过赤脚医生,对于常见的小病开药打针,不在其话下。村中有人生病时,常常找他开点药,或者请他上门打针,不论白天黑夜,他从不拒绝,积极医治除了收点药物成本外,从未多收人家一分钱。村里人对父亲也很敬重。特别是村中有个小女孩从小患有哮喘病，一到季节变换，更加频频复发，严重时呼吸困难，嘴唇发紫。我已记不清有多少个冬日寒夜，父亲为该小女孩打针送药；也记不清有多少回，父亲在深夜里骑着自行车跑到山外五公里远的乡卫生院为小女孩拿药回来救急，但是父亲点着昏暗的煤油灯在柴火灶前蒸煮消毒注射器的情景，打着灯笼走在迂回狭窄的巷子上门为村中的病人出诊的样子，却深深地烙在我的脑海里，一辈了都无法抹掉。父亲身为农民，有着农民的淳朴与无私，不但为人真诚，也乐于助人。他不但呵护着我们健康成长，也呵护着别人的健康。他这种品格深深地感染着我，影响着我，我为我有这样的父亲而感到骄傲。

如今蹲在房顶上葺瓦补漏的父亲，满头的青丝不知何时换成了白发；平滑的额头已雕刻出了一道道的岁月痕迹；当年曾经呵护我们成长的双手长满了老茧，挺直的脊梁，也已显弯曲；满口整齐的牙齿换成了全套假牙。一直以来父亲在我心里的模样，都是身体硬朗，以致我从未觉察到父亲已悄悄变老。

我作为他的儿子，如果有人问我，父爱是什么，也许我也说不出父爱是什么，但是我心里却能深深地感觉到父爱的存在，这份感觉不会随着岁月而流逝，那份爱永远围绕在你的身旁：它给予了我一个无忧无虑的童年，指引着我从幼稚走向成熟；它给予我树立了自立自强、正直做人的榜样；它给予我追求美好生活的坚定信念……

也许是父亲给予子女的太多，以致使我们感觉到，这是理所当然的事情；也许是父亲对子女的爱有如春风拂柳，过于含蓄、过于平缓，以致我们几乎忽略。而现在的我，连父亲的生日是何年何月，我都说不出来，何谈关心？何为尊老敬老？也许父亲想要的并不多，只是一个电话，一句问候；也许他什么也不要，他只要子女能安康与幸福。

低头久久的思忆，我深深地感觉到自己对父亲有着太深太浓的情感。

父亲，请允许我向您道一声：辛苦了。

戏里戏外

良庆区人民法院　吕　繁

90年代，农村文化生活贫乏，电视机还是个稀罕的宝贝。那时候，我们总盼着电影队来放电影。放电影那个晚上，周边几公里的人们，过节一般，晚饭后，自带板凳，相约着去看电影。辛苦劳作的人们，借着这个机会，亲朋好友小聚一番。青年人呢，梳妆打扮，既看电影，也留意着各村屯俊俏小伙、漂亮姑娘，伺机搭讪打听。放映场上，说不定还可以遇到自己的另一半呢！

电影师傅运着放映机、幕布等家什，早早就到了村里。白天先选好一个开阔的地带，搭建悬挂幕布的木架子。夜幕降临后，架好放映机，调试设备。电影尚未开播，空旷地带上，或坐或站，密密麻麻的人群，围成一个圆形，迫不及待地等待着放映的那一刻。伴随着一段开场的音乐，电影开始了，放映机射出的光束，投在幕布上，人物、文字，一一显示，故事也就此拉开序幕。年少的我，怎么也想不明白，光束里竟然还藏着一个个活人、一段段故事。

围绕着这块神奇幕布，人们里三圈外三圈，水泄不通，有的人看不到，干脆站起来，踮起脚尖，伸长脖子，或者站在椅子凳子上，居高临下。小孩子看不到，闹得哇哇叫，大人只好让他们跨坐在肩膀上。

播放的电影，大多是爱国教育类的战争片，当然还有港台的新潮片子。有的战争片，已是多次播放，但是观者仍然如云。就当做温习旧故事吧。港台片，最惹人喜欢，片子里，有计程车，有飞机，有大哥大，有高楼大厦，人们西装革履，举手投足，尽显风范。那时候，风气没有现在开放，引进的片子还算中规中矩，但也免不了有些许脸红心跳的镜头。往往到了关键时刻，或者灯灭了，或者镜头突然转向，对着窗外的树木、璀璨的灯火，来个特写。这时刻，在片场上，“哎呀哎呀”声不断，埋怨导演把这么精彩的镜头给掐灭了。观众的心态，用如今的一个流行词语来说，就是“抓狂”。

电影放映完毕，大家三三两两，四散归家。公路山，手电筒宛如一台台小型放映机，射出一束束黄色光束，指引着回家的路。聊天，嬉戏，打闹，谈笑声在寂静的夜里，久久不息。往后的一段时间里，这场电影，仍是人们茶余饭后、劳作间隙的话题。

在那个匮乏的年代里，这块神奇的幕布，带着人们走进外面的世界，在光束里见识了丰富的物质精神生活。天长地久，潜移默化，人们的思想和意识逐渐脱离蒙昧的状态。

电影之外，还有木偶戏、戏剧。

木偶戏，对年轻人来说，似乎单调乏味些，当然没有电影的魅力。所以，观看木偶戏的，老年人居多。搭个木棚子，盖上幕布，木偶艺人口中唱着铿锵的唱词，举着各式木偶在幕布之上做出各种动作，真正是手口并用。随着故事的演进，扮演各种角色的木偶轮番上阵。除了操控木偶的艺人之外，还有八音乐队演奏乐曲，鼓、锣、钹、笛、箫、弦、琴，各种乐器此起彼伏。紧随故事情节的发展，音乐或低沉或高亢，扣人心弦。

木偶戏，演绎的大多是古代传统的剧目。我总觉得唱词太刺耳难懂，看过后，故事的轮廓大体明了，但是具体的唱词却“翻译”不出来。孩童时候，心思不在看戏，而是去凑热闹，到处乱窜。我最喜欢一个盲人师傅，他双眼没了，并无遮掩，看起来黑洞洞的。盲人师傅是乐队的一员，学得一门手艺，乐器是二胡。他端坐在戏台侧面，默默地拉二胡，声音低缓悦耳。他有一手绝活，可以用二胡拉出小孩啼哭的声音，真是太精彩了。每次木偶戏，我都坐在盲人师傅的旁边，听他拉一晚的二胡。在歇息的时候，他常常用他那招牌的小孩啼哭声逗我们玩。每次我都哈哈大笑，求他再拉一曲。这时候，他的脸上总是荡漾着笑意。一道道皱纹，舒展开来，有沧桑的意味，也有孩童的天真。十几年过去了，我想，我这一辈子都忘记不了他的笑容。

我现在还记得，木棚子顶端垂下来一块布，上面写着“艺无止境”四个大字，孩童时候不懂得是什么意思，现在总算明白了，但是，这些陪伴我们成长的东西，却离我越来越远，再也难有机会看到了。

戏剧，农村又称“大戏”，是真人演绎的，类似唱京剧一般，有生旦净末丑。戏班子多是外来的，有男有女，有老有少，拖家带口，背井离乡。那个年代，三两百块钱就可以唱一晚。戏班子来了，各村轮流邀请，唱个十天半个月。看戏,也像看电影一般,十里八乡,众口相传,夜幕降临后,人们从四面八方奔向临时搭建的戏场子,热闹非凡。

戏班子家什很多,一箱箱戏服,一盒盒化妆用具,可以装满一汽车。汽车就是他们流动的家,一路走,一路搭建戏棚子,一路向人们讲述着,那些古老却不遥远的故事。

唱戏的时候,前台咿咿呀呀唱个不停,我却无甚兴趣,喜欢去看后台,看演员涂脂抹粉,看他们穿着各式戏服等待着出场。随着剧情的推进,各式人物轮番登场,扮演者各自的角色。完成各自的戏份后,默默退场,在后台或歇息或帮着干杂活。

记得戏班子里,有一个漂亮的姑娘,眼睛水汪汪,脸蛋圆溜溜,还有两个深深的酒窝,梳着两条辫子,明眸皓齿,举止优雅,唱起戏来,声音甜美极了。她的每一场戏,即使是重重复复的剧目,都会有她的忠实粉丝到场助阵,跟屁虫一般,从这条村跟到那条村。在孩童时候,我认为,她就是人世间最美丽的姑娘。

有一晚,唱的一出传统戏,戏名忘记了,说的是富家小姐与落难公子的故事。公子上京考取功名,小姐在家苦苦守候。公子考取状元后却抛弃小姐,另觅新枝,杳无音讯。为寻公子,痴情的小姐不顾阻拦,上京寻夫。

小姐落难街头,身无分文,饥肠辘辘。饰演小姐的是一个年轻女子,她在台上簌簌落泪,口中念念有词,诉说着她悲苦的命运。正当小姐在伤心哭泣的时候,戏场上出现了惊讶的一幕:一位驼背干瘪的老奶奶,弓着腰,拄着拐杖,闯进了戏场,拉住小姐的手,呜呜地哭泣起来。老奶奶哀求小姐到他们家喝口水、吃碗粥,不要太过伤心,天无绝人之路。面对这突如其来的状况,演员不知如何是好,戏不能停,老人也不能怠慢,最后两人竟然相拥而泣。看戏的人纷纷在一旁劝说,这是假戏,不是真的,别妨碍别人看戏了。但是老人就是听不进去,她已经完全入戏,全身心进入了这个悲情的故事中,紧紧拉住小姐的手不放。后来,还是老人的家属死拉硬拽,才把老人劝离戏台,剧情才能得以继续演绎。

年少时候,不懂事,竟把这事当做笑料。十几年过去了,每当想起这一幕,眼角不禁渗出泪水。同病相怜,戏台上的故事,触动了老人的某根神经,勾起了她苦难的记忆,她早已分不清,究竟戏台上的小姐是她,还是她是戏台上的小姐?

玩转伦敦集市 体会最地道的英伦风情

邕宁区 人民法院 韦 玮

Samuel Johnson said：

When a man is tired of London，he is tired of life；for there is in London all that life can afford.

“一个人如果厌倦了伦敦，那他也就厌倦了生活，因为伦敦有人生能赋予的一切。”

塞缪尔·约翰逊，这位文坛大师这样刻画伦敦……

伦敦，昔日大英帝国的余威仍然在这个城市留下了很多的足迹，古老却不古板，绅士却融合着不同的文化，是一个需要放慢脚步、静静品味的一座城市。在伦敦旅游，除了那些早被熟知的、地标性的著名旅游景点，周末露天集市，在我看来，无疑是最能直接体验到这座城市无穷魅力的好去处。

Borough Market——伦敦最有名气的食品市场

每一个吃货心中都有一座天堂，而位于伦敦的美食天堂，应该就是伦敦桥下的美食天堂 Borough Market 了。Borough Market 地处泰晤士河边，如今已有接近 300 年的历史，伦敦人常说：如果想买品质最好、最新鲜的食品就要到 Borough Market。

对于一个资深吃货来说，这里不仅仅是一个用以果腹和消遣的餐饮区，还是一个探究各地新奇美食、寻找新颖礼物的神秘之地，更是一个了解世界饮食文化和学习食品制造过程的“露天课堂”。市场里的每个商贩都是食物专家，能给你提供最好的吃法。与记忆中尘土飞扬的集市不同，集市里人头攒动，几乎每一个地方都站着一群品尝美食的人。虽然人很多，但是市场的环境并不会让人感觉脏乱，地面上没有垃圾，很是干净。原来好多美食是可以试吃的，只一点点就可以品尝到它的滋味，就不需要买一大份来分享了。Borough Market 还出售传统英国食物和其他国家的一些特色食物。在这里有很多商家摊贩都是用自家出产的原材料，亲自烘焙、酿造、烧烤出食物和酒水进行销售，最大程度保证了食物的地道和原汁原味。以前每当提到英国的饮食文化，许多人都会想到以“仰望星空派”为代表的黑暗料理，大家都会觉得英国没有什么好吃的东西。可是这次在 Borough Market 的体验让我对英国食品有了新的印象。

Portobello Road Market ——寻找 & 遇见《诺丁山》

觉得旅行很奇妙的一件事情就是，你竟然置身于自己最喜爱的电影场景里。《诺丁山》这部电影曾经是多少爱浪漫的年轻人的心头最爱啊！当然我也不例外，真是看了一遍又一遍，忘不了男女主人公邂逅的那个旅游书店，还有男主人公独自一人沿着喧嚣的街市走过春夏秋冬的场景。而整个电影的背景就设在著名的 Portobello Road。因为这部电影，诺丁山的 Portobello Road 成为众多游客的必经之地，但是 Portobello 所能带给人们的却远远不止出现在电影里的那一间旅游书店和一扇蓝色大门。现实中的 Portobello 街市，作为伦敦标志性的集市，更是以它的古玩市场名扬天下。

Portobello 是一个很有波希米亚风味的一个地方，也是伦敦最富有的地区之一。大概是因为这边住的都是中产阶级，Portobello Market 少了点嬉皮味道，多了些上流社会的芬芳；一排排整齐干净的维多利亚时期房子矗立市集两旁，当中还有一排彩色的房子特别夺目。市场所在的街道是一条狭长马路，两边有各种装修奇特的个性小店，马路边上则是两排露天的摊铺。古色古香的银器，五彩玲珑的面具，略带沧桑的怀旧铁板，稀奇古怪的首饰项链，做工精巧的古瓷茶具……林林总总，应有尽有。我就好像刘姥姥进了大观园，新奇得不得了。难怪以前有人说，逛 Portobello 集市的最大的乐趣就在于你永远不知道会发现什么。虽然是个露天集市，这里出售的东西并非想象中的那么便宜。有时候小小的一个银勺子、一块印有怀旧图案的铁皮，价格并不“可爱”，有些特别“古董”级别的，要价更是高得吓人。很可惜的是，电影中的书店已经不复存在,但是关于诺丁山童话般的爱情故事却依旧成为我的幻想和期望,正如电影中罗伯茨所说的那句:“I’ m also just a girl, standing in front of a boy, asking him to love her.”

New Covent Garden Market ——伦敦最大的花卉市场

和伦敦当地的好友在一个明媚的早上起了个大早,她要带我去伦敦一个色香俱全的地方,绝大多数的游客都不知道,它就是 New Covent Garden Market 花卉市场,伦敦最大的花卉市场,伦敦花店 75% 的鲜花都是来自这里。

在伦敦,鲜花代表了一种生活情怀。逛鲜花集市,成为了一种主流生活方式。走进 New Covent Garden Market,顿时觉得这是世界上最鲜艳最芬芳的地方之一。空气里弥散着幸福的味道,满眼尽是夺目的色彩花卉、植物、树叶、杂物和室内装饰品,品种十分丰富,各种鲜花应有尽有,有太多的花卉叫上不名字,也有许多感觉在国内从未见过,让人目不暇接,我们手机、相机一起来。一般商家也比较友善,不会阻止你拍照。看着从花卉市场满载而归的人们,有老人,也有一家三口或是情侣。他们捧着花朵和植物,幸福之情溢于言表。每个人怀中的那些独一无二的植物,象征着明日的快乐与喜悦。精致的不是生活,而是热爱生活的态度。

集市就像是生活文化的放大镜,把细小的生活通过热闹的一面展现出来,近距离体会当地的民俗民风。感受到伦敦质朴于纯厚,感受到伦敦的多元与包容,最重要的,感受到这座城市的快乐与美好。

请温柔相待那些正在努力的人们

江南区人民法院　周芷旭

常常在心灵鸡汤的文章中看见“愿你被这个世界温柔相待”的温暖心愿，也会有“严师出高徒”的真实例子，具有温柔相待的处世风格，才会有赠人玫瑰手留余香的将心比心。

记得高中在特长班的时候，严重偏科，语文、政治可以名列前茅，但数学和物理却惨不忍睹。那会年少无知，总以为其他文科不就是再多花时间努力努力会有好成绩，反正最后主要还是靠艺术分再依靠关系，总能高枕无忧，升学不在话下，于是在各种低分科目课上，不是在看小说就是在睡觉，甚至肆无忌惮地逃课。

坏习惯积攒久了，老师开始请家长，母亲因为女儿的行为大失所望，于是不同意我在特长班继续学下去，从特长班转到理科班的那天，因为理科班那位年轻的班主任那句“凭什么特长班的学生可以转来我们班”之后，我开始联合班里的“坏”孩子们兴风作浪，目无班法，就你“看不起”我，我倒要让你见识我的能耐，从此班主任的物理课上也绝对是我们“漫画字条”的传阅课，偏科始终没有改变，还“带坏”了好学生，让整班的物理成绩排名年级下滑。

与此截然相反的数学组组长数学老师有一天把我请到办公室，指着我的卷子问我：“你是不是不打算考大学了？”我低头不语，心想随便你怎么训斥，不过就一下子，待会出去了继续玩去。他见我不语，又说道：“你语文可以考这么好，怎么到了数学就写了两题，是不是我上课太无聊乏味，知识点概括不全面？如果是我的问题，让你放弃数学这门课程，从而影响你整体成绩，影响考大学，请给老师指正。”我继续低头不语，心想：“你说的是很有道理，可是数学都丢了这么久了，哪是说追就追回来的，其他科目我发挥好了，总分一样还行。”沉默许久，他从抽屉拿出一份他的课程大纲以及相应的试题，递给我，说：“以后当天上课你有不懂的，找老师补习，我都会就你不懂的情况再给你讲解,每星期,老师再给你整合一套本星期的知识点试题,你拿回去认真做题,作业做不来的不要抄同学的,欢迎和同学一起来找老师解题,老师希望大家相互督促,也希望同学们的成绩日益提高,未来可以考上理想的大学。”当时真的震惊了,一位德高望重的数学组组长,放下身段耐心地劝导一位班级里的捣蛋分子,还无偿奉献自己的劳动成果,愿意花时间帮助自己学生,这在当时私下收钱给学生补课的风气里,让我恨不得找个地缝钻进去。默默接过试题道了声“谢谢”,脸红地退出办公室。从那以后,在数学上面,我每天回家多学一点,慢慢的,曾经惨不忍睹的数学成绩终于有了起色,这在高中文理分科的事情上立了大功,如愿以偿地分到了文科重点班。

2011 年参加工作以来,一开始就遇到了好领导,她总是能用温婉温柔的态度教你做事,做排期工作的程序异常繁杂,案卷数量逐年地递增,压力也是逐日剧增,加班加点后经常会夜夜不眠地想着第二天还要解决这些那些,每天脑袋要过一遍当天完成的工作量,如何想方设法地应对很多不可抗力因素的事情发生,一心 N 用得面面俱到。但是你需要她,她都会出面摆平,遇到需要善后的工作,她不但不会责骂你,问询情况之后,她会分析问题甚至马上解决问题,最后还会温暖地来一句:“辛苦你了小周,有责任我来担!”工作上也遇到前辈和同事的温柔相待,她们这样的信任我,给我改变人生轨迹的机会,而此前,我们素昧平生。

诸如此类的事情还有好多,这样的事情即使过去多久,依然会发自内心地感恩,人生有时候就是很其妙,因为你不知道你的人生道路会在何时又发生什么样的转变,你自己完全不可控,因为决定这一切的,都在别人的一念之间或者温柔相待。

虽然有时候我们会遇人不淑,让人感慨自己看走眼,明明提供了帮助,却没有得到尊重和感恩。但是其实静下心来想一想,我们伸出援手的时候也并没有想过要有什么回报,推动我们继续前行的是我们的善心,我们也渴望别人的帮助,也确实需要别人的帮助,那就先把自己变成一个有能力为他人提供帮助的人。

最后,我要说“请温柔相待那些还在努力的人们”。

海岛·慢生活

上林县人民法院　周　群

人生是一场修行，我们总是不断地在调整步伐，调整心态，让自己能在这个纷扰世界中找到一份属于自己的宁静。关于旅行，有的人喜欢都市的繁华，有的人喜欢极限的挑战，而我想要的是一个安静的角落，找寻一份平静。于我而言，旅行的意义不在于到了哪里、吃了什么、玩了什么；只在于，行走在路上，心情宁静。

10月的旅行，我们走过了热闹都市、路过繁华小镇，而我最喜欢、最想要记录的还是那偏远的小渔村——枸杞岛。

来到枸杞岛，是一个意外。最初想要选择的目的地是东极岛，那个《后会无期》中承载了梦想与无奈的小岛。然而在做旅游攻略的时候，无意中见到了位于东极岛以东的蔚蓝海岛，小渔村的碧海蓝天让我一眼沦陷。

枸杞岛，位于舟山市的嵊泗列岛中，与嵊山岛相连，可乘坐公交车往返两岛之间，车程仅十分钟。犹记得，最初认识嵊泗列岛是源于在网上看到的一则新闻，说到浙江一荒废渔村被大自然吞没，满村的爬山虎生机盎然，满眼的绿房子犹如绿野仙踪。那一刻，我的心就沦陷其中了。没承想，一次偶然的旅游攻略，让我完成了绿野仙踪的梦想，"荒村"正是位于枸杞岛隔壁的嵊山岛上，这也算是一次意外的收获吧。

从南宁出发，飞机、汽车、轮船一路折腾，走下渡轮，踏上枸杞岛土地的那一刻，海风吹拂，扫走了一路的疲惫。在枸杞岛住了3天，每天睡到自然醒，吃过东西，在村子里随意行走，每走一段路，都可以发现不同的风景；同一片海，可是不同的角度也总会让我惊叹不已；真可谓是一步一风情，一里一景观。

每天早上5点，阳光已经普照了枸杞岛的大地，推开临海的窗户，阳光撒在窗台上，看不远处波光粼粼，听耳边船笛阵阵，不由得想起了海子的诗句：

从明天起，做一个幸福的人，喂马、劈柴，周游世界；从明天起，关心粮食和蔬菜；我有一所房子，面朝大海，春暖花开。

在山海奇观等待日落，看着远处的海面，渔船往来；听旁边的寺庙，风铃清脆；暮时光线把海面照成一片金黄，波光粼粼，纵使是近黄昏，也不能阻挡夕阳的灿烂光华。在大王沙滩岸边，看潮起潮落，听海浪阵阵，享海风轻拂，放空自己，任思绪随海浪荡漾，所谓的“宠辱不惊，看庭前花开花落；去留无意，望天空云卷云舒”的心情也莫过如此。在海上牧场，感受连片贻贝养殖的壮观。碧海蓝天中，那一片白，组成了一幅最安静最震撼的画面。在“荒村”里探寻绿野仙踪，来一场刺激的探险之旅。不论是想做什么，都可以步行达成，走走停停、随走随停的感觉，是一种享受。

“荒村”位于一处海湾中，三面临海，村子里的房屋错落有致，家家户户基本上都是二层的独立小楼，大块石头的建筑，充满了安徒生童话风格，让人仿佛置身于童话中。然而听着海浪的拍打声，行走在寂静的村子里，我突然觉得很害怕。就像爱丽丝误入了黑暗森林中般提心吊胆。继续走下去，又不禁会惊叹岛上祖先的智慧，房屋的格局、道路的铺设，处处都显露出了岛屿的特色，而当下的安静，也让整个“荒村”显露出了一种独居于深海之中的遗世独立感，让整个村落有着一种世外桃源的感觉。

在这里，不需要思考，不需要筹谋，不需要计划，只需要按着自己的心走着就足够了。真正的惬意就是如此吧。纵然外界再多纷扰，枸杞岛也总是能够保持着他独特的风情，不急不慢，不焦不躁。

三天，我用脚步，丈量着海岛的土地，慢节奏的生活，让心情寻找到了它该有的安宁。在枸杞岛，还可以在晴朗的夜空里，肆无忌惮地地数星星；在东崖绝壁等待日出，享受黎明前最黑暗的时刻，与日出那一刻的喜悦。可惜，因为阴天的关系，我的旅程并不完美。但是，我仍然心满意足。或许，学会接受生命中的不完美，也是一种修行吧。

常听到有人说：唯有美食与爱不可辜负。而对我来说，唯有旅行与爱不可辜负。一个人、一个背包、一台单反，在行走中领略四季风采，领悟生命的意义。

寻找“合理”

良庆区人民法院　莫俊雅

生活中，我们常常会提出“这事怎么做才合理？”“这么做合理吗？”等诸如此类的问题。而作为一名身处法院的法律人，我们更是避不开“合理”问题的思考。我们讲要实现案结事了人和、谈加强裁判文书说理、我们在进行“三段论”推演，将目光往返于事实与法律之间时，我们都在寻找一种“合理”。

谈到“合理”，很容易就会想到正确、正义、合法这三个词。正确是指人的行为和思想合乎客观规律，它建立在理性的基础上，但却不包含价值判断的成分，也不适用于人造物品，比如我们不会说某个机器是合理的。可见合理更要求人的思想或行为符合某种目的、理想或信仰，有着清晰的主观色彩。正义与合理有着很密切的联系，合理是正义的前提或者说是首要要求。但正义一般只用于评价人际关系，而不适用于人的生产、科学研究行为和人造物品的评价。通常正义比合理有着更浓的主观色彩，褒贬爱憎分明。合法则只是强调行为合乎法律规定。

徒法不足以自行。法律要得到普遍遵守，除了法律本身要具备“合理性”外，法律运行、法律适用都离不开“合理性”。

“合理”在现代汉语词典的解释是“合乎情理和道理”。展开来说，就是合乎理性所确立的秩序，规则或者“善”，这里的理性既包括人本身的理性，也包含了自然、社会的理性。具体说来，合理就暗含宇宙之“道”，人伦之“理”，还有纽带般的“理性”。

首先，从“道”来讲，合理表现为“合乎事实和规律”，事实和规律都是客观的、必然的。那么从此种意义上看，合理的就是真实的、可能的。“合理”是一种“势有必至”的必然。因此，要达到合理，就必须弄清楚什么是真的，什么是能做到的。或者说“合理”首先以“科学”为基础。所谓科学的知识，对于事情的“已在”来说，是正确的反映，对于事情的“未来”来说，是正确的预测。以科学为基础的行为，单纯从技术上来说就是合理的，就具有了“技术上的合理性”，或者说具有了“工具合理性”。

其次，从人伦之“理”来讲，“合理”就是合乎人的理想、价值、标准。它是一个价值判断。每个人的具体需要和愿望各不相同，纷繁复杂，因此每个人心中都有自己的关于“合理”的定义，那么谁说的才是真正的合理呢？我想，这需要做一个统一，也就是我们需要探求一个人类的根本价值。在人类这个群体里，我们都有着一个终极目标，那就是“幸福”。而幸福的根本保障是人的健康生存与发展。所以，合理的必须是有益于人的健康生存与发展的，它是有价值的。

再次，“合理”暗含了一个认识论的问题，也即合乎“理性”。“理性”从认识论上讲，指的是人的一个认识阶段和一种抽象的思维能力，而这种思维的最终任务是达到认识事物的本质和规律。当我们要使行为、思想合理，必须经过思考、辨识、推理、论证等。而在任何一个具体阶段，人们所达到的认识和评价水平都是有限的、相对的，最终的绝对真理和完全正确的评价是可望不可即的。唯有保持理性去寻找“合理”。

从历史上看，对待“合理”的认识，有黑格尔的“存在即合理”，也有有启蒙主义的坚持理性，可是大都只是看到了工具合理（形式合理），一味地追求对自然、对科学规律的探知，却看不到目的合理（实质合理）的重要性，甚至大部分人坚持“事实”与“价值”的对立，即使连马克斯·韦伯这样承认“实质合理”的以“合理”诊断现代社会的人，却也认为实质合理无法实现。他认为我们作为具体的历史下的人无法实现人的共同理想和信仰。显然他把这种理想信仰永恒化抽象化，却忽视了特定的历史现实下人们的共同价值也是具体的，是可以实现的。

在工具合理与目的合理分裂的情况下，社会出现了种种弊端，经济危机、环境污染等等。在这种情况下，人们开始反思人的活动和行为，开始重新思考“什么是合理的，该怎么做”。哈贝马斯提出了新的“合理性”分析，将人的行为分为目的——手段合理行为、交往合理行为。

关于前者，他主张现代社会的根本危机是生活世界被体系殖民化。他指出了为成就而进行的行动所隐含着的工具合理性的普遍化所带来的危险。又说这种合理是未经反思的合理,它只知一味向前,扩大战果,却不知自我约束,一味要控制自然,却终让自然的铁的规律无处不在。人退居到了物质世界背后,被深深地遮蔽了。

如何拯救人?哈贝马斯于是提出了交往合理性,这个提法针对性很强,基本上仅着力于人与人的关系,讨论交往行为的合理性。他认为,这种合理性根据只能从人的世界来发现,他将这种根据归结为交往主体间相互同意普遍赞同而且自觉遵守的规范。在交往过程中,主体之间对对方总是会有所期望,这样就有了合理的基础,而在此初级合理基础上,双方的互相承认的共同的合理就有可能取得。对于这两个合理的认识,哈贝马斯说:目的合理的行为规则教会他们一种技能,而内在的规范教会我们的却是品格结构。技术使我们能解决问题,品格结构却使我们能够运用规范的一致性。

如果说目的—手段合理性行为是独白式的、单线性式的话,那么,交往合理性行为则是对话式的、复线互动式的;如果说前者是僵死而无生气的话,那么后者则充满着生命的活力,人与人之间通过符号协调的相互作用,在规则的指导下,进入人的语言世界,从而以语言为媒介,通过对话达到沟通与相互理解。

历史上关于“合理”演进与分析,表明了“合理”的多层次丰富内涵。在寻找合理的道路上,定义合理,显然无法精确,只是隐隐约约觉得合理与“自然规律”“人生价值”“人的理性”紧紧相关,而这三者如何联系,构成“合理”这个庞大词汇的合理的体系,还须继续思考、实践。

记忆中的那间老屋

上林县人民法院　陈　燕

记忆之水总会在某个不经意的瞬间轻轻颤动,流向那遥远的地方。

深夜,那间屋子轻轻地浮现在我的梦中。那木质的楼梯,在风雨中飘摇不定,墙上的古钟,正当当地敲着岁月的痕迹……

生

雨水滴落到屋檐上,又顺着瓦片滑落到青砖地板上,发出“滴答”的响声。紫荆花在风中摇曳,飘落那生命中的叶子。石南的香气溢满了整个院子,弥漫着一股安静祥和的气息。

村庄在这深黑的苍穹下寂静无语。

就在这个风雨的夜晚,我轻轻地来了。一声啼哭,划破了村庄的宁静。时钟正敲在那一刻上,那个让我永远难以忘却的时刻。周围是那么安静,那么闲谧,没有热闹的欢迎仪式,只有母亲疲惫的脸庞。对她来说,这一刻仿佛是等待已久,是她多日来一直期盼的。眼泪与喜悦漫上她的脸庞,她的一个新生命终于诞生了,就在这个风雨的夜晚,在这个宁静的村庄中来到了世上。多少年来,这个夜晚的场景一直缠绕在我的梦中,在每个下雨的夜晚,我都会想起那宁静的村庄,那风雨的夜晚,和那亲爱的母亲的微笑。

风依然在刮,雨依然在下,宁静的黑暗深深地笼罩在这个村庄。

母亲说:这是一个好兆头,你的生命中将会有风有雨,有笑有泪。

我接受了这句话,并时刻准备着迎接我生命中的风和雨。

死

多少年后,我又轻轻地踏上了这块土地。一排古老破旧的老屋,映入我的眼帘。屋前依然是那棵树,它已经老了,叶子全落下来,干枯的枝杆指向天空,像一位沧桑的老人,头发全脱光,只剩下光秃秃的头。那许多年前,这棵树还很健壮,翠绿的叶子密密地罩在头上,亲人们就在这里休息、讲故事。

在那段时光里,生活仿佛从来没有忧愁与烦恼,童年的天空美好而快乐。

可是现在,那些美好的时光,都到哪里去了呢?

树下依然是那块池塘,那么宽,那么大。可是塘里的水已不知去向,只剩下一片杂草丛生的荒地。我的弟弟就是从这里走的。他走的那天,夕阳很美,晚霞映红了半边天空,树木苍绿得迫眼。我就坐在门前的石阶上,看那消逝的日落。

水中忽然传来一声喊。

是鱼的喊声么?

接着,我便听到人们纷纷跳进水里的声音。再接着,他就被捞了起来……

那年,我第一次认识到死神的存在,他是时空中某种神秘的魂灵,有着不可抗拒的力量。他在悄无声息中,带走了我的亲人。

奶奶说:弟弟是被鱼带到大海去了。

真的吗?在更远更远、更深更深的海底,弟弟正与一群鱼游弋着?

我仰望着天空,大雁"嘶"一声叫,然后飞走了,剩下空旷的天,和那空旷的房屋。

生命就是这样,轻轻地来,又轻轻地走了。

来

我轻轻地踏上门前的石阶,走向那古老的门扉。生锈的锁"啪"一声脱落,脆弱的门板发出"吱呀"一声。院子里杂草丛生,青砖的小路隐约可见,只是布满了青苔。我推开老屋的门，里面很黑，很潮湿。一把破椅子躺在屋子中，墙上那古钟的链条早已生锈，不再行走，太公的遗像就挂在古钟的左面。他穿着黑色的衣服，留着一把雪白的胡子，静静地藏在遗像中。关于他的故事，我只从老一辈那里知道，他是地主的后代，曾被国民党掳去当过壮丁，有过许多艰辛的岁月和不为人知的辛酸。如今，那些过往的旧事都已埋在岁月深处。

屋子中有一个楼梯，我轻轻地踏上去，很小心很小心地，可是它仍轻轻扬扬地飘下细小的木糠，像雪花，像棉絮。我想到在冬天细雨绵绵的时候，它一点一点地在屋子上飘扬的场景，一定像某个古朴的电影镜头。我走进阁楼上的一间房，一张很破很旧很古老的木床摆在房中。

母亲说：你就在那儿张开双眼。

我不知是悲还是喜，我曾回忆过我出生的地方，可是它现在就在我的眼前，就这般境况地，不带一丝虚幻。我曾在这儿，第一次看到这个世界，我的第一次笑与泪都在这儿。它时常走进我的梦中，在梦里呼唤我的乳名，它现在就在我的眼前，实实在在的，不是梦。

可是，我忽然莫名其妙地觉得，它已成为一个遥远的梦。

去

我走时，天下着雨，我撑着伞，轻轻地掩上那湿漉漉的门扉，向外走去。身后忽然一声响，老屋塌了……

立法设“两日”：为了不能忘却的纪念

良庆区人民法院　黄艳芳

2014 年 2 月 27 日，十二届全国人大常委会第七次会议表决通过，决定将 9 月 3 日确定为中国人民抗日战争胜利纪念日，将 12 月 13 日设立为南京大屠杀死难者国家公祭日。以立法形式确定从国家层面进行正式的纪念与公祭，其目的并不是煽动仇恨、制造隔阂，而是要促使国人对屈辱与抗争的历史保持长久的唤醒状态，避免出现哪怕是片刻的忘却与麻木，以史为鉴，守望和平。

往事并不如烟

12 月 13 日是南京大屠杀开始的日子。1937 年的这一天，发动全面侵华的日本军队侵占中国南京，开始对我国同胞实施长达 40 多天惨绝人寰的大屠杀。在这起震惊中外的南京大屠杀惨案中，30 万人惨遭杀戮。今天，我们还能在博物馆馆里、在一本本厚厚的史料记录中，看到当年日军用残忍的手段杀害中国男女老少的暴行，看到日本军人将血淋淋的大刀对准手无寸铁的无辜平民的情景。侵略者的烧杀淫掠与南京城堆积如山的尸体共同构成了一个民族无比伤痛的记忆。

南京大屠杀是日军在中国犯下的滔天罪行的一个缩影，但受日军残害的又何止南京？面对日寇的铁蹄践踏和一片又一片国土的沦陷，中国人民和中国军队进行了不屈不挠的抗争。在这场旷日持久的反侵略战争中，中国人民付出了极为惨痛的代价，也为抗战胜利做出了不可磨灭的历史贡献。1945 年 9 月 2 日，日本政府代表外相重光葵、陆军参谋总长梅津美治郎等人在投降书上签字，标志着日本侵略者的彻底失败，也标志着中国人民第一次取得反抗外国侵略的完全胜利。9 月 3 日作为抗日战争胜利纪念日，是对中华民族抵御外敌侵略历史的铭记,反映中国人民的守家卫国的意志和勇气。

日军在战争期间的种种严重罪行,包括南京大屠杀、滥用化学武器、人体实验等,既有第三国人士的亲眼目睹的证词,也有日军自己所留下的证据,时至今日仍不断有当年日军老兵指证当年罪行。日军在战争中的诸多行为违反国际法准则,暴行加害于平民,铁证如山,不容否定。“二战”后设立的远东国际军事法庭、南京审判战犯军事法庭,都对这一史实作出了认定。

我们要以什么样的态度对待历史

战争是人类共同的灾难,无论是战胜国还是战败国。“二战”结束后,许多国家纷纷以形式各样的活动来纪念战争带来的伤痛,纪念为国捐躯的将士与百姓。波兰每年1月27日举行活动,纪念奥斯维辛解放。德国作为战败国,同样通过立法设定1月27日为大屠杀受害者纪念日。新加坡于将每年的2月15日设立为“全面防卫日”,以纪念日占期间死难的同胞。苏联将德国投降翌日5月9日定为伟大卫国战争胜利纪念日,庆祝反法西斯战争取得的伟大胜利,俄罗斯将其继承并设为法定假日。以色列在1959年正式通过立法设立大屠杀纪念日,悼念在二战期间惨遭纳粹屠杀的600万犹太人。2005年,第60届联大全体会议一致通过,决定将每年的1月27日定为“国际大屠杀纪念日”,以此反对任何否定纳粹大屠杀历史事实的做法,并要求所有国家教育并帮助下一代了解有关种族屠杀的罪行。纪念与公祭活动通过各种庄严隆重的仪式,缅怀逝者,教育生者,警示今人。

然而,在“二战”结束近70年后的今天,在日本国内,有些人却患上了历史性失明症和选择性失忆症,他们企图为侵略历史翻案,否认南京大屠杀的暴行,还在不断参拜“二战”甲级战犯。这些行径值得所有爱好和平的国家和人民高度警惕。

日本侵略战争和南京大屠杀事件不仅是中华民族难以抹去的伤痛,也是人类历史上黑暗和惨痛的一页。有些人认为,战争与屠杀是一份并没有辉煌、只有痛苦的历史遗产,不应该再通过公祭与纪念活动来回味或放大痛苦。以避苦求乐的态度对待历史是否正确?我们到底应该以什么样的态度来对待这段伤痕累累的历史？

前事不忘，后事之师

“忘记过去的苦难可能招致未来的灾祸。”参与审判日本战犯的远东国际军事法庭中国代表法官梅汝璈先生曾这样说。我国以人大立法的形式设“纪念日”和“公祭日”，明确地表达了对待历史的态度：铭记历史，以史为鉴，守望和平。这一举动，既是告慰亡灵，祭奠在战争中死去的将士与百姓，又是提醒国民勿忘苦难，勿忘死难同胞，勿忘和平弥足珍贵，勿忘当年为捍卫国家主权和领土完整而浴血奋战的人们。

前事不忘，后事之师。在抗日战争胜利70周年即将到来之际，以立法设“两日”更有其特殊意义。

立法设“两日”是揭露战争罪行，驳斥右翼言论的正本清源之举。日本侵略者在中国以及亚洲其他国家犯下的战争罪行罄竹难书，除南京大屠杀外，还有731部队用活人做细菌实验、细菌战、重庆大轰炸、强迫中国妇女做慰安妇、“三光”政策等。日本右翼势力对战争罪恶非但不作反省，反而妄图否认战争罪行，利用我们统计上的粗疏，在死难者数目上做文章。立法设“两日”将引起全世界人民对中国这段被侵略史的关注，将南京大屠杀及其他日军侵略罪行罪证展示在世人眼前，通过大量的照片、文字、音像资料、战争幸存者证言等，揭露战争罪行，好好“治一治”日本右翼势力的“失明症”和“健忘症”。另外，这一举动也有助于推动学者对战争罪行作更详尽的调查和统计，将侵略战争罪行数字化，把每个罪证都打成铁案，更充分地揭露侵略罪行，彻底驳斥日本右翼集团的谰言。

立法设“两日”也警示国人，不忘国耻，以史为鉴，保持警醒。日本右翼势力否认罪行、崇拜战犯，甚至以侵略战争为荣。他们对待历史的态度，让包括中国在内的亚洲国家如芒在背。设立“纪念日”和“公祭日”一方面告诫那些曾经给我们带来灾难的民族，警示他们今天还在蠢蠢欲动的狼子野心，坚决回击日本右翼势力，永远不要妄想过去的历史重演；另一方面也让中国人民牢记深重灾难，以史为鉴，团结一心走民族复兴之路，才能有强大的力量去捍卫领土与主权。

立法设“两日”表达了中国人民反对侵略战争、捍卫人类尊严、维护世界和平的坚定立场。中国曾饱受侵略战争之害,对战争的伤痛有着刻骨铭心的记忆。世界各国唯有达成和平与发展的共识,才能捍卫生命这一最基本的人类尊严。“纪念日”和“公祭日”的设立,有助于中国与世界的沟通,在思想上达成共同反对侵略战争、维护世界和平的共识,向全世界传递中华民族对于人权和文明的态度,表达我们热爱和平、维护和平的决心与信心。

正如习近平总书记在法国访问时所说,中国这头狮子已经醒了,但这是一只和平的、可亲的、文明的狮子。改革开放三十多年的巨变使中国在国际舞台上扮演越来越重要的角色,并日益成为捍卫和平的中坚力量。战争的硝烟已逝,但战争留给人们的思考依然很多。我国设立抗日战争胜利纪念日和南京大屠杀公祭日,重申国家统一和强大的重要性,进一步弘扬爱国主义精神,增强民族的凝聚力,彰显全国人民奋发图强共筑民族复兴中国梦的宏伟气概。

花落花开

南宁市中级人民法院　容　骅

记得当时年纪小，风在林间鸟在叫，不知怎么睡着了，梦里花落知多少。童年的时光倏忽远去，如永不回头的马车，只剩那嗒嗒的马蹄声的余音还不时地在记忆的深巷回响。

大概总是在夏夜，清风徐徐地吹着，宁静的如回到了中世纪的小山村，忙活了一天的人们，纷纷从闷热的土屋里出来，掇出几条小凳，往门前一摆，便纳起凉来。那竹篾扇子的声音不大，却连成了一片，仿佛在倾诉着什么遥远的先人遗留下来的声音，乡亲们偶尔的目光相触，点头、微笑。大爷吧嗒吧嗒地抽着烟，烟气，一圈一圈，飘到半空中，风一吹，淡了，散了。

我大概还只是穿着开叉裤，却总喜欢和姐姐将上了年纪的祖母从房间里拉出来，要她给我们讲故事。祖母虽然身体不太好，却总是不违我俩的要求，于是她便总是一手将我揽在怀里，一手给姐姐扇着风，先是望了望满天的繁星，而后指指其中一颗很亮的，很高兴的样子，动了动她那干瘪的嘴唇道："宝，看，看那颗星，那是织女星哦！"我顺着她指的方向望去，然而却总是在怀疑我所看到的不是她说的。祖母却自我陶醉在她所讲的故事里了，记得那时的我总觉奇怪，何以祖母讲起故事来会这样的动情，她那神态让我觉得平易中还有一种很不寻常的东西。那时我不知道该如何来形容好，直到长大了读了些书才明白原来知识是可以让人变得高贵起来。还记得总是在我们都沉醉在故事里时，有那么三三两点的萤火虫的光从我们面前闪过。伸手一抓，以为抓住了，但打开一看，它却从指缝间溜走了。夜，静极了。

冬天是不能再对着星星讲牛郎织女的故事了，也无法对着那水勺一样的北斗七星讲七仙女，然而祖母却总能满足我们的要求。而我印象最深的还是要算"猪妖"的故事。那时，还会多了一个听众：一个很可人的小姑娘，是我小姑的女儿，我该叫表姐的。她平时在县城上学，只有到了寒假才能跟着姑姑他们回来过年。寒冷的夜晚，下着点小雪就更好了，我们早早地吹灭了灯，爬到了祖母的床上，胡闹了一番后便静了下来，而祖母也总是先对我们笑了笑，坐直了身子，将我们的被子盖好后才不紧不慢地说道："从前，有只猪妖，那样子啊！好吓人哦！它会吃人——特别是像你们这样的小孩子，有一天它变成一个人，来到了一户人家，推开了门。"这时，不知道是哪里突然响了一下，我们几个便没命似的往被子里钻。"猪妖来了，猪妖来吃人了。"

待一切安静下来，几个人便都又像鱼儿一样地先后冒出了头只是露出了一半又钻回去。还是我那小表姐胆子大，一耸身坐起来了，看到还在蒙着头的我便蹭了一下我的脚，叫道："胆小鬼！胆小鬼！"而这时，我先是装尸体等到她好奇地俯下身来看我时却一把将手伸到她腋窝下，她便向我姐姐求救，然而几个人又都闹成了一片。祖母是讲累了，只是眯着眼睛养神，间或地瞄了瞄我们。

许多被逼无奈的事一件件如潮水般的涌来，而我也终究回不到了那个无忧无虑的儿时。如今，祖母早就不讲故事了，姐姐去广东打工也快有十年，那个美丽的表姐呢？听说好像去了北方的一个城市。她该是很幸福了吧！但愿如此。记得今年暑假回家，隔壁和自己玩大的阿张的女儿也有5岁了，那个小女孩也很可爱，总时嚷着要她奶奶讲故事，而有一天我竟也和阿张的母亲聊了起来："这个小鬼，每天晚上要我跟她讲故事才肯睡觉，可是每次只讲到一半她就睡着了。"阿张的母亲幸福地说道。我问她都讲的是些什么。她笑嘻嘻地说："很多啊！什么牛郎织女啊！七仙女啊！孙悟空啊！阿凡提啊！不过我那丫头最喜欢听的还是猪八戒。"我问她有没有讲过猪妖的故事。"猪妖不就是猪八戒吗？"我坚持着说不是这个。但她却尽跟我详细地讲着猪八戒如何如何了。

雨夜，无数的成熟的花都凋落了，可是池塘边却尽有那鲜艳的花儿在树的遮蔽下肆无忌惮地生长着。

棋 友

横县人民法院 关 富

来法庭几天了,不禁又想起前段时间的棋友们,不知道现在他们还下棋吗?

说来很巧,刚到单位时,我们一个岗位的四个新人正好住到同一间宿舍。宿舍是之前的同事住过的,除了几张空床外,唯独留下的便是象棋,我们四个人正好都会下象棋,水平也接近,于是象棋成为大伙的业余爱好。四个人四种风格,几天对弈下来,棋艺和友谊都增进不少。

先说添哥,添哥的风格属于大刀阔斧型。开局便大举压上,进攻势如破竹,以攻代守;进攻时两员大车上去开路,一气呵成,后期伺机而动。在象棋中,车的威力相当大,往往都决定一盘棋的胜败。因此,添哥属于那种没让对方准备充足便打他个措手不及的,常常都让对手棋子没出完就拿下对方。然而开局能抵挡住这段时期的猛攻,或者摆好阵形,积极联防,让其进攻无路,便能换防守为进攻,与之周旋;这时候便是拼细心,比谁少失误。添哥有时由于过早派出兵力进攻,往往导致自家空虚,此时回守不及的话,便会被对方乘虚而入。不管是哪一方赢了,添哥还是那句话:“胜败乃兵家常事,再来!”

赖兄,深得“猥琐才是王道”的精神要领。赖兄着重于排兵布阵,棋路变幻多端,很少见其走同样棋路;其偏爱以棋子的多数造成障碍,封锁对方有效的棋路,不战而屈人之兵,常常将对手封成一盘死水,往往让你有种掀棋盘的冲动;这种棋风一路下来,即使他不出杀招,对方亦是自我瓦解。于是常常被我们嘲讽“太贱了”。赖兄下棋有一明显优点,就是考虑十分全面,心思缜密,让你猝不及防。然而智者千虑必有一失,由于其过分专注于排兵布阵,往往在很有优势的情况下神经质地犯一些低级错误又致命的错误,于是损失大将,进而溃败。

兵法有云“虚则实之,实则虚之”,锋叔下棋就是虚与实结合。当你感觉你在跟他认真下的时候,他往往走出一些让人哭笑不得的棋路,甚至有时他宁可输棋也要保住他的小兵,按他的说法就是宁死不屈。然而当你重新跟他下新一盘棋的时候,不知不觉中他又认真得像换了个人似的,此时的他冷静地思考,把握整个棋局,于是棋路攻守兼备,会在合适的时候拼掉对方快攻的有生力量,而后稳扎稳打,不经意间就给了对方致命的一击,哪怕这个时候被压着打,也能步步为营,下出让人意识不到的棋子,置之死地而后生。

至于我,更倾向于柔性棋路,扬长避短。开局往往就是中炮盘头马,心疼一兵一卒,于是开局较差,多为散棋,并时常陷入以棋看棋尴尬的境地。一旦开局能守下来就可以看中局了,这时候就喜欢顺着棋走,走着走着,于是棋路也理顺了,往往能有意想不到的惊喜,或许跟我喜欢后来居上有关;至于中局就要讲究配合,刚柔并济。厚积薄发,中局走好了,后局便好走。或许走的是柔性棋路,偏重防守,会喜欢与对方拼掉相同的棋子,于是棋下到最后只好和棋收尾。然而这种顺着棋路的走法往往容易陷入别人的陷阱,被牵制着走,着实被动,而当真正意识到的时候也无力回天了。

尽管四个人风格不同,但下棋的时候,总能找到一些相同的乐趣。于是不论输赢,总会妙趣横生,喜笑颜开。

有时,看着他们下,看着棋盘上的楚河汉界,一兵一炮,总会在想,“棋如人生”这个比喻是多么恰当。每一粒棋子都有固定的走法,不可越界;而落子无悔,人生也是不容后悔的,每走一步前都要认真思考,棋走错了,可以想好下一步怎么挽回,哪怕是残局也有机会以和收尾,但是人走错了便难以挽回。

在我和赖兄来法庭前的最后一晚,宿舍四人轮番对战,直到夜深。最后看着棋盘,相视而笑,只是约好“来日再战”。

寻找翠翠

江南区人民法院　刘　杏

黑黑的皮肤，一对眸子清明如水晶，触目为青山绿水，自然长养了她也教育她，天真活泼，处处俨然如一只小兽物。人又那么乖，如山头黄麂一样……她就是沈从文笔下的翠翠。自从第一次读到《边城》，遇见了她，就无可救药痴迷地爱上了这个清纯善良、水灵剔透的湘西姑娘，一个童话回荡在边外小城中永远不愿醒来。一直想拜访翠翠的故乡，寻找幻想了七年的梦境。于是……凤凰，我来了。

一座青山抱古城，一湾清秀的沱江水，一条平整无语的石板街，一排矗立百年的吊脚楼，一批各领风骚的湘西的名人，这便是翠翠的家乡边城了。下了大桥，顺江而下，倏然间不经意进入了一个世外桃源。这个始建于唐代的古城隐逸在湘黔边境的密林深处，萦绕着浓郁的湘西怀秀情调，充满着灵气的苗族风情，婉若朴素而又不失风韵的小家碧玉。凤凰展现的是一种丝毫不张扬、内敛矜持的美。

逍遥的沱江在古城中蜿蜒而出，河水清澈碧绿，悠游缓和，可以看到柔波里招摇的水草，可以撑一支长篙漫溯。凤凰人习惯了早起，潺潺的水声中糅合着勤劳的人们的欢声笑语，还有清脆的槌衣声。沱江，她孕育着古城的儿女。

传说中的跳岩早已在江面一字排开，等候多时了。它是用大小划一的岩石制成，横跨沱江，石墩分成高低两条，来往行人可相向而行。小心翼翼地跨过跳岩，仿佛已走过了这百年的历史。站在跳岩上，环视一周，独具特色的古建筑尽收眼底，两岸的吊脚楼依山而建，细脚伶仃地站立江边，沿江连绵不断。一根根木柱不仅撑起了一栋栋玲珑别致的房子，也经历了悠悠岁月的洗礼。冬季的古镇显得越发沉寂、含蓄，隐约中仿佛听到空气里回响着翠翠的歌声——梦回故里。

沱江的南岸是北城楼，挺拔的古城楼犹如庄严的武将，守望着凤凰。喜欢那层层叠叠的石阶，使古城楼出落得典雅不失雄伟，久经沧桑，依然壮观。偎依着用紫红沙石砌成的城墙，感受到的是自然与人文水乳交融后的沉重感。站在曾被新西兰著名作家路易艾黎称赞为中国最美丽的小城的北城楼上，俏皮地来个回眸一笑，会不会就成了这道亮丽风景的一个插曲呢？

历经六百年风雨的虹桥依然静卧于沱江，工整规矩又不失精巧雅致，大气挺拔又不乏俊秀神韵，清清朗朗，古色古香，与丝绸般的江水交叠在一起，如诗般酣畅婉转，如画般意境悠远。夜晚的虹桥色彩斑斓，与光影如幻的吊脚楼遥相呼应，古意与现代往来穿梭在了一起。穿过虹桥，沱江那深深浅浅的绿，影映着岸边万寿宫、万名塔、夺翠楼和层峦叠翠的山，如一副舒展写意的水墨。古城被沱江润得特别诗情画意，一种远离尘世的感觉悠然而生。

凤凰古城的石板街是非逛不可的。时间走过这幽远而神秘的老街，把青石板磨得发乌。而孩子就如石板间生命力蓬勃的小草，给古城添了一缕鲜活的春意。青石板的小路连接着一栋栋新旧交织的小木楼，楼上串串红灯如新娘脸上娇媚的红妆，映得小楼格外动人。街两边银铺鳞次栉比，价格实在，游人们三三两两，兴致十足地挑选着喜爱的工艺品。还有许多卖土特产的店铺和开蜡染坊的。有家店铺的名字很是“一鸣惊人”——“蜡魂”！忍不住淘气地摸了一下店铺前摆设的人脸模样的大草鞋。土家染坊里翻飞的兰花土布，是民间质朴的娇俏，更是带着乡土气息的动人风情。

小巷迂回弯曲，四通八达。随着性子从繁华处拣一小巷子钻进深处，古城赋予的是另一种悠远宁静的时空和浓浓的人文气息。民国第一任总理熊希龄的故居就坐落在北门城楼附近，深阔的庭院仿佛向游人低语诉说主人辉煌的历史，精致褐色的木刻窗棂被岁月的风雨冲刷得有些斑驳发白了。转悠间，沈从文的故居安静地出现在眼前，洗尽铅华不著妆，如此俭朴的宅门，让人无法想象这就是一代文豪居住的地方。一不留神，它都可以在眼皮下平凡地溜过去。生前如此死后该风光下葬了吧？

我们随后前往听涛山，拜谒沈从文的墓地。他的墓地也如故居一般谦素，只有一块不规则、未经任何雕琢打磨的石头墓碑。墓碑正面铭刻着沈老夫妇《抽象的抒情》文中摘写的一句话：“照我思索，能理解我。照我思索，可认识人。”墓碑的背面则刻着张充和教授的撰联:“不折不从,星斗其文;亦慈亦让,赤子其人。”离开墓地,站立在湍流不息的沱江边上,遥望对岸沈从文安息之地,感叹凤凰因他们的笔墨闻名,我为他而来,顿悟的是“从文让人”四个字。

梦回沈从文笔下的湘西边城,来到凤凰,寻找翠翠,感触着她的爱恋,她的苦恼,她的失落,还有那无止境苦苦的等待,捡拾我失落了的至纯至美。半梦半醒之间,我仿佛依稀看见美丽清纯的翠翠在碧溪岨边孤独地守着渡船,心里想着,傩送什么时候回来,“也许永远不回来了,也许明天回来”!

温暖“重返20岁”

宾阳县人民法院　莫郁梅

周末,和同事约好了去看电影,大家都推荐《重返20岁》。

观影之前我就想,到底是一个什么样的故事,大家都重新回到20岁吗?又会遇到什么人什么事、做出什么样选择?

满心期待,果然收获惊喜。

影片讲述了一位爱唠叨、坏脾气的老奶奶,除了前管家之外,没有人喜欢她,连儿媳妇也因与她同住一个屋檐下压力过大而住院,家人决定送她去养老院。老奶奶在伤心之际路过一个青春照相馆,想留下最后的身影,没想这一拍,竟将老奶奶的外貌变成了她20岁时的年轻模样。

70岁灵魂下的20岁“奶奶”,随之遇到了很多奇怪的事情:她加入了乐团当主唱,帮助孙子、同时也实现了当年自己没完成的梦想,并再一次有了“恋爱的感觉”。而在她沉浸在“重返20岁”的世界时,在一场意外中,她却毅然决然地决定拯救孙子,回到70岁面对迟暮生活。

故事既轻松诙谐,又深情动人。而且片中复古气质浓郁,怀旧老歌击中人心。我们在影院大声地笑,放肆地哭,发自内心的感动。

在回家的路上,我一直在回想影片里的情节、歌曲。也开始反思,反思自己对家人的态度、和家人的相处方式;反思自己珍惜青春、充实生活的方式。

对于家人,我应该更加关爱。

影片开头,讲到在大学课堂上,老师问同学们关于老年人的特点。“行动缓慢”“反应迟钝”“皮肤紧皱”“牙齿都掉光了”……同学们纷纷回答。其实这些,大多是老年人外在的表现,而“孤单”“焦虑”“依赖”“缺少关爱”等等这些,更应该引起关注。

想起自己,虽然几乎每天都打电话给家人,每次有假期也回去陪家人,但是每次和家人相处,不管是在电话中还是在家人面前,自己总是急脾气,以自我为中心，把家人的嘱咐当成“重复啰唆”等，实在是不应该。

尤其是爷爷奶奶，他们出生在物质贫乏的年代，小时候挨过饿受过冻，完全为了温饱问题奔波，一心想着把最好的都留给孩子。时间如洪水猛兽，带走了他们笔直的身体和年轻的皮肤，带走了他们茂密的黑发和整齐的牙齿，也慢慢带走了他们清晰的记忆以及对新时代的适应能力。

想到这些，我很后悔，后悔没有更多地关爱他们。我知道，家人都是心疼孩子的。就如影片中，老奶奶付出一切，一个人再苦再累也把儿子抚养长大，而20岁的“奶奶”在决定拯救孙子，放弃年轻回到70岁时，她说，其实在她心目中，最重要的还是亲情。这就是亲情，倾尽所有，不求回报。

老人们希望孩子们在外平安顺利，也十分想让孩子们多多陪他们，聊聊天，散散步，这就是我以后要多多做的事，还要把自己的急脾气改掉。

对于青春，我应该倍加珍惜。

如果让你重返过去，你想回到哪一年？想要改变什么？很多人常说，早知道当初我就应该怎么样怎么样……如果让我回到过去，我就会怎么样怎么样……但我想，真正有机会让你回到过去，或许你还是选择一样的路，做出一样的选择。

在影片的最后，老奶奶说：“如果人生再重来一次，我还是会这样过。”我很赞同。

年少的我们，也许知识还没有那么渊博，业绩成就没有那么突出，经验也没有那么丰富，对这个复杂社会的认识、了解也不足……但没关系，一切都慢慢开始。

在这个年纪，我们也做了很多选择。高中、大学、毕业、工作……经历的事情历历在目。直到现在，我很清楚，我不后悔自己选择的专业，不后悔自己选择的工作，也不后悔自己选择的城市，更不会怀疑自己对的生活态度。毕竟经历过的事情，都不是轻易决定的，也不是后悔就能改变的。倒不如坦然面对，使青春变得更精彩。

我突然觉得很庆幸，拥有别人羡慕的年纪。20多岁，疯狂、自由、放肆、值得留恋。如果人生是一场戏，20多岁，或许不是这场戏的高潮，却是一个分水岭。在这个分水岭，我会继续坚持梦想，多多关爱家人，倍加珍惜朋友，热情投入工作，永远热爱生活，真心不留遗憾。

重返20岁，温暖你我。

诗意的生存状态

江南法院赋

江南区人民法院　林振明

江南区古为邕州郊，当邕江南岸，自公元一九七九年立江南法院，暂择中院大院一隅栖之，时有干警十七人。逾三载，迁至江南路西一里。为解偪仄之困，乃于二〇〇二年徙址于此，垣旷十三亩，兴建大楼，楼高五层，庄严从容，巍然恢弘。

江南法院，传源长之中国法文化，修身于文化建设，结人心、激热情。擢精神文化，重修养，树形象，笃行慎言，清廉为民。擢物质文化，强制度，显威权，法理絪缊，德润民心。法治于天下，不唯上，不唯权，唯法为绳墨。

吾辈江南法官，定分止争，辨法析理；公断情理，奉法为怀；言行审慎，自处慎独。时时如是，处处如是。乃如流水之平匀，不偏不倚，允执厥中。修善德之心，淡欲望之念。不以物喜，不以己悲，一念之非即遏之，一动之妄即改之。据法律之准绳，本事实为依据，审是非以公开，教逆子以孝悌，化干戈为玉帛，致纠纷以解和。

呜呼！江南法院，携浩然正气，法人间罪恶。感化失足者，引导迷路人。盛矣哉！江南法院，为生民立命，为天地立心。厚德以崇法，慎思以公断。严谨善协作，博学以精业。大矣哉！江南法院，励精酬壮志，图治献丹心。一肩挑明月，两袖盈清风。司法千秋事，凛然万古存。

捣练子·傍晚游石门樱花园

江南区人民法院　陈玉萍

明月起，照樱花。
蟾光漫透洗红霞。
乐留园，醉有涯。

游胜地，梦还家。
轻歌一曲夜繁华。
且相思，同碧纱。

江南好·法庭大红花开时

——与司法所首次诉前共解纠纷,恰逢法庭扶桑花开有感

江南区人民法院　玉明凯

江南好,花气满园袭。
冬去春来思赤槿,朝开暮落望晨曦。
美景在城西。

乡间事,纷扰竞相逼。
漫道怨成须有日,但求睦好更无期。
风雨共相依。

西江月·黄昏独坐江西法庭赏云山即兴

江南区人民法院　玉明凯

水墨蓬莱谁作？落霞斜照残阳。
愿得神笔画三江，描尽云山万象。

小镇闲庭独坐，壮怀昂首八方。
解纷排难事寻常，但教心平气畅。

卜算子·咏松

良庆区人民法院　赖　亮

寒风惊花落，
冰雪映梅红。
已是万里起黄云，
松浪卷如龙。

不羡兰芷秀，
岂慕桃李容？
崖头望断缚长风，
铁骨傲苍穹。

西江月·咏夜一调

宾阳县人民法院　陆仁宾

未遇仙人不老，
已逢莎草将黄。
秋风撒落涌沧浪，
多少荻花浮浪。

说是红尘十丈，
可堪碧泪千行。
相思有处夜悠长，
月下清愁又长。

望月有感

西乡塘区人民法院　滕　骞

沧海碧波分两边，
难隔情深意相连。
萧墙兄弟争端现，
陌生外人横刀拦。
人穷人欺恨离乱，
国弱国殇苦霸权。
何时天涯共明月，
不教两岸各团圆。

逢　秋

宾阳县人民法院　陆仁宾

西风吟啸叶纷飞，
孤老残虫叹暑微。
纤露难凝南木翠，
远星不若晚灯辉。
离群孑立天涯客，
对影徒怜月满帏。
碌碌平生三万醉，
谁家游子意何归？

灵　水

江南区人民法院　邓剑长

每一次将你描述,都会感到那是一种亵渎。
不愿外人的目光,越过你那一汪绿悠悠的清纯。
可我捂不住自己的幸福。
在你身边,我找到了一种透明的纯净。
多少柔情纤细了你的清流,流经了千百年,你没有一声叹息。
长年的恒温,成就了你的冰清玉洁。
从不愠怒,总是含情脉脉地地承载着壮乡人对你的感激。
武缘的灵脉,静悄悄地流淌着,像壮乡的山歌,欢愉而甜美。
没有碑文林立的传说,
没有文人骚客的吟颂,
没有红颜佳人的脂粉。
你清澈得如同婴儿的眼神。
每一次风撩起的浪,都荡漾着春的颜色。
面对着众人的喧嚣,你轻轻冒出一串串泡泡,
依旧自由自在地流过招摇的水草。
偶尔轻摆曼妙的腰,
偶尔荡一个旖旎的微笑。
于是,醉了这天,醉了天上的云。
蓝天白云索性一股脑投入你的怀抱,
沉沉地睡去,不愿醒来……
这一汪水的柔情,我再也逃不开。
在指尖,

在心头。

每一次接触,便是通身的清凉。

闭上眼,环绕我周身的是一种难以言表的纯净。

你给我的世界竟是如此简单透明。

秋思

宾阳县人民法院　全春苗

蝉噪迷庭柳,风凉丝雨柔。
枯荷抱秋水,霜染东风楼。
昼夜重又复,鬓白少年头。
四海飘零客,何处无乡愁?

咏　竹

——时逢友师皋陶，意之所兴诚之勉之，和成以赠之

良庆区人民法院　赖　亮

破土出尘节节高，
铮铮风骨御寒霜，
根虬深深入泥土，
腹囊空空纳八荒。
赤心一片勤作史，
挥毫半世为谁忙？
心内戚戚怀百姓，
万卷丹青不嫌长。

我是一只独角兽

南宁市中级人民法院 许 威

我是一只独角兽
一只朴实的独角兽
我似马非马似牛非牛
似雄狮又好似麒麟
我有一支坚硬的独角

我是一只独角兽
一只灵动的独角兽
我在人类的时空中穿梭
从伏羲的花园里跳到了楚文王的王冠上
从皋陶的身边跑到了法院的门前

我是一只独角兽
一只有神力的独角兽
我的独角能明辨是非抵触不直
是人类正义的化身
独角发出的万丈光芒
使黑夜瞬成白昼

我是一只独角兽
一只纯洁的独角兽
如果我的独角染上不洁之物
就会失去那神奇的法力

我是一只独角兽
一只激情的独角兽
我经常站在高高的山上
注视天上那诡谲的乌云
注视人间那邪恶的戾气
随时准备
用我坚硬的独角
去冲破那乌云
去消灭那戾气

我是一只独角兽
一只独善其身的独角兽
虽然置身烟火人间
但永保廉洁、公平和正义
这永远是我生命不息的原动力

我们共有一个名字叫法官

南宁市中级人民法院　侯粟宇　欧阳杰

曾经满怀挥斥方遒的书生意气
他步入了令人艳羡的象牙之塔
曾经带着怀抱已久的法官之梦
他迈进了奉献一生的法律殿堂
面对十五年病魔的无止纠缠
他无视“长期全休”的医嘱
坚守在自己平凡的岗位
用生命难以承受的苦痛
创造着一个个结案的奇迹
恰是风华正茂年富力强的他
却带着未竟的心愿走了
他用四十几个壮丽的春秋
编织成一首首天平之歌
他以短暂的法官生涯
谱写了一篇篇正义之诗
他就是享誉全国的铁法官——谭彦

她只是一名普通的法官
但用爱唤醒了多少失落的幼苗
她仅是一位平凡的“母亲”
却用情挽救了无数失足的少年
为了他们的悲剧不再重演
她借寓情于法的解说

照亮了每一个漆黑的夜
为了更多孩子的美好明天
她以大爱无边的慈善
温暖着每一颗受伤的心
二十几年的流金岁月
她默默坚守在少年法庭
为了不让一次犯罪毁掉孩子终身
她用法与理心与情书写无悔青春
这就是孩子们的法官妈妈——尚秀云

也曾有这样的一个人
为了无数不幸的人群
用女性特有的细腻和耐心
抚慰着他们受创的心灵
也曾有那样的一个人
为了多少无辜的百姓
以法官应持的正直与刚毅
却留公平道义于人间
在她据之判案的法典里
没有大案小案的分别
在她基于论辩的脑海中
不具强者弱者的标记
她就是闻名遐迩的“平民法官”——黄学军

从北京宋鱼水到江苏陈燕萍
我们共有一个名字叫法官
从冰城哈尔滨到绿城南宁市
我们同踏一片芳土叫中国
公平是我们亘古不变的主题

人民是我们心中永恒的砝码
我们头顶神圣的国徽
用正义之剑横扫人间的邪恶
我们胸怀公正的天平
借法律之光消尽百姓的冤屈
我们手握沉重的法槌
奉独角之神敲响和谐之音
我们平凡得像一棵小草
在祖国大地绽放淡淡的清香
我们高大得像一座奇峰
在蓝天白云纷呈突兀的雄姿

我们是正义的裁判员
用心灵的阳光褪去被害人的苦痛
我们是矛盾的润滑剂
用热情的释明赢得当事人的笑容
肩担道义心铸天平
这是我们一生无悔的守护
执法如山两袖清风
这是我们一世不懈的追求
每一份公平正义的判决
都凝聚着我们的心血和汗水
每一个记录在案的卷宗
皆印记着我们的耕耘与收获
案件迎来了一个又一个
我们愿当和谐之国的捍卫者
当事人送走了一批又一批
我们甘做法律之河的摆渡人
在崎岖的送达路上

我们含辛茹苦披星戴月
在艰难的调解途中
我们忍辱负重风雨兼程
我们是正义的使者
我们是和平的护神
我们深爱自己神圣的祖国
我们深爱这份无悔的职业
为了人间的公平与正义
我们披荆斩棘继往开来
为了百姓的是非与曲直
我们甘当黄牛奉献一生

天平下的法官

邕宁区人民法院　张贵财

天地之间
有一座天平
天平的两端
一边是江山社稷
一边是黎民百姓
这座天平
称在法官的肩头上
国家得以长治久安
这座天平
称在法官的内心里
百姓得以乐业安宁
浩瀚的历史
茫茫的世情
大爱原本无疆
大爱,原本也无情
在法官的眼里
容不下半点沙子
而在天平的两端
更容不得邪恶与奸佞
一腔热血
渗透在五湖四海
换来世道公平
一身正气

浩然于三山五岳
换得河晏海清
那是纵横万里的豪情
那是苍茫天宇的光明
那是国之利器
那是百万雄兵
也许你的努力
得不到别人的肯定
可是你十年如一日
可是你风雨不停
为人民的事业而虑竭殚精
也许你的功业
不能千秋彪炳
可是你一路奋进
可是你斩棘披荆
且歌且行
也许你不及别人富有
可是你始终保持清醒
可是你玉洁冰清
为人民的事业而独守清贫
所以祖国万幸
民族万幸
人民万幸
所以天地悠悠
传颂万世美名

致人民法官

西乡塘区人民法院　何鹏祖

如果可能，我真想变成神圣的审判台，让我时刻听到你的调解裁判，伴着你忙碌的身影陪你一起经历工作的艰辛和欢乐，听你倾吐作为平常人也有的对家庭和亲情的思念和向往。

如果可能，我也想变成一部法律或者一条法律条款，欢迎你的阅读，谢谢你的睿智和辛劳，把我的思想传遍各个角落，用来荡涤世间的黑暗，洗涤人类心灵的尘埃，也帮助那些苦难的人们驱赶身心的创伤。

当然，我更想成为你，用豪迈的人生融铸成民主与法制建设的华章，用激荡的歌声欢唱和平与发展的铿锵。

一次次定分止争后，我多想看你是如何微笑地面对握手言和的双方，重新投入繁忙的工作。

每一回服判息诉后，你又是如何公正地站在天平的两端，用赤诚之心温暖人间，为迷失的心灵指引前进的方向。

我要看看——

多少日日夜夜，看你如何耐心为当事人答疑解惑，如春风化雨；看你如何坚忍地承受着当事人的谩骂，但却像对待自己的亲人一样用心倾听他们的衷肠；

多少春夏秋冬，看你孜孜不倦解读繁芜丛杂的卷宗，细心查阅浩如烟海的法律条款。

匆匆中，你忘却了身体的疲惫；默默时，你顾不上额头上的涔涔汗水。

是你让我明白——

有一种理想，匡扶正义，心怀天下；

有一种意志，捍卫法律，坚定如钢；

有一种信仰，公平正义，惩恶扬善；

有一种境界，无私奉献，爱洒四方；

是你，默默奉献，任劳任怨，使法院工作的盎然春意常留人间；是你，将法律与正义之剑高高擎起，守望法律的尊严；是你，坚守“三个至上”信念，谱写司法为民的绚丽篇章。

是你，把希望留给大地，把力量献给江山；

又是你，把和谐献给社会，把正义留在人间。

人民的法官啊，

你们是烈火，如一簇簇炽热的火焰，温暖着群众，照亮了社会，以磅礴的气势，印络汗青，锤炼今世。

你们是清泉，拳拳之心传递着法治的浓浓关怀，嘘寒问暖、不厌其烦浇灌着当事人焦躁的心房。

你们像江河里奔涌的激流，天地间回荡着正义的光芒，或拍案而起、忧疾呐喊；或醍醐灌顶、振聋发聩。

你们像一支余韵不绝的歌，用优美旋律的法语述说着和谐与公正，用情理与法律的春风抚平人间的沧桑。

我们是共和国年轻的法官

上林县人民法院　卢一凤

我们是共和国年轻的法官
一阵轻风
吹拂沉睡的原野
沿着风吹来的方向
我们从庄严凝重中走来
身着黛黑的法袍
承载着太多的信任
有着与年龄不相衬的宁重和深沉
我们胸佩耀眼的徽章
手持铿锵的法槌
让真、善、美在阳光下欢舞
让假、恶、丑在黑暗中战栗
大学毕业
面对那些孤独无助的眼神
面对那些公平正义的期待
我们放弃都市白领的不菲收入
选择孤独、清贫
选择淡泊以明志、宁静而致远
心中只有火一样的热情
用稚嫩而坚强的双肩
称量着生命的价值
担负起人情的冷暖
宋鱼水、金桂兰、谭彦、蒋庆……

是我们的楷模
我们只愿人生如他们
如夏花之绚烂
如秋叶之静美
一片丹心铸法魂
蓝天万里
大海浩瀚
我们郑重写下誓言
我们将头顶着人民的蓝天
脚踏着人民的土地
无愧天地、人民
我们是一群
共和国年轻的法官

廉者，当如是

西乡塘区人民法院　兰　岚

廉者,当如清泉,洁净不污,透彻无浊。
廉者,当如白莲,出于淤泥,纤尘不染。
廉者,当如皓月,此情可表,此心可鉴。
廉者,当如青山,壁立千仞,无欲则刚。
廉者,当以红梅自居,
铁骨铮铮,孤傲昂扬,花中气节最高坚,雪虐风号愈凛然。
廉者,当以幽兰自居,
低调清雅,恬静平和,默默小葩何足道,殷殷情意慰人间。
廉者,当以青竹自居,
虚心自持,不躁不骄,历时四季而常茂,遭遇霜雪而不凋。
廉者,当以秋菊自居,
寒风怒放,气概高洁,群芳斗艳争春去,独向清秋展素心。
廉者,当有一种态度,一种贫贱不移威武不屈的坚定态度。
廉者,当有一种修为,一种清心寡欲水火无交的潜心修为。
廉者,当有一种智慧,一种知是非知轻重知深浅的大智慧。
廉者,当有一种信念,一种门虽如市心亦如水的不移信念。
廉者,能对烟酒茶礼,说声拒绝。
廉者,能对乡亲朋友,说声抱歉。
廉者,面对求情叮嘱,付之一笑。
廉者,面对金钱美色,不为所动。
廉者,时刻铭记着十年寒窗的苦读,心中的理想,
廉者,时刻浮现出家中年迈的双亲,幸福的家庭。
廉者,时刻警惕着不怀好意之人糖衣炮弹的攻势。

廉者，时刻警醒着古往今来贪者锒铛入狱的教训。

为官者廉，自当权为民所用，情为民所系，利为民所谋。

为官者廉，自当手中有本账，脑中有杆秤，心中有盏灯。

为官者廉，廉如羊续悬鱼拒贿，子罕辞宝不贪，方能名垂青史。

为官者廉，廉如包拯刚正不阿，海瑞勤政爱民，方能万古流芳。

廉者，不求轰轰烈烈，大起大落，只求洁身自好，无愧于心。

廉者，不图扬名立万，誉满天下，只图一生安定，一世无悔。

廉者，当自问，能否不为贫穷而改节，不以无人而不芳。

廉者，当自问，能否两袖清风无旁骛，一片冰心在玉壶。

你的笑脸是我的三寸阳光

江南区人民法院　杨有荣　李明凤

那年　初识　桃红正芬芳
青山　桃树　你莹莹端庄
我心,怦然慌乱中抬头,只见天上三寸阳光
你说,羡慕我挺拔伟岸,能看到更高的远方。

携手如歌,终遇岁月碰磕
誓言天荒,难敌生活沧桑
眼前寒霜,你想看看别的远方
现实愁云,我想寻求那久违阳光。

法庭　纠纷　诉状
苦恼　析理　明堂
愁肠纵有千结
思绪纵有万缕
也挡不住那温暖的正义阳光
而今恍悟
你的笑脸与幸福才是我永久的三寸阳光
我的胸怀与包容方是你久远的更高远方。

图书在版编目(CIP)数据

功夫在庭外:南宁法院读书、思考与生活/周腾主编.—北京:法律出版社,2016.7

ISBN 978-7-5118-9926-2

Ⅰ.①功… Ⅱ.①周… Ⅲ.①法院—文化—中国—文集 Ⅳ.①D926.2-53

中国版本图书馆 CIP 数据核字(2016)第 205407 号

功夫在庭外
——南宁法院读书、思考与生活
周 腾 主编

策划编辑 邢艳萍
责任编辑 邢艳萍
装帧设计 汪奇峰

开本 710 毫米×1000 毫米 1/16
印张 17.75 **字数** 245 千
版本 2016 年 7 月第 1 版
印次 2016 年 7 月第 1 次印刷
出版 法律出版社
编辑统筹 大众出版分社
总发行 中国法律图书有限公司
经销 新华书店
印刷 固安华明印业有限公司
责任印制 沙 磊

法律出版社/北京市丰台区莲花池西里 7 号(100073)
电子邮件/info@lawpress.com.cn
销售热线/010-63939792/9779
网址/www.lawpress.com.cn
咨询电话/010-63939796

中国法律图书有限公司/北京市丰台区莲花池西里 7 号(100073)
全国各地中法图分、子公司电话:
第一法律书店/010-63939781/9782
西安分公司/029-85388843
重庆公司/023-65382816/2908
上海公司/021-62071010/1636
北京分公司/010-62534456
深圳公司/0755-83072995

书号:ISBN 978-7-5118-9926-2
定价:36.00 元
(如有缺页或倒装,中国法律图书有限公司负责退换)